일본어 구어역 요한묵시록의 언어학적 분석 Ⅷ

일본어 구어역 요한묵시록의 언어학적 분석 Ⅷ

A Linguistic Anlaysis of
the Colloquial Japanese Version
of Revelation to John Ⅷ

저자 임진영
감수 이성규

도서출판 시간의물레

머리말

본 저서는 일본어 구어역(口語訳) 신약성서(新約聖書)의 요한묵시록(ヨハネの黙示録) 제21장부터 제22장까지를 언어자료로 삼아, 일본어학적 관점에서 그곳에 사용된 다양한 언어 소재를 분석함으로써 통상 일본어학이나 일본어교육에서 주제로 삼지 않거나 지면이 제약되어 있는 어휘, 문형, 문법, 경어법까지 연구 대상에 포함하여 검토하는 것을 목적으로 한다.

일본어 성서에는 (1)日本聖書協会(1954)『聖書』日本聖書協会. (2)日本聖書協会(1978)『新約聖書』共同訳 日本聖書協会. (3)新改訳聖書刊行会(1970)『新改訳聖書』日本聖書刊行会. (4)日本聖書協会(1987)『聖書』(新共同訳) 日本聖書協会. (5)新約聖書翻訳委員会(1995)『岩波翻訳委員会訳』岩波書店. (6)回復訳編集部(2009)『オンライン聖書 回復訳』http://www.recoveryversion.jp/ 등의 소위 협회본(協会本) 및 (7)前田護郎(1983)『新約聖書』中央公論社. (8)柳生直行(1985)『新約聖書』新教出版社. (9)尾山令仁(2001)『現代訳聖書』現代訳聖書刊行会. (10)高橋照男・私家版(2003)『塚本虎二訳 新約聖書・電子版03版』. (11)高橋照男編(2004) 『BbB-BIBLE by Bible 聖書で聖書を読む』 http://bbbible.com/ 등의 개인번역본이 있다.

『구어역성서(口語訳聖書)』는 제2차 세계대전 이후 개신교 신자들이 결성한 일본성서협회(日本聖書協会)가 히브리어의 구약성서와 그리스어의 신약성서를 처음으로 일본어 구어체(口語体)로 발행한 성서이다.

메이지(明治) 이후 일본에서는 선교사 등의 기독교 신자 등이 성서를 문어체(文語体) 일본어로 번역한「문어역성서(文語訳聖書)」를 발행했지만, 제2차 세계대전 이후에는 구어체 즉 현대어에 의한 일본어 번역이 뒤를 이었다. 그 중에서도「구어성서(口語聖書)」「구어역성서(口語訳聖書)」혹은 성서에 관해 단순히「구어역(口語訳)」이라고 하면, 제일 먼저 가리키는 것이「구어역성서(口語訳聖書)」이다. 신약성서는 1954년에, 구약성서는 1955년에 완성되는데, 제이외전(第二外典)은 포함되어 있지 않다.[1]

구어역 성서는 문어역 성서보다 이해하기 쉬워졌다고 하는 호평도 있지만, 한편으로 독자에 대한 호소력이나 논리적 명쾌성, 나아가 문장으로서의 기품 그리고 특히 문체(文体)에 관해서는 악평도 존재한다. 그밖에 인칭대명사를 부자연스럽게 통일시킨 점, 대우표현에 있어서의 일관성도 지적되고 있다. 그러나 다른 한편으로 영어 성서 [Revised Standard Version]에 기초하여 번역했다는 점에서 성서 번역의 질적 향상에 크게 기여했다고 긍정적인 평가를 내리는 주장도 있다.

구어역 신약성서에서는 일본어의 고유어와 한어가 다양하게 사용되고 있는데, 그 의미·용법에 있어서는 현대어와 일치하는 것도 있지만 그 중에는 고전어적인 어감을 살린 예도 존재한다.

구어역은 현대어역이기 때문에 그곳에 사용된 문형이나 문법 사항은 대체적으로 현대어와 일치하지만, 구어역에서만 사용되고 있는 예도 산견된다. 특히 조사, 부사, 지시사, 접속사, 조동사, 추론을 나타내는 형식, 연어, 접사어류에 관해서는 졸자가 기 집필한 도서나 관련 서적 그리고 인터넷 검색 등을 통해 다양한 용례를 인용하여 향후 이를 일본어교육에도 원용할 수 있게끔 하였다.

---

1) 出典: フリー百科事典『ウィキペディア(Wikipedia)』
https://ja.wikipedia.org/wiki/%E5%8F%A3%E8%AA%9E%E8%A8%B3%E8%81%96%E6%9B%B8에서 인용하여 일부 번역함.

특히 성서에서는 구어역(口語訳)에 국한되지 않고 높여야 할 대상 즉 경의 주체[하나님·예수]가 존재하고 있기 때문에 복수의 존경어 형식이 사용되고 있다. 또한 구어역 성서에서는 동작이나 작용을 분석적으로 표현하기 위해 일반 사전에 탑재되지 않는 복합동사를 포함하여 다양한 유형의 복합동사가 등장하고 있다. 일본어 성서를 적확히 이해하기 위해서는 이들 일본어 복합동사의 의미·용법을 상세히 검토할 필요가 있다.

연구의 최종 결과물은 한국어 번역이란 모습으로 제시되겠지만, 일본어 성서의 한국어 번역이란 점에서 기존의 한국어 성서와는 입장과 서술 내용이 다르기 때문에 색다른 언어 경관이 전개될 것으로 예상된다. 일본어 자료에 기초한 언어학적 관점에서의 결과이기에 접속사나 부사 등에 있어서 동어 반복이나 용장감 등으로 인하여 다소 어색하거나 부자연스러운 면이 있더라도 가능한 한 의역을 피하고 축어역(逐語訳)하는 방식으로 진행했다.

일본과 한국에서는 여러 유형의 성서가 발간되어 있는데, 이들 성서를 대조언어학적 관점에서 조감하여 양자 간의 유사성과 차이점을 살펴보고 의미 있는 내용에 관해서는 번역 단계에서 적극 반영했다.

『요한묵시록(ヨハネの黙示録)』는 묵시문학이라는 특성상 언어학적 입장에서만 본문을 비판하기에는 난해한 부분이 적지 않았기에, 성서학적 입장에서의 해석도 요구된다. 이에 관해서는 フランシスコ会聖書研究所(1984)의 『新約聖書』의 해설 및 주, 그리고 高橋照男編(2004)의 『BbB - BIBLE by Bible 聖書で聖書を読む』를 상당 부분 참고했다.

그리고 본서에 앞서 출판된 『일본어 구어역 마가복음의 언어학적 분석Ⅰ』(2018)·『일본어 구어역 마가복음의 언어학적 분석Ⅱ』(2019)·『일본어 구어역 마가복음의 언어학적 분석Ⅲ』(2019)·『일본어 구어역 마가복음의 언어학적 분석Ⅳ』(2020)·『일본어 구어역 요한복음의 언어학적 분석Ⅰ』(2021)·『일본어 구어역 요한복음의 언어학적 분석Ⅱ』(2021)·『일본어 구어역 요한복음의 언어학적 분석Ⅲ』(2021)·『일본어 구어역 요한복음의 언어학적 분석Ⅳ』(2022)·『일본어 구어역 요한묵시록의 언어학적 분석Ⅰ』(2022)·『일본어 구어역 요한묵시록의 언어학적 분석Ⅱ』(2022)·『일본어 구어역 요한묵시록의 언어학적 분석Ⅲ』(2022)·『일본어 구어역 요한묵시록의 언어학적 분석Ⅳ』(2022)·『일본어 구어역 요한묵시록의 언어학적 분석Ⅴ』(2022)·『일본어 구어역 요한묵시록의 언어학적 분석Ⅵ』(2022)·『일본어 구어역 요한묵시록의 언어학적 분석Ⅶ』(2022)에서 다룬 내용과 반복이 되지 않도록 노력했지만, 본문 해석을 위해 필요한 경우에는 예외로 한다.

2022년 12월

任鎭永

[범례(凡例)]

1. 본 저서는 日本聖書協会(1954)에서 간행한 『聖書』(口語訳)[pp.(新)1-(新)409]을 저본(底本)을 하되, 표기에 있어서는 일본어학 및 일본어교육의 편익을 도모하고자 본문 비판을 행하고「平仮名」로 되어 있는 원문을 다수「漢字」로 바꾸었다.
2. 저본에서 장절(章節)로 구성되어 있는 본문을 フランシスコ会聖書研究所(1984)에서 간행한 『新約聖書』에 따라 단락 구분을 해 두었다.
3. 인명과 지명 등의 고유명사의 한글 표기에 관해서는 대한성서공회(2001)에서 간행한 『표준새번역 성경』에 따른다.

目次

■ 머리말 / 4

ヨハネの黙示録(もくしろく)　第21章 / 11

〔42〕新(あたら)しい天(てん)と地(ち)　새로운 하늘과 땅 12
　　　ヨハネの黙示録 21:1 - 21:8

　　　　　ヨハネの黙示 21:1 - 21:8 12
　　　　　新天(しんてん)新地(しんち)
　　　　　새 하늘과 새 땅

〔43〕新(あたら)しいエルサレム　새 예루살렘 43
　　　ヨハネの黙示録 21:9 - 21:27

　　　　　ヨハネの黙示 21:9 - 21:27 43
　　　　　新(あたら)しきエルサレム
　　　　　새 예루살렘

ヨハネの黙示録(もくしろく)　第22章 / 101

〔44〕ヨハネの黙示録 22:1 - 22:5 102

　　　　　ヨハネの黙示 22:1 - 22:5 102
　　　　　新(あたら)しきエルサレム - 続(つづ)き
　　　　　새 예루살렘 - 속편

〔45〕終(お)わりのあいさつ　맺음말 125
　　　ヨハネの黙示録 22:6 - 22:15
　　　キリストの再臨(さいりん)[그리스도의 재림]

ヨハネの黙示 22:6 - 22:7 ·············· 125
天使(てんし)の証言(しょうげん)
천사의 증언

ヨハネの黙示 22:8 - 22:9 ·············· 152
ヨハネ天使(てんし)を拝(はい)せんとす
요한, 천사를 예배하려고 하다

ヨハネの黙示 22:10 - 22:15 ·············· 168
天使(てんし)の命令(めいれい)とイエスの拘束(こうそく)
천사의 명령과 예수의 구속

〔46〕 結(むすび) 맺음말 ················ 248
ヨハネの黙示録 22:16 - 22:21

ヨハネの黙示 22:17 ·············· 251
御霊(みたま)と新婦(しんぷ)との言(ことば)
성령과 신부의 말

ヨハネの黙示 22:18 - 22:19 ·············· 255
本書(ほんしょ)の権威(けんい)に関(かん)するヨハネの証言(しょうげん)
본서의 권위에 관한 요한의 증언

ヨハネの黙示 22:20 ·············· 291
イエス最後(さいご)の約束(やくそく)
예수의 마지막 약속

ヨハネの黙示 22:21 ·············· 293
祝祷(しゅくとう)
축도

■ 색인 / 296
■ 참고문헌 일람 / 300

ヨハネの黙示録(もくしろく)　第21章

〚42〛 新(あたら)しい天(てん)と地(ち)
새로운 하늘과 땅2)
ヨハネの黙示録 21:1 - 21:8

ヨハネの黙示 21 : 1 - 21 : 8
新天(しんてん)新地(しんち)
새 하늘과 새 땅

> [1]わたしはまた、新(あたら)しい天(てん)と新(あたら)しい地(ち)とを見(み)た。先(さき)の天(てん)と地(ち)とは消(き)え去(さ)り、[2]海(うみ)もなくなってしまった3)。[ヨハネの黙示録 21:1]
> (나는 또 새 하늘과 새 땅을 보았다. 이전의 하늘과 땅은 사라지고, 바다도 없어지고 말았다.) [21:1]

[1] わたしはまた、新(あたら)しい天(てん)と新(あたら)しい地(ち)とを見(み)た。 : 나는 또 새 하늘과 새 땅을 보았다.

[フランシスコ会聖書研究所(1984)『新約聖書』サンパウロ. p. 965 주(21-2)]에 따르면, 「新(あたら)しい天(てん)と新(あたら)しい地(ち)」는 [이사야 65:17, 66:22]에 의거하고 있고, 메시아 시대에 행해지는 일신(一新)과 부흥을 가리키는 상징적 표현이라고 한다.

[例] 見(み)よ、わたしは新(あたら)しい天(てん)と、新(あたら)しい地(ち)とを創

---

2) [21:1~22:5]는 본서의 클라이맥스이고, 또 결말이기도 하다. 이상은 フランシスコ会聖書研究所(1984)『新約聖書』サンパウロ. p. 965 주(21-1)에 의함.

造(そうぞう)する。さきの事(こと)はおぼえられることなく、心(こころ)に思(おも)い起(お)こすことはない。[イザヤ書 65:17]
(보아라! 나는 새 하늘과 새 땅을 창조할 것이다. 이전 것은 기억되지 않고, 마음에 떠오르지 않을 것이다.) [이사야 65:17]

「わたしが造(つく)ろうとする新(あたら)しい天(てん)と、新(あたら)しい地(ち)がわたしの前(まえ)にながくとどまるように、あなたの子孫(しそん)と、あなたの名(な)はながくとどまる」と主(しゅ)は言(い)われる。[イザヤ書 66:22]
("내가 지으려고 하는 새 하늘과 새 땅이 내 앞에 오래 머무는 것처럼, 너의 자손과 네 이름은 오래 머물 것이다." 라고 주님께서 말씀하신다.) [이사야 66:22]

しかし、わたしたちは、神(かみ)の約束(やくそく)に従(したが)って、義(ぎ)の住(す)む新(あたら)しい天(てん)と新(あたら)しい地(ち)とを待(ま)ち望(のぞ)んでいる。[ペテロの第二の手紙 3:13]
(그러나 우리는 하나님의 약속을 따라, 의가 사는 새 하늘과 새 땅을 학수고대하고 있다.) [베드로후서 3:13]

イエスは彼(かれ)らに言(い)われた、「よく聞(き)いておくがよい。世(よ)が改(あらた)まって、人(ひと)の子(こ)がその栄光(えいこう)の座(ざ)につく時(とき)には、わたしに従(したが)ってきたあなたがたもまた、十二(じゅうに)の位(くらい)に座(ざ)してイスラエルの十二(じゅうに)の部族(ぶぞく)をさばくであろう。[マタイによる福音書 19:28]
(예수께서는 그들에게 말씀하셨다. "잘 들어 두어라. 세상이 새로워져서 인자가 그 영광의 자리에 앉을 때에는, 나를 따라온 너희도 또 열두 보좌에 앉아, 이스라엘의 열두 지파를 심판할 것이다.) [마태복음 19:28]

[2] 海(うみ)もなくなってしまった。: 바다도 없어지고 말았다.
[フランシスコ会聖書研究所(1984)『新約聖書』サンパウロ. p. 965 주(21-2)]

에 의하면「海(うみ)もなくなってしまった」라는 표현은, 바다란 바람과 위험을 내포하고 있어, 불안의 상징으로 새 하늘과 땅의 평화와 질서에 양립할 수 없는 바다가 완전히 사라져 없어지는 것을 의미하는 것이라고 한다.

> また、[1]聖(せい)なる都(みやこ)、新(あたら)しいエルサレムが、夫(おっと)のために着飾(きかざ)った花嫁(はなよめ)のように用意(ようい)をととのえて、神(かみ)のもとを出(で)て、天(てん)から下(くだ)って来(く)るのを見(み)た。[ヨハネの黙示録 21:2]
> (그리고 거룩한 도읍, 새 예루살렘이 남편을 위해 치장한 신부처럼 채비를 차리고, 하나님 곁을 나와 하늘에서 내려오는 것을 보았다.) [21:2]

[1] 聖(せい)なる都(みやこ)、新(あたら)しいエルサレムが、夫(おっと)のために着飾(きかざ)った花嫁(はなよめ)のように用意(ようい)をととのえて、: 거룩한 도읍, 새 예루살렘이 남편을 위해 치장한 신부처럼 채비를 차리고,

「着飾(きかざ)った」는「着(き)る」의 연용형「着(き)」에 후항동사「~飾(かざ)る」가 결합된「着飾(きかざ)る」(몸치장을 하다, 차려입다, 성장하다)의 과거로 후속 명사「花嫁(はなよめ)」를 수식·한정하고 있다.

[예] しかし、あなたがたに言(い)うが、栄華(えいが)をきわめた時(とき)のソロモンでさえ、この花(はな)の一(ひと)つほどにも着飾(きかざ)ってはいなかった。[マタイによる福音書 6:29]
(그러나 너희에게 말하지만, 온갖 영화를 누렸던 때의 솔로몬조차 이 꽃 하나만큼도 차려 입지 못하였다.) [마태복음 6:29]

野(の)の花(はな)のことを考(かんが)えて見(み)るがよい。紡(つむ)ぎもせず、織(お)りもしない。しかし、あなたがたに言(い)うが、栄華(えいが)をきわめた時(とき)のソロモンでさえ、この花(はな)の一(ひと)つほどにも着飾

(きかざ)ってはいなかった。[ルカによる福音書 12:27]
(들꽃에 관해 생각해 보아라. 잣지도 않고, 짜지도 않는다. 그러나 너희에게 말하지만, 온갖 영화를 누렸던 때의 솔로몬조차 이 꽃 하나만큼도 차려 입지 못하였다.) [누가복음 12:27]

王(おう)の娘(むすめ)は殿(との)のうちで栄(さか)えをきわめ、こがねを織(お)り込(こ)んだ衣(ころも)を着飾(きかざ)っている。[詩篇 45:13]
(왕의 딸은 구중궁궐에서 온갖 영화를 누리고, 금실로 넣어 짠 옷을 차려입고,) [시편 45:13]

그리고 [フランシスコ会聖書研究所(1984)『新約聖書』サンパウロ. p. 965 주(21-3)]에 따르면 본 절과 관계있는 성구는 다음과 같다.

[例] シオンよ、さめよ、さめよ、力(ちから)を着(き)よ。聖(せい)なる都(みやこ)エルサレムよ、美(うつく)しい衣(ころも)を着(き)よ。割礼(かつれい)を受(う)けない者(もの)および汚(けが)れた者(もの)は、もはやあなたのところに、はいることがないからだ。[イザヤ書 52:1]
(시온아, 깨어라, 깨어라! 힘을 입어라. 거룩한 도읍 예루살렘아, 아름다운 옷을 입어라. 할례를 받지 않은 자 및 부정한 자가 더 이상 너에게로 들어오지 않기 때문이다.) [이사야 52:1]

わたしは主(しゅ)を大(おお)いに喜(よろこ)び、わが魂(たましい)はわが神(かみ)を楽(たの)しむ。主(しゅ)がわたしに救(すくい)の衣(ころも)を着(き)せ、義(ぎ)の上衣(うわぎ)をまとわせて、花婿(はなむこ)が冠(かんむり)をいただき、花嫁(はなよめ)が宝玉(ほうぎょく)をもって飾(かざ)るようにされたからである。[イザヤ書 61:10]
(나는 주를 크게 기뻐하며, 내 영혼은 내 하나님을 즐긴다. 주께서 나에게 구원의 옷을 입히고 정의의 웃옷을 걸치게 하고, 신랑이 관을 쓰고, 신부가 보옥으로 장식하도록 하시기 때문이다.) [이사야 61:10]

あなたはもはや「捨(す)てられた者(もの)」と言(い)われず、あなたの地(ち)はもはや「荒(あ)れた者(もの)」と言(い)われず、あなたは「わが喜(よろこ)びは彼女(かのじょ)にある」ととなえられ、あなたの地(ち)は「配偶(はいぐう)ある者(もの)」ととなえられる。主(しゅ)はあなたを喜(よろこ)ばれ、あなたの地(ち)は配偶(はいぐう)を得(え)るからである。[イザヤ書 62:4]
(너는 다시는 "버림받은 자"라는 말을 듣지 않고, 너의 땅은 다시는 "황폐해진 자"라고 하지 않을 것이며, 너는 "내 기쁨은 그녀에게 있다" 고 불리고, 네 땅을 "배우자가 있는 사람" 이라고 불릴 것이다. 주께서는 너를 좋아하시며, 네 땅은 배우자를 얻기 때문이다.) [이사야 62:4]

若(わか)い者(もの)が処女(しょじょ)をめとるようにあなたの子(こ)らはあなたをめとり、花婿(はなむこ)が花嫁(はなよめ)を喜(よろこ)ぶようにあなたの神(かみ)はあなたを喜(よろこ)ばれる。[イザヤ書 62:5]
(젊은 사람이 처녀에게 장가들 듯이, 너의 아들들은 너와 결혼하며, 신랑이 신부를 기뻐하듯이, 네 하나님께서는 너를 기뻐하실 것이다.) [이사야 62:5]

エルサレムよ、わたしはあなたの城壁(じょうへき)の上(うえ)に見張(みは)り人(にん)をおいて、昼(ひる)も夜(よる)もたえず、もだすことのないようにしよう。主(しゅ)に思(おも)い出(だ)されることを求(もと)める者(もの)よ、みずから休(やす)んではならない。[イザヤ書 62:6]
(예루살렘아, 나는 너의 성벽 위에 파수꾼들을 두고, 밤이나 낮이나 늘 침묵하지 않도록 하겠다. 주께 상기되는 것을 구하는 사람아, 너는 쉬어서는 안 된다.) [이사야 62:6]

しかし、あなたがたはわたしの創造(そうぞう)するものにより、とこしえに楽(たの)しみ、喜(よろこ)びを得(え)よ。見(み)よ、わたしはエルサレムを造(つく)って喜(よろこ)びとし、その民(たみ)を楽(たの)しみとする。[イザヤ書 65:18]
(그러나 너희는 내가 창조하는 것에 의해, 영원히 즐거워하고 기쁨을 얻어라. 보아라! 나는 예루살렘을 창조하여 기쁨으로 삼고, 그 백성을 즐거움으로 삼겠다.) [이사야 65:18]

わたしはエルサレムを喜(よろこ)び、わが民(たみ)を楽(たの)しむ。泣(な)く声(こえ)と叫(さけ)ぶ声(こえ)は再(ふたた)びその中(なか)に聞(きこ)えることはない。[イザヤ書 65:19]
(나는 예루살렘을 기뻐하고, 내 백성을 즐거워한다. 울음소리와 울부짖는 소리는 다시 그 안에 들리지 않을 것이다.) [이사야 65:19]

しかし、上(うえ)なるエルサレムは、自由(じゆう)の女(おんな)であって、わたしたちの母(はは)をさす。[ガラテヤ人への手紙 4:26]
(그러나 위에 있는 예루살렘은 자유의 여성이며, 우리의 어머니를 가리킨다.) [갈라디아서 4:26]

こうして、すべての祭司(さいし)は立(た)って日(ひ)ごとに儀式(ぎしき)を行(おこな)い、たびたび同(おな)じようないけにえをささげるが、それらは決(けっ)して罪(つみ)を除(のぞ)き去(さ)ることはできない。[ヘブル人への手紙 10:11]
(이렇게 해서, 모든 제사장은 서서, 날마다 의식을 행하고, 거듭 똑같은 희생물을 바치지만, 그들은 결코 죄를 없앨 수는 없다.) [히브리서 10:11]

「わたしが、それらの日(ひ)の後(のち)、彼(かれ)らに対(たい)して立(た)てようとする契約(けいやく)はこれであると、主(しゅ)が言(い)われる。わたしの律法(りっぽう)を彼(かれ)らの心(こころ)に与(あた)え、彼(かれ)らの思(おも)いのうちに書(か)きつけよう」と言(い)い、[ヘブル人への手紙 10:16]
("내가 그런 날 이후에, 그들에 대해 세우려고 하는 언약이 이것이라고 주께서 말씀하신다. 내 율법을 그들의 마음에 주고, 그들의 생각 속에 기록하겠다." 고 말하고,) [히브리서 10:16]

また、御座(みざ)から大(おお)きな声(こえ)が叫(さけ)ぶのを聞(き)いた、「見(み)よ、[1]神(かみ)の幕屋(まくや)が人(ひと)と共(とも)にあり、神(かみ)が人(ひと)と共(とも)に住(す)み、人(ひと)は神(かみ)の民(たみ)となり、神(かみ)自

> (みずか)ら人(ひと)と共(とも)にいまして3)、[ヨハネの黙示録 21:3]
> (그리고 보좌에서 큰 음성이 외치는 것을 들었다. "보아라! 하나님의 성전이 사람들과 함께 있고, 하나님께서 사람들과 함께 살며, 사람들은 하나님의 백성이 되고, 하나님께서 친히 사람들과 함께 계시고,) [21:3]

[1] 神(かみ)の幕屋(まくや)が人(ひと)と共(とも)にあり、神(かみ)が人(ひと)と共(とも)に住(す)み、人(ひと)は神(かみ)の民(たみ)となり、神(かみ)自(みずか)ら人(ひと)と共(とも)にいまして、: 하나님께서 사람들과 함께 살며, 사람들은 하나님의 백성이 되고, 하나님께서 친히 사람들과 함께 계시고,)

이 문장은 「神(かみ)の幕屋(まくや)が~あり、神(かみ)が~住(す)み、人(ひと)は~なり、」와 같이 동사의 연용 중지법으로 연결되고 있다. 그리고 「人(ひと)は神(かみ)の民(たみ)となり、」에서는 「~となり」와 같이 문장체 표현이 쓰이고 있다.

「神(かみ)自(みずか)ら人(ひと)と共(とも)にいまして、」의 「いまして」는 「いる」의 경어동사「います[在す・坐す・座す]」의 「テ」형으로 본 절에서는 〈神(かみ)〉를 높이는 데에 쓰이고 있다.

[例] 族長(ぞくちょう)たちは、ヨセフをねたんで、エジプトに売(う)りとばした。しかし、神(かみ)は彼(かれ)と共(とも)にいまして、[使徒行伝 7:9]
(족장들은 요셉을 시기하여, 이집트에 팔아 치웠다. 그러나 하나님께서는 그와 함께 계셔서,) [사도행전 7:9]
主(しゅ)は大(おお)いなるかたにいまして、いとほめたたうべき者(もの)、もろもろの神(かみ)にまさって、恐(おそ)るべき者(もの)だからである。[歴代志上 16:25]
(주님께서는 크신 분이시고, 높이 칭송해야 할 분, 모든 신들보다 뛰어나서 두려워

---

3) [레위기 26:11~26:12], [역대기하 6:18], [에스겔 37:27~37:28], [스가랴 2〔10, 11〕:14, 2〔10, 11〕:15, 8:7~8:8], [고린도후서 6:16] 참조. 이 하나님의 현존(現存)은, 하나님이 이스라엘 백성과 맺어진 계약에 의거하는 것이다. 이상은 フランシスコ会聖書研究所(1984)『新約聖書』サンパウロ. p. 965 주(21-4)에 의함.

해야 할 분이기 때문이다.) [역대지상 16:25]

ダビデの子(こ)ソロモンはその国(くに)に自分(じぶん)の地位(ちい)を確立(かくりつ)した。その神(かみ)、主(しゅ)が共(とも)にいまして彼(かれ)を非常(ひじょう)に大(おお)いなる者(もの)にされた。[歴代志下 1:1]
(다윗의 아들 솔로몬은, 그 나라에 자기의 지위를 확립했다. 그 하나님, 주께서 함께 계시며, 그를 매우 큰 사람으로 삼으셨다.) [역대지하 1:1]

見(み)よ、神(かみ)は大(おお)いなる者(もの)にいまして、われわれは彼(かれ)を知(し)らない。その年(とし)の数(かず)も計(はか)り知(し)ることができない。[ヨブ記 36:26]
(보아라! 하나님께서는 큰 분이셔서, 우리는 그를(하나님을) 모른다. 그 햇수도 헤아릴 수가 없다.) [욥기 36:26]

主(しゅ)は正(ただ)しくいまして、正(ただ)しい事(こと)を愛(あい)されるからである。直(なお)き者(もの)は主(しゅ)のみ顔(かお)を仰(あお)ぎ見(み)るであろう。[詩篇 11:7]
(주께서는 의로우셔서, 올바른 일을 사랑하시기 때문이다. 곧은 사람은 주님의 존안을 우러러 볼 것이다.) [시편 11:7]

主(しゅ)よ、あなたは全地(ぜんち)の上(うえ)にいまして、いと高(たか)く、もろもろの神(かみ)にまさって大(おお)いにあがめられます。[詩篇 97:9]
(주님, 주님께서는 온 땅 위에 계시고, 가장 높고, 모든 신보다 뛰어나서 크게 숭상을 받으십니다.) [시편 97:9]

[フランシスコ会聖書研究所(1984)『新約聖書』サンパウロ. p. 965 주(21-4)]에 따르면, 본 절과 같이 하나님의 현존(現存 ; 쉐키나, shekinah[4])은 하나

---

4) 쉐키나[shekinah] : 하나님이 자기 백성과 함께 함을 나타낸 말.
   거주라는 뜻을 지니며, 히브리 정경이 완결된 이후에 생긴 말이다. 유대교 신학의 특유의 관념을 표시한다. 하느님에 관해서만 사용되며 하느님의 현존 또는 하느님의 나타나심을 나타낸다.

님이 이스라엘 백성과 맺어진 계약에 의거하는 것으로 이와 관련 있는 성구는 다음과 같다.

[例] わたしは幕屋(まくや)をあなたがたのうちに建(た)て、心(こころ)にあなたがたを忌(い)みきらわないであろう。[レビ記 26:11]
(나는 성전을 너희 안에 세우고, 마음속에 너희를 미워하고 싫어하지 않을 것이다.) [레위기 26:11]

わたしはあなたがたのうちに歩(あゆ)み、あなたがたの神(かみ)となり、あなたがたはわたしの民(たみ)となるであろう。[レビ記 26:12]
(나는 너희 안에 거닐며, 너희의 하나님이 되고, 너희는 나의 백성이 될 것이다.) [레위기 26:12]

しかし神(かみ)は、はたして人(ひと)と共(とも)に地上(ちじょう)に住(す)まわれるでしょうか。見(み)よ、天(てん)も、いと高(たか)き天(てん)もあなたをいれることはできません。わたしの建(た)てたこの家(いえ)などなおさらです。[歴代志下 6:18]
(그러나 하나님께서는 과연 사람과 함께 땅 위에 사실까요? 보아라! 하늘도 가장 높은 하늘도 주님을 넣을 수는 없습니다. 내가 세운 이 집 등은 더할 나위 없습니다.) [역대지하 6:18]

わがすみかは彼(かれ)らと共(とも)にあり、わたしは彼(かれ)らの神(かみ)となり、彼(かれ)らはわが民(たみ)となる。[エゼキエル書 37:27]

탈굼과 랍비문서들에서 하느님이 자기 백성과 함께 함을 완곡하게 표현한 것이다. 특히 야훼의 가시적 임재를 나타낸다. 구약성서와 신약성서에 직접 나오지는 않지만, 그 사상은 많이 나온다. 특히 언약궤(민수기 10:35~36)와 성전(역대왕상 8:29)은 그의 임재(臨在)의 처소였다. 하느님이 자신의 임재를 알리는 가장 흔한 형태는 주의 천사, 하느님의 얼굴, 하느님의 영광이었다. 신약성서에는 임마누엘인 그리스도는 쉐키나이다(마태복음 1:23). 유대교 신학의 가장 큰 특색은 하느님과 사람 사이에 다리를 놓으려는 것이다. 후대의 유대인은 하느님이 직접 세상과 인류와 접촉한다고 생각하는 것은 하느님에 대한 불경건이라고 하여 하느님을 세상과 점점 멀어지게 하였다. 바울로가 히브리 사람의 특권을 말하여 양자됨과 영광과라 하며(로마서 9:4),《히브리서》기자가 하나님의 아들에 관해서 하느님의 영광의 광채라고 한 말 가운데 영광이라는 말은 쉐키나와 같은 뜻이다.
[네이버 지식백과] 쉐키나[shekinah] (두산백과)에서 인용.
https://terms.naver.com/entry.naver?docId=1200276&cid=40942&categoryId=31575

(내 거처는 그들과 함께 있고, 나는 그들의 하나님이 되고 그들은 내 백성이 될 것이다.) [에스겔 37:27]

そしてわが聖所(せいじょ)が永遠(えいえん)に、彼(かれ)らのうちにあるようになるとき、諸国民((しょ)こくみん)は主(しゅ)なるわたしが、イスラエルを聖別(せいべつ)する者(もの)であることを悟(さと)る」。[エゼキエル書 37:28]
(그리고 내 성소가 영원히 그들 안에 있게 될 때, 세계 만민은 주인 내가 이스라엘을 성별하는 사람인 것을 깨닫는다.") [에스겔 37:28]

主(しゅ)は言(い)われる、シオンの娘(むすめ)よ、喜(よろこ)び歌(うた)え。わたしが来(き)て、あなたの中(なか)に住(す)むからである。[ゼカリヤ書 2:10]
(주께서 말씀하신다. 시온의 딸아, 기뻐하며 노래를 불러라. 내가 와서, 네 안에 살기 때문이다.) [스가랴 2:10]

その日(ひ)には、多(おお)くの国民(こくみん)が主(しゅ)に連(つら)なって、わたしの民(たみ)となる。わたしはあなたの中(なか)に住(す)む。[ゼカリヤ書 2:11]
(그 날에는 많은 백성들이 주와 하나가 되어 내 백성이 된다. 나는 주님 안에 살 것이다.) [스가랴 2:11]

万軍(ばんぐん)の主(しゅ)は、こう仰(おお)せられる、『見(み)よ、わが民(たみ)を東(ひがし)の国(くに)から、また西(にし)の国(くに)から救(すく)い出(だ)し、[ゼカリヤ書 8:7]
(만군의 주께서 이렇게 말씀하신다. '보아라! 내 백성을 동쪽 나라에서 또 서쪽 나라에서 구해내고,) [스가랴 8:7]

彼(かれ)らを連(つ)れてきて、エルサレムに住(す)まわせ、彼(かれ)らはわが民(たみ)となり、わたしは彼(かれ)らの神(かみ)となって、共(とも)に真実(しんじつ)と正義(せいぎ)とをもって立(た)つ』」。[ゼカリヤ書 8:8]
(그들을 데리고 와서, 예루살렘에 살게 하고, 그들은 나의 백성이 되고, 나는 그들의 하나님이 되어 함께 진실과 정의로 서겠다.) [스가랴 8:8]

神(かみ)の宮(みや)と偶像(ぐうぞう)となんの一致(いっち)があるか。わたし

たちは、生(い)ける神(かみ)の宮(みや)である。神(かみ)がこう仰(おお)せに
なっている、「わたしは彼(かれ)らの間(あいだ)に住(す)み、かつ出入(でい)り
をするであろう。そして、わたしは彼(かれ)らの神(かみ)となり、彼(かれ)ら
はわたしの民(たみ)となるであろう」。[コリント人への第二の手紙 6:16]
(하나님의 성전과 우상이 어떤 일치가 있을까? 우리는 살아 계신 하나님의 성전이다. 하나님께서 이렇게 말씀하시고 있다. "나는 그들 가운데서 살며, 또한 출입을 할 것이다. 그리고 나는 그들의 하나님이 되고, 그들은 내 백성이 될 것이다.) [고린도후서 6:16]

[1]人(ひと)の目(め)から涙(なみだ)を全(まった)くぬぐいとって下(くだ)さる。[2]もはや、死(し)もなく、悲(かな)しみも、叫(さけ)びも、痛(いた)みもない。先(さき)のものが、すでに過(す)ぎ去(さ)ったからである5)」。[ヨハネの黙示録 21:4]
(사람들의 눈에서 눈물을 전부 닦아내 주신다. 더 이상 죽음도 없고, 슬픔도, 부르짖음도 고통도 없다. 이전 것들이 이미 지나가 버렸기 때문이다.") [21:4]

[フランシスコ会聖書研究所(1984)『新約聖書』サンパウロ. p. 965 주(21-5)]에 의하면, 본 절과 관계있는 성구를 들면 다음과 같다.

[例] 主(しゅ)はとこしえに死(し)を滅(ほろ)ぼし、主(しゅ)なる神(かみ)はすべての顔(かお)から涙(なみだ)をぬぐい、その民(たみ)のはずかしめを全地(ぜんち)の上(うえ)から除(のぞ)かれる。これは主(しゅ)の語(かた)られたことである。[イザヤ書 25:8]
(주께서는 영원히 죽음을 멸망시키고, 주인 하나님께서는 모든 사람의 얼굴에서

---

5) [이사야 25:8, 35:10, 65:17~65:19] 참조. 「人(ひと)の目(め)から涙(なみだ)を全(まった)くぬぐいとって下(くだ)さる = 彼(かれ)の目(め)から涙(なみだ)をことごとくぬぐい去(さ)ってくださる」에 관해서는 7:17 주(11) 참조. 이상은 フランシスコ会聖書研究所(1984)『新約聖書』サンパウロ. p. 965 주(21-5)에 의함.

눈물을 닦고, 그 백성들의 수치를 모든 지역 위에서 없애 주신다. 이것은 주께서 하신 말씀이다.) [이사야 25:8]

見(み)よ、わたしは新(あたら)しい天(てん)と、新(あたら)しい地(ち)とを創造(そうぞう)する。さきの事(こと)はおぼえられることなく、心(こころ)に思(おも)い起(おこ)すことはない。[イザヤ書 65:17]
(보아라! 나는 새 하늘과 새 땅을 창조할 것이다. 이전 것은 기억되지 않고, 마음에 떠오르지 않을 것이다.) [이사야 65:17]

見(み)よ、わたしは新(あたら)しい天(てん)と、新(あたら)しい地(ち)とを創造(そうぞう)する。さきの事(こと)はおぼえられることなく、心(こころ)に思(おも)い起(おこ)すことはない。[イザヤ書 65:17]
(보아라! 나는 새 하늘과 새 땅을 창조할 것이다. 이전 것은 기억되지 않고, 마음에 떠오르지 않을 것이다.) [이사야 65:17]

しかし、あなたがたはわたしの創造(そうぞう)するものにより、とこしえに楽(たの)しみ、喜(よろこ)びを得(え)よ。見(み)よ、わたしはエルサレムを造(つく)って喜(よろこ)びとし、その民(たみ)を楽(たの)しみとする。[イザヤ書 65:18]
(그러나 너희는 내가 창조하는 것에 의해, 영원히 즐거워하고 기쁨을 얻어라. 보아라! 나는 예루살렘을 창조하여 기쁨으로 삼고, 그 백성을 즐거움으로 삼겠다.) [이사야 65:18]

わたしはエルサレムを喜(よろこ)び、わが民(たみ)を楽(たの)しむ。泣(な)く声(こえ)と叫(さけ)ぶ声(こえ)は再(ふたた)びその中(なか)に聞(きこ)えることはない。[イザヤ書 65:19]
(나는 예루살렘을 기뻐하고, 내 백성을 즐거워한다. 울음소리와 울부짖는 소리는 다시 그 안에 들리지 않을 것이다.) [이사야 65:19]

[1] 人(ひと)の目(め)から涙(なみだ)を全(まった)くぬぐいとって下(くだ)さる。: 사람들의 눈에서 눈물을 전부 닦아내 주신다.

이 부분에 관해서는 다음의 요한묵시록의 [7:17]을 참조할 것.

[예] 御座(みざ)の正面(しょうめん)にいます小羊(こひつじ)は彼(かれ)らの牧者(ぼくしゃ)となって、いのちの水(みず)の泉(いずみ)に導(みちび)いて下(くだ)さるであろう。また神(かみ)は、彼(かれ)らの目(め)から涙(なみだ)をことごとくぬぐいとって下(くだ)さるであろう」。[ヨハネの黙示録 7:17]
(보좌 정면에 계신 어린 양은 그들의 목자가 되어 생명의 물의 샘으로 인도해 주실 것이다. 그리고 하나님께서 그들 눈에서 눈물을 모두 닦아 줄 것입니다.) [요한묵시록 7:17]

[2] もはや、死(し)もなく、悲(かな)しみも、叫(さけ)びも、痛(いた)みもない。: 더 이상 죽음도 없고, 슬픔도, 부르짖음도 고통도 없다.

위의 문장은 2개의 형용사문 즉 「死(し)もなく」와 「[悲(かな)しみも、叫(さけ)びも、痛(いた)みもない」의 중문(重文) 구조를 취하고 있다. 그리고 「悲(かな)しむ → 悲(かな)しみ」「叫(さけ)ぶ → 叫(さけ)び」「痛(いた)む → 痛(いた)み」와 같이 동사 연용형에서 전성된 명사가 쓰이고 있다.

이 문장에 관해 타 번역본에서는 다음과 같이 표현하고 있다.

[2] もはや、死(し)もなく、悲(かな)しみも、叫(さけ)びも、痛(いた)みもない。: 더 이상 죽음도 없고, 슬픔도, 부르짖음도 고통도 없다.

[예] 最早(もはや)死(し)もなく、悲嘆(ひたん)も叫喚(きょうかん)も疼痛(とうつう)も最早(もはや)無(な)いであろう。[塚本訳1963]
(더 이상은 죽음도 없고, 비탄도, 규환도 동통도 이제 없을 것이다.)

もはや死(し)もなく、悲(かな)しみ、叫(さけ)び、苦(くる)しみもない。[新改訳1970]
(더 이상 죽음도 없고, 슬픔도, 부르짖음도, 고통도 없다.)

もはや死(し)がなく、もはや悲(かな)しみも叫(さけ)びも痛(いた)みもない。[前田訳1978]
(더 이상 죽음이 없고, 더 이상 슬픔도 부르짖음도 아픔도 없다.)

もはや、死(し)もなく、もはや、悲(かな)しみも、嘆(なげ)きも、苦(くる)しみもない。[フランシスコ会訳1984]
(더 이상 죽음도 없고, 더 이상 슬픔도, 한탄도, 고통도 없다.)

もはや死(し)はなく、もはや悲(かな)しみも嘆(なげ)きも苦労(くろう)もない。[新共同訳1987]
(더 이상 죽음은 없고, 더 이상 슬픔도 한탄도 고생도 없다.)

もはや死(し)はなく、もはや悲(かな)しみも嘆(なげ)きも労苦(くろう)もない。[岩波翻訳委員会訳1995]
(더 이상 죽음은 없고, 더 이상 슬픔도 한탄도 고생도 없다.)

すると、[1]御座(みざ)にいますかたが言(い)われた、[2]「見(み)よ、わたしはすべてのものを新(あら)たにする」。また言(い)われた、[3]「書(か)きしるせ。これらの言葉(ことば)は、信(しん)ずべきであり、まことである」[6]。[ヨハネの黙示録 21:5]
(그러자, 보좌에 계신 분께서 말씀하셨다, "보아라! 나는 모든 것을 새롭게 한다." 또 말씀하셨다, "기록하여라. 이들 말씀은 믿어야 하며 참되다.") [21:5]

---

6) 「만물일신(萬物一新)」에 관해서는 [고린도후서 4:17] 참조. 이상은 フランシスコ会聖書研究所(1984)『新約聖書』サンパウロ. p. 965 주(21-6)에 의함.

[1] 御座(みざ)にいますかたが言(い)われた、: 보좌에 계신 분께서 말씀하셨다,
「御座(みざ)にいますかた」라는 표현은 구어역 요한묵시록에서만 본 절 [21:5]를 포함하여 [4:2], [4:10], [5:1], [5:7], [5:13], [6:16], [7:15]와 같이 총 8회 쓰이고 있다.

이 부분을 타 번역본에서는 다음과 같이 표현하고 있다.

[例] 玉座(ぎょくざ)に坐(ざ)し給(たま)う者(もの)が言(い)い給(たま)うた、[塚本訳1963]
(옥좌에 앉아 계신 이가 말씀하셨다,)

王座(おうざ)に座(ざ)したもうものがいわれた、[前田訳1978]
(왕좌에 앉아 계신 이가 말씀하셨다,)

御座(みざ)に着(つ)いておられる方(かた)が言(い)われた。[新改訳1970]
(보좌에 앉아 계신 분께서 말씀하셨다.)

玉座(ぎょくざ)に座(すわ)っておられる方(かた)が、~と言(い)われた。[新共同訳1987]
(옥좌에 앉아 계신 분께서, ~라고 말씀하셨다.)

玉座(ぎょくざ)に座(すわ)っているかたが、~と言(い)われた。[フランシスコ会訳1984]
(옥좌에 앉아 있는 분께서, ~라고 말씀하셨다.)

玉座(ぎょくざ)に座(すわ)っている者(もの)が言(い)った、[岩波翻訳委員会訳1995]
(옥좌에 앉아 있는 사람이 말하였다.)

[2] 「見(み)よ、わたしはすべてのものを新(あら)たにする」。: "보아라! 나는 모

든 것을 새롭게 한다."
[フランシスコ会聖書硏究所(1984)『新約聖書』サンパウロ. p. 965 주(21-6)]
에 의하면, 이러한 「만물일신(萬物一新)」에 관해서는 [고린도후서 4:17]을 참조하라고 되어 있다.

[例] なぜなら、このしばらくの軽(かる)い患難(かんなん)は働(はたら)いて、永遠(えいえん)の重(おも)い栄光(えいこう)を、あふれるばかりにわたしたちに得(え)させるからである。[コリント人への第二の手紙 4:17]
(왜냐하면, 이 일시적인 가벼운 환난은 작용하여, 영원하고 무거운 영광을 마치 넘칠 것처럼 우리에게 얻게 하기 때문이다.) [고린도후서 4:17]

[3] 「書(か)きしるせ。これらの言葉(ことば)は、信(しん)ずべきであり、まことである」: "기록하여라. 이들 말씀은 믿어야 하며 참되다."

「信(しん)ずべきであり」는 「信(しん)ずる・信(しん)じる」의 문어형인 「信(しん)ず」에 의무・당위성을 나타내는 「~べきだ」의 문장체인 「~べきである」의 연용 중지법이 연결된 것이다. 「~べきであり、」는 구어역에서 요한묵시록의 본 절과 [22:6]에만 쓰이고 있다.

이 부분을 타 번역본에서는 다음과 같이 표현하고 있다.

[3] 「書(か)きしるせ。これらの言葉(ことば)は、信(しん)ずべきであり、まことである」: "기록하여라. 이들 말씀은 믿어야 하며 참되다."

[例] 「書(か)きしるせ。これらのことばは、信(しん)ずべきものであり、真実(しんじつ)である。」[新改訳1970]
("써라. 이 말씀은 믿어야 하고 진실하니까.")

「書(か)け、この言(ことば)は信(しん)ずべくまた真実(しんじつ)であるから。」[塚本訳1963]

("기록하여라. 이들 말씀은 믿어야 하며 진실하다.")

「書(か)きしるせ。これらのことばは信(しん)ずべく、まことである」と。[前田訳1978]

("기록하여라. 이들 말씀은 믿어야 하고 참되다.")

「書(か)き記(しる)せ。これらのことばは確実(かくじつ)であり、真実(しんじつ)である。」[フランシスコ会訳1984]

("기록하여라. 이들 말씀은 확실하고, 진실하다.")

「書(か)き記(しる)せ。これらの言葉(ことば)は信頼(しんらい)でき、また真実(しんじつ)である」と言(い)われた。[新共同訳1987]

("기록하여라. 이들 말씀은 신뢰할 수 있고, 또 진실하다." 라고 말씀하셨다.)

「書(か)き記(しる)せ。これらの言葉(ことば)は信頼(しんらい)でき、また真実(しんじつ)だから」とも言(い)う。[岩波翻訳委員会訳1995]

("기록하여라. 이들 말씀은 신뢰할 수 있고, 또 진실하기 때문." 라고도 말한다.)

[1]そして、わたしに仰(おお)せられた、「[2]事(こと)はすでに成(な)った。[3]わたし[神(かみ)]は、アルパでありオメガである。初(はじ)めであり終(おわ)りである。[4]渇(かわ)いている者(もの)には、いのちの水(みず)の泉(いずみ)から価(あたい)なしに飲(の)ませよう7)。[ヨハネの黙示録 21:6]

(그리고 내게 말씀하셨다. "일은 다 이루어졌다. 나는 알파이며 오메가이다. 처음이고 마지막이다. 목마른 사람에게는 생명수의 샘물에서 거저 마시게 하겠다.) [21:6]

---

7) [요한묵시록 1:8, 22:13, 22:17], [이사야 55:1] 참조.「いのちの水(みず)の泉(いずみ)から価(あたい)なしに飲(の)ませよう」는 영원한 생명을 상징하는 종말적인 보답을 가리킨다. 물은 생명의 상징으로서, 구약성서에 있어서 이미, 메시아 시대의 특색으로 되어 있다(이사야 12:3, 41:17~41:18, 44:3~44:4, 에스겔 47:1, 스가랴 13:1 참조). 요한복음 7:38~7:39에서는 물은 사람을 위해 영원한 생명의 원천인 성서의 상징으로 되어 있다. 이상은 フランシスコ会聖書研究所(1984)『新約聖書』サンパウロ. p. 965 주(21-7)에 의함.

[1] そして、わたしに仰(おお)せられた、: 그리고 내게 말씀하셨다,

일본어 구어역 신약성서에서「仰(おお)せられる」는「言(い)う」의 존경어인「仰(おお)す」의 미연형「仰(おお)せ」에 다시「~れる」가 접속하여, 존경의 의미가 강조된 형태이다.「仰(おお)せられる」는 レル形 경어로「仰す」의 연용형「仰せ」에 존경의「~になる」가 접속한 ナル形 경어「仰(おお)せになる」에 대응하고 있고, 경의도(敬意度)에 있어서는「仰せられる」보다「仰せになる」쪽이 높다.[8]

「仰(おお)せられる」는 [지문]에서 경어 주체가 <神(かみ)=主(しゅ)><イエス=인적 예수>이고 당해 발화 행위가 구체적인 사건을 나타내고 있으며, 또한 그 행위가 <神(かみ)=主(しゅ)><인적 예수>로부터 특정 개인을 향해 발화된 경우에는 최고 경어인「仰せられる」로서 표현하고 있다.[9]

[例] あなたがたは預言者(よげんしゃ)の子(こ)であり、神(かみ)があなたがたの先祖(せんぞ)たちと結(むす)ばれた契約(けいやく)の子(こ)である。神(かみ)はアブラハムに対(たい)して、『地上(ちじょう)の諸(しょ)民族(みんぞく)は、あなたの子孫(しそん)によって祝福(しゅくふく)を受(う)けるであろう』と仰(おお)せられた。[使徒行伝 3:25]
(너희는 예언자들의 자손이며, 하나님께서 너희 선조들과 맺으신 언약의 자손이다. 하나님께서 아브라함에게 '지상의 모든 민족은 너의 자손에 의해 축복을 받을 것이다.' 라고 말씀하셨다.) [사도행전 3:25]

すなわち、人(ひと)の子(こ)は必(かなら)ず罪人(つみびと)らの手(て)に渡(わた)され、十字架(じゅうじか)につけられ、そして三日(か)目(め)によみがえる、と仰(おお)せられたではないか」。[ルカによる福音書 24:7]

---

8) 李成圭(2018b)「發話動詞〈言う〉の尊敬語の使用実態 - 日本語口語訳新約聖書を対象として -」『日本言語文化』第43輯, 韓国日本言語文化学会. p. 1130에서 인용하여 적의 번역함.

9) 李成圭(2018b)「發話動詞〈言う〉の尊敬語の使用実態 - 日本語口語訳新約聖書を対象として -」『日本言語文化』第43輯, 韓国日本言語文化学会. p. 116에서 인용하여 적의 번역함.

(즉 인자는 반드시 죄인의 손에 넘어가서, 십자가에 매달리고, 그리고 사흘째 되는 날에 다시 살아난다고 말씀하시지 않았느냐?")[누가복음 24:7][10]

[2] 事(こと)はすでに成(な)った。: 일은 다 이루어졌다.

「事(こと)はすでに成(な)った」는 구어역 요한묵시록에서 본 절과 [16:17]에 2회 출현한다.

[3] わたし[神(かみ)]は、アルパでありオメガである。初(はじ)めであり終(おわ)りである。: 나는 알파이며 오메가이다. 처음이고 마지막이다.

요한묵시록에서 「アルパでありオメガである。初(はじ)めであり終(おわ)りである」의 발화 주체는 ⟨神(かみ)⟩과 ⟨신적(神的) イエス⟩인데, 여기에서는 ⟨神(かみ)⟩를 가리키고 있다. 이에 관해서는 [1:8]의 설명을 참조할 것.

[4] 渇(かわ)いている者(もの)には、いのちの水(みず)の泉(いずみ)から価(あたい)なしに飲(の)ませよう。: 목마른 사람에게는 생명수의 샘물에서 거저 마시게 하겠다.

「価(あたい)なしに」는 「価(あたい)」(값, 가격)에 「~なしに」가 결합된 연어로서 한국어의 「값없이 → 거저, 공짜로」에 상당하는 뜻을 나타낸다. 그리고 「飲(の)ませよう」는 「飲(の)む」의 사역 「飲(の)ませる」의 미연형 「飲(の)ませ」에 의지・권유・추량을 나타내는 「~よう」가 후접한 것인데, 이 때의 「~よう」는 화자의 의지로도 또는 추량으로도 해석이 가능하다.

이 부분을 타 번역본에서는 다음과 같이 옮기고 있다.

[例] わたしは、渇(かわ)く者(もの)には、いのちの水(みず)の泉(いずみ)から、価

---

10) [マルコによる福音書 12:26]의 설명에서 인용.

(あたい)なしに飲(の)ませる。[新改訳1970]
(나는 목마른 사람에게는 생명수의 샘물에서 거저 마시게 하겠다.)

わたしは渇(かわ)く人(ひと)にはいのちの水(みず)の泉(いずみ)から無償(むしょう)で飲(の)ませる。[フランシスコ会訳1984]
(나는 목마른 사람에게는 생명수의 샘물에서 무상으로 마시게 하겠다.)

わたしは渇(かわ)くものにいのちの水(みず)の泉(いずみ)から価(あたい)なしに飲(の)ませよう。[前田訳1978]
(나는 목마른 사람에게는 생명수의 샘물에서 거저 마시게 하겠다.)

渇(かわ)いている者(もの)には、命(いのち)の水(みず)の泉(いずみ)から価(あたい)なしに飲(の)ませよう。[新共同訳1987]
(목마른 사람에게는 생명수의 샘물에서 거저 마시게 하겠다.)

渇(かわ)いている者(もの)には、私(わたし)は命(いのち)の水(みず)[が涌(わ)く]泉(いずみ)からただで飲(の)ませよう。[岩波翻訳委員会訳1995]
(목마른 사람에게는 나는 생명수[가 솟는] 샘물에서 거저 마시게 하겠다.)

渇(かわ)く者(もの)には無代(むだい)で生命(せいめい)の水(みず)の泉(いずみ)から我(われ)は飲(の)ませるであろう。[塚本訳1963]
(목마른 사람에게는 공짜로 생명수의 샘물에서 나는 마시게 할 것이다.)

> [1]勝利(しょうり)を得(え)る者(もの)は、これらのものを受(う)け継(つ)ぐであろう。[2]わたしは彼(かれ)の神(かみ)となり、彼(かれ)はわたしの子(こ)となる。[ヨハネの黙示録 21:7]
> (승리를 얻는 사람은 이것들을 이어받을 것이다. 나는 그의 하나님이 되고, 그는 내 자녀가 된다.) [21:7]

[1] 勝利(しょうり)を得(え)る者(もの)は、これらのものを受(う)け継(つ)ぐであろう。

: 승리를 얻는 사람은 이것들을 이어받을 것이다.

「受(う)け継(つ)ぐ」는 「受(う)ける」의 연용형 「受(う)け」에 후항동사 「~継(つ)ぐぐ」가 결합한 복합동사로 한국어의 「계승하다, 이어 받다」에 상당하는 뜻을 나타낸다.

[예] 御使(みつかい)たちはすべて仕(つか)える霊(れい)であって、救(すく)いを受(う)け継(つ)ぐべき人々(ひとびと)に奉仕(ほうし)するため、つかわされた。[ヘブル人への手紙 1:14]
(천사들은 모두 섬기는 영이고, 구원을 이어받아야 할 사람들에게 봉사하기 위해, 보내졌다.) [히브리서 1:14]

怠(おこた)ることがなく、信仰(しんこう)と忍耐(にんたい)とをもって約束(やくそく)のものを受(う)け継(つ)ぐ人々(ひとびと)に見習(みなら)う者(もの)となるように、と願(ねが)ってやまない。[ヘブル人への手紙 6:12]
(게으르지 않고, 믿음과 인내로 약속한 것을 상속받는 사람들을 본받는 사람이 되기를 바라지 마지않다.) [히브리서 6:12]

そこで、神(かみ)は、約束(やくそく)のものを受(う)け継(つ)ぐ人々(ひとびと)に、ご計画(けいかく)の不変(ふへん)であることを、いっそうはっきり示(しめ)そうと思(おも)われ、誓(ちか)いによって保証(ほしょう)されたのである。[ヘブル人への手紙 6:17]
(그래서 하나님께서는 약속한 것을 상속받는 사람들에게 하나님께서 계획하신 것이 불변한 것을 한층 확실히 나타내려고 생각하시고, 맹세로써 보증하신 것이다.) [히브리서 6:17]

それだから、キリストは新(あたら)しい契約(けいやく)の仲保者(ちゅうほしゃ)なのである。それは、彼(かれ)が初(はじ)めの契約(けいやく)のもとで犯(おか)した罪過(ざいか)をあがなうために死(し)なれた結果(けっか)、召(め)された者(もの)たちが、約束(やくそく)された永遠(えいえん)の国(くに)

を受(う)け継(つ)ぐためにほかならない。[ヘブル人への手紙 9:15]
(그러므로 그리스도께서는 새 언약의 중보자이다. 그것은 그가 첫 번째 언약 하에서 저지른 죄과를 속량하기 위해 죽으신 결과, 부르심을 받은 사람들이, 다름 아니라 약속된 영원한 나라를 계승하기 위해서이다.) [히브리서 9:15]

信仰(しんこう)によって、ノアはまだ見(み)ていない事(こと)がらについて御告(みつげ)を受(う)け、恐(おそ)れかしこみつつ、その家族(かぞく)を救(すく)うために箱舟(はこぶね)を造(つく)り、その信仰(しんこう)によって世(よ)の罪(つみ)をさばき、そして、信仰(しんこう)による義(ぎ)を受(う)け継(つ)ぐ者(もの)となった。[ヘブル人への手紙 11:7]
(믿음으로 노아는 아직 보지 않는 일들에 관해, 계시를 받고 경외심을 가지고 자기 가족을 구원하기 위해 방주를 짓고, 그 믿음에 의해 세상의 죄를 심판하고 그리고 믿음에 의한 의를 이어받는 사람이 되었다.) [히브리서 11:7]

信仰(しんこう)によって、アブラハムは、受(う)け継(つ)ぐべき地(ち)に出(で)て行(い)けとの召(め)しをこうむった時(とき)、それに従(したが)い、行(ゆ)く先(さき)を知(し)らないで出(で)て行(い)った。[ヘブル人への手紙 11:8]
(믿음으로 아브라함은 이어받아야 할 땅으로 나가라는 부르심을 받았을 때에, 그것에 따라, 행선지를 알지 못하고 나갔다.) [히브리서 11:8]

あなたがたのために天(てん)にたくわえてある、朽(く)ちず汚(けが)れず、しぼむことのない資産(しさん)を受(う)け継(つ)ぐ者(もの)として下(くだ)さったのである。[ペテロの第一の手紙 1:4]
(여러분을 위하여 하늘에 쌓여 있는, 썩지 않고 더러워지지 않고, 시들지 않는 자산을 이어받는 사람으로 해 주신 것이다.) [베드로전서 1:4]

夫(おっと)たる者(もの)よ。あなたがたも同(おな)じように、女(おんな)は自分(じぶん)よりも弱(よわ)い器(うつわ)であることを認(みと)めて、知識(ちしき)に従(したが)って妻(つま)と共(とも)に住(す)み、いのちの恵(めぐ)みを共(とも)どもに受(う)け継(つ)ぐ者(もの)として、尊(たっと)びなさい。そ

れは、あなたがたの祈(いのり)が妨(さまた)げられないためである。[ペテロの第一の手紙 3:7]

(남편인 자들이여. 여러분도 마찬가지로 여자는 자신보다도 약한 그릇인 것을 인정하고, 지식에 따라 아내와 함께 살고, 생명의 은혜를 함께 상속받을 사람으로 존중하라. 그것은 여러분의 기도가 방해받지 않기 위해서이다.) [베드로전서 3:7]

悪(あく)をもって悪(あく)に報(むく)いず、悪口(あっこう)をもって悪口(あっこう)に報(むく)いず、かえって、祝福(しゅくふく)をもって報(むく)いなさい。あなたがたが召(め)されたのは、祝福(しゅくふく)を受(う)け継(つ)ぐためなのである。[ペテロの第一の手紙 3:9]

(악으로 악을 갚지 않고, 욕을 욕으로 갚지 말고, 오히려 축복으로 갚아라. 하나님께서 여러분을 부르신 것은 축복을 이어받기 위해서이다.) [베드로전서 3:9]

[2] わたしは彼(かれ)の神(かみ)となり、彼(かれ)はわたしの子(こ)となる。: 나는 그의 하나님이 되고, 그는 내 자녀가 된다.

[フランシスコ会聖書研究所(1984)『新約聖書』サンパウロ. p. 965 주(21-8)]에 의하면, 구약성서에서는,「わたしの子(こ)」즉,「神(かみ)の子(こ)」라는 칭호는 왕좌에 앉는 날에, 다윗의 자손인 왕, 메시아에 주어진다고 한다(사무엘하 7:14, 시편 2:7, 89:27~89:28 참조).

[例] わたしは彼(かれ)の父(ちち)となり、彼(かれ)はわたしの子(こ)となるであろう。もし彼(かれ)が罪(つみ)を犯(おか)すならば、わたしは人(ひと)のつえと人(ひと)の子(こ)のむちをもって彼(かれ)を懲(こ)らす。[サムエル記下 7:14]

(나는 그의 아버지가 되고, 그는 나의 아들이 될 것이다. 만일 그가 죄를 지으면, 나는 사람이란 곤장과 사람들의 자식이란 채찍으로 그를 응징하겠다.) [사무엘하 7:14]

わたしは主(しゅ)の詔(みことのり)をのべよう。主(しゅ)はわたしに言(い)われた、「おまえはわたしの子(こ)だ。きょう、わたしはおまえを生(う)んだ。

[詩篇 2:7]
(나는 주의 칙령을 선포하겠다. 주께서는 나에게 말씀하셨다, "너는 내 아들이다. 오늘 나는 너를 낳았다.) [시편 2:7]

わたしはまた彼(かれ)をわがういごとし、地(ち)の王(おう)たちのうちの最(もっと)も高(たか)い者(もの)とする。[詩篇 89:27]
(나는 또 그를 내 첫아이로 삼아, 세상의 왕들 중에서 가장 높은 왕으로 삼겠다.) [시편 89:27]

わたしはとこしえに、わがいつくしみを彼(かれ)のために保(たも)ち、わが契約(けいやく)は彼(かれ)のために堅(かた)く立(た)つ。[詩篇 89:28]
(나는 영원히 내 자애를 그를 위해 지키며, 내 언약은 그를 위해 굳게 선다.) [시편 89:28]

이 점은 신약성서에서 그리스도 부활에 의해 실현되었다고 한다(사도행전 13:33, 로마서 1:3~1:4 참조).

[例] 神(かみ)は、イエスをよみがえらせて、わたしたち子孫(しそん)にこの約束(やくそく)を、お果(はた)しになった。それは詩篇(しへん)の第二篇(だいへん)にも、『あなたこそは、わたしの子(こ)。きょう、わたしはあなたを生(う)んだ』と書(か)いてあるとおりである。[使徒行伝 13:33]
(하나님께서는 예수를 다시 살려 우리 자손에게 이 약속을 다하셨다. 그것은 시편 둘째 편에도, '너야 말로 내 아들이다. 오늘 나는 너를 낳았다.' 라고 쓰여 있는 대로이다.) [사도행전 13:33]

御子(みこ)に関(かん)するものである。御子(みこ)は、肉(にく)によればダビデの子孫(しそん)から生(うま)れ、[ローマ人への手紙 1:3]
(당신의 아들에 관한 것이다. 아드님은 육신에 의하면, 다윗의 자손에서 태어나,) [로마서 1:3]

聖(せい)なる霊(れい)によれば、死人(しにん)からの復活(ふっかつ)により、御力(みちから)をもって神(かみ)の御子(みこ)と定(さだ)められた。これがわたしたちの主(しゅ)イエス・キリストである。[ローマ人への手紙 1:4]
(거룩한 영에 의하면, 죽은 사람 중에서 부활함으로써, 권능으로 하나님의 아들로 정해졌다. 이것이(이 사람이) 우리 주 예수 그리스도이다.) [로마서 1:4]

しかし、[1]おくびょうな者(もの)、信(しん)じない者(もの)、忌(い)むべき者(もの)、人殺(ひとごろ)し、姦淫(かんいん)を行(おこな)う者(もの)、まじないをする者(もの)、偶像(ぐうぞう)を拝(おが)む者(もの)、すべて偽(いつわ)りを言(い)う者(もの)には、火(ひ)と硫黄(いおう)の燃(も)えている池(いけ)が、[2]彼(かれ)らの受(う)くべき報(むく)いである。これが第二(だいに)の死(し)である」。[ヨハネの黙示録 21:8]
(그러나 겁쟁이, 믿지 않는 자, 증오해야 할 자, 살인자, 간음을 행하는 자, 주술을 하는 자, 우상에게 배례하는 자, 모든 거짓말을 하는 자에게는 불과 유황이 타는 연못이 그들이 받아야 할 과보이다. 이것이 두 번째 죽음이다.") [21:8]

[1] おくびょうな者(もの)、信(しん)じない者(もの)、忌(い)むべき者(もの)、人殺(ひとごろ)し、姦淫(かんいん)を行(おこな)う者(もの)、まじないをする者(もの)、偶像(ぐうぞう)を拝(おが)む者(もの)、すべて偽(いつわ)りを言(い)う者(もの)には、 : 겁쟁이, 믿지 않는 자, 증오해야 할 자, 살인자, 간음을 행하는 자, 주술을 하는 자, 우상에게 배례하는 자, 모든 거짓말을 하는 자에게는,

이 부분에 관해 타 번역본에서는 다음과 같이 묘사하고 있다.

[例] 臆病者(おくびょうなもの)、不信(ふしん)の者(もの)、嫌悪(い)むべき者(もの)、(また) 殺人者(さつじんしゃ)、淫行(いんこう)の者(もの)、魔術(まじゅつ)を行(おこな)う者(もの)、(また) 偶像(ぐうぞう)礼拝者(れいはいしゃ)、

凡(すべ)ての虚偽者(きょぎしゃ)[塚本訳1963]
(겁쟁이, 믿지 않는 자, 증오해야 할 자, (또) 살인자, 음행을 행하는 자, 주술을 행하는 자, (또) 우상 숭배자, 모든 허위를 말하는 자)

おくびょう者(もの)、不信仰(ふしんこう)の者(もの)、憎(い)むべき者(もの)、人(ひと)を殺(ころ)す者(もの)、不品行(ふひんこう)の者(もの)、魔術(まじゅつ)を行(おこ)なう者(もの)、偶像(ぐうぞう)を拝(おが)む者(もの)、すべて偽(いつわ)りを言(い)う者(もの)ども[新改訳1970]
(겁쟁이, 믿지 않는 자, 증오해야 할 자, 사람을 죽이는 자, 품행이 나쁜 자, 주술을 행하는 자, 우상에게 배례하는 자, 모든 거짓말을 하는 자들)

卑怯(ひきょう)もの、不信(ふしん)のもの、不潔(ふけつ)のもの、人殺(ひとごろ)し、姦淫(かんいん)のもの、魔術師(まじゅつし)、偶像(ぐうぞう)礼拝者(れいはいしゃ)、すべてのうそつき[前田訳1978]
(비겁한 자, 믿지 않는 자, 불결한 자, 살인자, 간음을 행하는 자, 마술사, 우상 숭배자, 모든 거짓말쟁이)

臆病者(おくびょうもの)、不信仰(ふしんこう)な者(もの)、忌(い)むべき者(もの)、人(ひと)を殺(ころ)す者(もの)、みだらな者(もの)、魔術(まじゅつ)を行(おこ)なう者(もの)、偶像(ぐうぞう)を礼拝(れいはい)する者(もの)、また、あらゆる偽(いつわ)りを言(い)う者(もの)ども[フランシスコ会訳1984]
(겁쟁이, 믿지 않는 자, 증오해야 할 자, 사람을 죽이는 자, 음란한 자, 주술을 행하는 자, 우상을 숭배하는 자, 또 모든 거짓말을 하는 자들)

おくびょうな者(もの)、不信仰(ふしんこう)な者(もの)、忌(い)まわしい者、人(ひと)を殺(ころ)す者(もの)、みだらな行(おこな)いをする者(もの)、魔術(まじゅつ)を使(つか)う者(もの)、偶像(ぐうぞう)を拝(おが)む者(もの)、すべてうそを言(い)う者(もの)、[新共同訳1987]
(겁쟁이, 믿지 않는 자, 가증스러운 자, 사람을 죽이는 자, 음란한 행위를 하는 자, 마술을 사용하는 자, 우상에게 배례하는 자, 모든 거짓말을 하는 자)

憶病者(おくびょうなもの)と不信仰者(ふしんこうしゃ)、また忌(い)まわしい者(もの)、殺人者(さつじんしゃ)、淫(みだ)らな者(もの)、魔法(まほう)を行(おこ)なう者(もの)、偶像(ぐうぞう)を拝(おが)む者(もの)、〔要(よう)するに、〕すべての偽(いつわ)り者(もの)たちには、[岩波翻訳委員会訳1995]
(겁쟁이와 믿지 않는 자, 또 가증스러운 자, 살인자, 음란한 자, 마법을 행하는 자, 우상에게 배례하는 자, 〔요컨대,〕모든 거짓말쟁이들에게는,)

[2] 彼(かれ)らの受(う)くべき報(むく)いである。これが第二(だいに)の死(し)である」。: 그들이 받아야 할 과보이다. 이것이 두 번째 죽음이다."

「彼(かれ)らの受(う)くべき報(むく)い」에서 연체수식절「彼(かれ)らの受(う)くべき」의「~の」는 주격 역할을 하고 있고,「受(う)くべき」는「受(う)ける」의 문어인「受(う)く」에 의무・당위성을 나타내는「~べし」의 연체형「~べき」가 접속되어 후속 명사「報(むく)い」를 수식・한정하고 있다.

요한묵시록에서는「受(う)くべき」가 본 절과 [22:19]와 같이 2회 등장하고 있고 구어역에서 다른 예를 들면 다음과 같다.

[例] 神(かみ)はこのキリストを立(た)てて、その血(ち)による、信仰(しんこう)をもって受(う)くべきあがないの供(そな)え物(もの)とされた。それは神(かみ)の義(ぎ)を示(しめ)すためであった。すなわち、今(いま)までに犯(おか)された罪(つみ)を、神(かみ)は忍耐(にんたい)をもって見(み)のがしておられたが、[ローマ人への手紙 3:25]
(하나님께서는 이 그리스도를 세워서, 그 피에 의한 믿음으로 받아야 할 속죄 제물로 하셨습니다. 그것은 하나님의 의를 나타내기 위해서였다. 즉 이제까지 지은 죄를 하나님께서는 인내심으로 눈감아 주고 계셨지만,) [로마서 3:25]

神(かみ)は彼(かれ)らに、異邦人(いほうじん)の受(う)くべきこの奥義(おうぎ)が、いかに栄光(えいこう)に富(と)んだものであるかを、知(し)らせよう

とされたのである。この奥義(おくぎ)は、あなたがたのうちにいますキリストであり、栄光(えいこう)の望(のぞ)みである。[コロサイ人への手紙 1:27]
(하나님께서는 그들에게 이방인이 받아야 할 이 오의가 얼마나 영광으로 가득 찬 것인지를 알리려고 하신 것이다. 이 오의는 여러분 가운데 계신 그리스도이고, 영광의 소망이다.) [골로새서 1:27]

ラケルとレアは答(こた)えて言(い)った、「わたしたちの父(ちち)の家(いえ)に、なおわたしたちの受(う)くべき分(ぶん)、また嗣(し)業(ぎょう)がありましょうか。[創世記 31:14]
(라헬과 레아가 그에게 대답하였다. "이제는 우리가 우리 아버지의 집에서 얻을 분깃이나 유산이 더 있다고는 생각하지 않습니다.) [창세기 31:14]

これはイスラエルの人々(ひとびと)から永久(えいきゅう)に、アロンとその子(こ)たちの受(う)くべきささげ物(もの)であって、イスラエルの人々(ひとびと)の酬恩祭(しゅうおんさい)の犠牲(ぎせい)の中(なか)から受(う)くべきもの、すなわち主(しゅ)にささげるささげ物(もの)である。[出エジプト記 29:28]
(이것은 이스라엘 사람들로부터 영구히 아론과 그의 아들들이 받아야 할, 제물로, 이스라엘 사람들의 수은제의 희생 제물 중에서 받아야 할 것, 즉 주께 바치는 제물이다.) [출애굽기 29:28]

わたしはイスラエルの人々(ひとびと)の酬恩祭(しゅうおんさい)の犠牲(ぎせい)のうちから、その揺祭(ようさい)の胸(むね)と挙祭(きょさい)のももを取(と)って、祭司(さいし)アロンとその子(こ)たちに与(あた)え、これをイスラエルの人々(ひとびと)から永久(えいきゅう)に彼(かれ)らの受(う)くべき分(ぶん)とする。[レビ記 節7:34]
(나는 이스라엘 사람들의 수은제의 희생 제물 중에서, 그 요제의 가슴 고기와 거제의 넓적다리를 집어, 제사장 아론과 그의 아들들에게 주고, 이것을 그들이 이스라엘 사람들에게서 영구히 그들이 받아야 할 몫으로 삼겠다.) [레위기 7:34]

すなわち、これは彼(かれ)らに油(あぶら)を注(そそ)ぐ日(ひ)に、イスラエル

の人々(ひとびと)が彼(かれ)らに与(あた)えるように、主(しゅ)が命(めい)じられたものであって、代々(だいだい)永久(えいきゅう)に受(う)くべき分(ぶん)である』」。[レビ記 7:36]
(즉 이것은 그들에게 기름을 붓는 날에, 이스라엘 사람들이 그들에게 주는 것처럼 주께서 명하신 것으로, 대대로 영구히 받아야 할 본분이다.) [레위기 7:36]

彼(かれ)らはそのささげたももと揺(ゆ)り動(うご)かした胸(むね)とを、火祭(かさい)の脂肪(しぼう)と共(とも)に携(たずさ)えてきて、これを主(しゅ)の前(まえ)に揺(ゆ)り動(うご)かして揺祭(ようさい)としなければならない。これは主(しゅ)がお命(めい)じになった(1)ように、長(なが)く受(う)くべき分(ぶん)としてあなたと、あなたの子(こ)たちとに帰(き)するであろう」。[レビ記 10:15]
(그들은 그 바친 넓적다리 고기와 흔들어 움직인 가슴 고기를 화제의 지방과 함께 가지고 와서, 이것을 주님 앞에 흔들어 움직여서 요제로 삼아야 한다. 이것은 주님께서 명하신 대로 오랫동안 받아야 할 몫으로서 너와 네 아들들에게 돌아갈 것이다.)" [레위기 10:15]

主(しゅ)はまたアロンに言(い)われた、「わたしはイスラエルの人々(ひとびと)の、すべての聖(せい)なる供(そな)え物(もの)で、わたしにささげる物(もの)の一部(いちぶ)をあなたに与(あた)える。すなわち、わたしはこれをあなたと、あなたの子(こ)たちに、その分(わ)け前(まえ)として与(あた)え、永久(えいきゅう)に受(う)くべき分(ぶん)とする。[民数記 18:8]
(주께서는 아론에게 말씀하셨다. "나는 이스라엘 사람들의 모든 거룩한 제물로, 나에게 바치는 것의 일부를 너에게 준다. 즉 나는 이것을 너와 너 아들들에게 그 몫으로 주고, 영구히 받아야 할 몫으로 삼겠다.) [민수기 18:8]

またあなたに帰(き)すべきものはこれである。すなわち、イスラエルの人々(ひとびと)のささげる供(そな)え物(もの)のうち、すべて揺祭(ようさい)とするものであって、これをあなたとあなたのむすこ娘(むすめ)に与(あた)えて、永久(えいきゅう)に受(う)くべき分(ぶん)とする。あなたの家(いえ)の

者(もの)のうち、清(きよ)い者(もの)はみな、これを食(た)べることができる。[民数記 18:11]
(또 너에게 돌아가야 할 것은 이것이다. 즉 이스라엘 사람들이 바치는 제물 가운데서, 모두 요제로 삼는 것으로, 이것을 너와 내 딸아들에게 주어서, 영구히 받아야 할 분깃으로 삼겠다. 너의 집에 있는 사람 중에서 정결한 사람은 모두 이것을 먹을 수 있다.) [민수기 18:11]

われわれの麦粉(むぎこ)の初物(はつもの)、われわれの供(そな)え物(もの)、各種(かくしゅ)の木(き)の実(み)、ぶどう酒(しゅ)および油(あぶら)を祭司(さいし)のもとに携(たずさ)えて行(い)って、われわれの神(かみ)の宮(みや)のへやに納(おさ)め、またわれわれの土地(とち)の産物(さんぶつ)の十分(じゅうぶん)の一(いち)をレビびとに与(あた)えることにした。レビびとはわれわれのすべての農作(のうさく)をなす町(まち)において、その十分(じゅうぶん)の一(いち)を受(う)くべき者(もの)だからである。[ネヘミヤ記 10:37]
(우리의 밀가루의 첫물, 우리의 제물, 각종 나무 열매, 포도주 및 기름을 제사장에게 가지고 가서, 우리 하나님의 성전에 있는 방에 바치고, 또 우리 땅에서 나는 산물의 열의 하나를 레위 사람들에게 주기로 했다. 레위 사람은 우리의 모든 농작을 하는 성읍에서 그 열의 하나를 받아야 할 사람이기 때문이다.) [느헤미야 10:37]

わたしはまたレビびとがその受(う)くべき分(ぶん)を与(あた)えられていなかったことを知(し)った。これがためにその務(つとめ)をなすレビびとおよび歌(うた)うたう者(もの)たちは、おのおの自分(じぶん)の畑(はたけ)に逃(に)げ帰(かえ)った。[ネヘミヤ記 13:10]
(나는 또 레위 사람들이 그 받아야 할 몫을 받지 못하고 있는 것을 알았다. 이것 때문에 그 직무를 하는 레위 사람들 및 노래를 부르는 사람들은 각자 자기 밭으로 이 있는 곳으로 도망쳐 돌아왔다.) [느헤미야 13:10]

どうぞ、そのわざにしたがい、その悪(あ)しき行(おこな)いにしたがって彼(かれ)らに報(むく)い、その手(て)のわざにしたがって彼(かれ)らに報(むく)い、その受(う)くべき罰(ばつ)を彼(かれ)らに与(あた)えてください。[詩篇 28:4]

(부디 그 행실에 따라, 그 악한 행위에 따라, 그들에게 갚고, 그 손이 한 짓에 따라, 그들에게 갚고, 그 받아야 할 벌을 그들에게 주십시오.) [시편 28:4]

地(ち)をさばかれる者(もの)よ、立(た)って高(たか)ぶる者(もの)にその受(う)くべき罰(ばつ)をお与(あた)えください。[詩篇 94:2]
(세상을 심판하시는 이여, 일어나서 오만한 자들에게 그들이 받아야 할 마땅한 벌을 주십시오.) [시편 94:2]

主(しゅ)はわたしの受(う)くべき分(ぶん)です。わたしはあなたのみ言葉(ことば)を守(まも)ることを約束(やくそく)します。[詩篇 119:57]
(주께서는 내가 받아야 할 몫입니다. 나는 주의 말씀을 지킬 것을 약속합니다.) [시편 119:57]

主(しゅ)よ、わたしはあなたに呼(よ)ばわります。わたしは言(い)います、「あなたはわが避(さ)け所(どころ)、生(い)ける者(もの)の地(ち)でわたしの受(う)くべき分(ぶん)です。[詩篇 142:5]
(주님, 나는 주님께 부르짖습니다. 나는 말합니다. "주님은 나의 피난처, 살아 있는 사람들의 땅에서 내가 받아야 할 몫입니다.) [시편 142:5]

夕暮(ゆうぐれ)には、見(み)よ、恐(おそ)れがある。まだ夜(よ)の明(あ)けないうちに彼(かれ)らはうせた。これはわれわれをかすめる者(もの)の受(う)くべき分(ぶん)、われわれを奪(うば)う者(もの)の引(ひ)くべきくじである。[イザヤ書 17:14]
(저녁때에는 보아라! 두려움이 있다. 아직 날이 새기 전에 그들은 사라졌다. 이것은 우리 물건을 훔치는 자가 받아야 할 몫이고, 우리의 것을 빼앗는 사람이 뽑아야 할 제비이다.) [이사야 17:14]

わが魂(たましい)は言(い)う、「主(しゅ)はわたしの受(う)くべき分(ぶん)である、それゆえ、わたしは彼(かれ)を待(ま)ち望(のぞ)む」と。[哀歌 3:24]
(내 영혼은 말한다, "주께서는 내가 받아야 할 몫이다. 그러므로 나는 그를(주님을) 손꼽아 기다린다." 라고.) [예레미야애가 3:24]

〔43〕 新(あたら)しいエルサレム
새 예루살렘[11]
ヨハネの黙示録 21:9 - 21:27

ヨハネの黙示 21 : 9 - 21 : 27
新(あたら)しきエルサレム
새 예루살렘

> 最後(さいご)の七(なな)つの災害(さいがい)が満(み)ちている七(なな)つの鉢(はち)を持(も)っていた七人(しちにん)の御使(みつかい)の一人(ひとり)が来(き)て、わたしに語(かた)って言(い)った、[1]「さあ、来(き)なさい。小羊(こひつじ)の妻(つま)なる花嫁(はなよめ)を見(み)せよう」。 [ヨハネの黙示録 21:9] (마지막 일곱 개 재해가 가득 차 있는 7개 사발을 가지고 있던 일곱 천사 중에서 하나가 나와 내게 이야기하며 말했다. "자, 오너라. 어린 양의 아내인 신부를 보여 주겠다.") [21:9]

[1]「さあ、来(き)なさい。小羊(こひつじ)の妻(つま)なる花嫁(はなよめ)を見(み)せよう」。 : "자, 오너라. 어린 양의 아내인 신부를 보여 주겠다."

「小羊(こひつじ)の妻(つま)なる花嫁(はなよめ)」의 「~なる」는 문어 조동사 「~なり」의 연체형으로 구어의 「~である」에 상당하는 뜻을 나타낸다. 그리고 「見(み)せよう」는 복타동사인 「見(み)せる」의 미연형 「見(み)せ」에 의지의 「~よう」가 접속된 것으로 「見(み)せよう。」는 구어역 요한묵시록에는 [17:1]의 「大淫婦(だいいんふ)に対(たい)するさばきを、見(み)せよう。」(큰 음부에 대한 심

---

[11] 새 이스라엘의 서술은 다음의 [에스겔 40장~47장]에 의거한 것이다. 이상은 フランシスコ会聖書研究所 (1984) 『新約聖書』, サンパウロ. p. 967 주(21-9)]에 의함.

판을 보여 주겠다.)와 본 절의 예와 같이 2회 등장한다. 참고로 신공동역 성서에서 예를 들면 다음과 같다.

[例] 主(しゅ)はモーセに言(い)われた。「主(しゅ)の手(て)が短(みじか)いというのか。わたしの言葉(ことば)どおりになるかならないか、今(いま)、あなたに見(み)せよう。」[新共同訳 / 民数記 11:23]
(주께서는 모세에게 말씀하셨다. "내의 손이 짧다고 하는 것이냐? 내 말대로 될 것인지 안 될 것인지, 지금 너에게 보여 주겠다.") [신공동역 / 민수기 11:23]

ヨナタンは言(い)った。「よし、ではあの者(もの)どものところへ渡(わた)って行(い)って、我々(われわれ)の姿(すがた)を見(み)せよう。[新共同訳 / サムエル記上 14:8]
(요나단은 말하였다. "알았다, 그럼 그 자들에게 건너가서 우리 모습을 보여주자.) [신공동역 / 사무엘상 14:8]

生涯(しょうがい)、彼(かれ)を満(み)ち足(た)らせ／わたしの救(すく)いを彼(かれ)に見(み)せよう。」[新共同訳 / 詩編 91:16]
(평생, 그를 흡족하게 하고, / 내 구원을 그에게 보여 주겠다.) [신공동역 / 시편 91:16]

さて、七(なな)つの鉢(はち)を持(も)つ七人(しちにん)の天使(てんし)の一人(ひとり)が来(き)て、わたしに語(かた)りかけた。「ここへ来(き)なさい。多(おお)くの水(みず)の上(うえ)に座(すわ)っている大淫婦(だいいんぷ)に対(たい)する裁(さば)きを見(み)せよう。[新共同訳 / ヨハネの黙示録 17:1]
(그런데 일곱 대접을 가진 일곱 천사 중의 하나가 와서 내게 말을 걸었다. "이리로 오너라. 많은 물 위에 앉아 있는 큰 창녀에 대한 심판을 보여 주겠다.) [신공동역 / 요한묵시록 17:1]

이 부분에 관해 타 번역본에서는 다음과 같이 기술하고 있다.

[1]「さあ、来(き)なさい。小羊(こひつじ)の妻(つま)なる花嫁(はなよめ)を見(み)せよう」。: "자, 오너라. 어린 양의 아내인 신부를 보여 주겠다."

[例]「さあ (此処(ここ)に来(こ)い。) 仔羊(こひつじ)の妻(つま)たる新婦(しんぷ)をお前(まえ)に示(しめ)そう。」[塚本訳1963]
("자, (이리 오너라.) 어린 양의 아내인 신부를 너에게 보여 주겠다.")

「ここに来(き)なさい。私(わたし)はあなたに、小羊(こひつじ)の妻(つま)である花嫁(はなよめ)を見(み)せましょう。」[新改訳1970]
("이리 오세요. 나는 당신에게 어린 양의 아내인 신부를 보여 주겠습니다.")

いわく、「来(き)なさい、小羊(こひつじ)の妻(つま)である花(はな)よめを見せよう」と。[前田訳1978]
(가로되, "오너라. 어린 양의 아내인 신부를 보여 주겠다." 하고.)

さあ、来(き)なさい。小羊(こひつじ)の妻(つま)である花嫁(はなよめ)を見(み)せてあげよう。[フランシスコ会訳1984]
(자 오너라. 어린 양의 아내인 신부를 보여 주겠다.)

「ここへ来(き)なさい。小羊(こひつじ)の妻(つま)である花嫁(はなよめ)を見(み)せてあげよう。」[新共同訳1987]
("이리 오너라. 어린 양의 아내인 신부를 보여 주겠다.")

「こちらに来(き)なさい、私(わたし)はあなたに小羊(こひつじ)の妻(つま)である花嫁(はなよめ)を見(み)せてあげよう」。[岩波翻訳委員会訳1995]
("이리 오너라. 나는 너에게 어린 양의 아내인 신부를 보여 주겠다.")

この御使(みつかい)は、わたしを御霊(みたま)に感(かん)じたまま、大(おお)きな高(たか)い山(やま)に連(つ)れて行(い)き、[1]聖都(せいと)エルサレム

> が、神(かみ)の栄光(えいこう)のうちに、[2]神(かみ)のみもとを出(で)て天(てん)から下(くだ)って来(く)るのを見(み)せてくれた。[ヨハネの黙示録 21:10]
> (이 천사는 나를 성령에 감동된 채로 큰 높은 산에 데리고 가서 성도 예루살렘이 하나님의 영광 속에 하나님의 곁을 나와 하늘에서 내려오는 것을 보여 주었다.) [21:10]

[1]聖都(せいと)エルサレムが、: 성도 예루살렘이,

「聖都(せいと)」는 「聖(せい)なる都(みやこ)」(거룩한 도읍)을 의미하는 것으로 이해되는데, 구어역에서는 다음 개소에서 쓰이고 있다.

[例] 民(たみ)のつかさたちはエルサレムに住(す)み、その他(た)の民(たみ)はくじを引(ひ)いて、十人(じゅうにん)のうちからひとりずつを、聖都(せいと)エルサレムに来(き)て住(す)ませ、九人(くにん)を他(た)の町々(まちまち)に住(す)ませた。[ネヘミヤ記 11:1]
(백성의 수장들은 예루살렘에 살고, 그 밖의 백성은 제비를 뽑아, 열 명 중의 한 사람씩 성도 예루살렘에 와서 살게 하고, 아홉 명을 다른 성읍에 살게 하였다.) [느헤미야 11:1]

聖都(せいと)におるレビびとは合(あ)わせて二百八十四人(にひゃくはちじゅうよにん)であった。[ネヘミヤ記 11:18]
(성도에 있는 레위 사람들은 합쳐서 284명이었다.) [느헤미야 11:8]

타 번역본에서의 사용 상황을 살펴보면, [岩波翻訳委員会訳1995]에서는 「聖都」, 그리고 나머지 번역본 즉 [塚本訳1963]・[新改訳1970]・[前田訳1978]・[フランシスコ会訳1984]・[新共同訳1987]에서는 「聖なる都」가 쓰이고 있다.

[2]神(かみ)のみもとを出(で)て天(てん)から下(くだ)って来(く)るのを見(み)せてく

れた。: 하나님의 곁을 나와 하늘에서 내려오는 것을 보여 주었다.

「見(み)せてくれた」는「見(み)せる」에 수수표현「~てくれる」의 과거「~てくれた」가 쓰이고 있는데, 이 때 수수표현의 주체는 문두의「この御使(みつかい)は」이다.「~てくれた」는 구어역에서도 신약성서에만 사용되고 있으며 요한묵시록에서는 본 절과 [22:1]에 2회 등장한다.

구어역 신약성서에서 쓰이는「~てくれた」의 예를 들면 다음과 같다.

[例] あなたはわたしの頭(あたま)に油(あぶら)を塗(ぬ)ってくれなかったが、彼女(かのじょ)はわたしの足(あし)に香油(こうゆ)を塗(ぬ)ってくれた。[ルカによる福音書 7:46]
(너는 내 머리에 기름을 발라 주지 않았지만, 그녀는 내 발에 향유를 발라 주었다.) [누가복음 7:46]

わたしたちがエルサレムに到着(とうちゃく)すると、兄弟(きょうだい)たちは喜(よろこ)んで迎(むか)えてくれた。[使徒行伝 21:17]
(우리가 예루살렘에 도착하자, 형제들이 기쁘게 맞아 주었다.) [사도행전 21:17]

彼(かれ)らはわたしたちを非常(ひじょう)に尊敬(そんけい)し、出帆(しゅっぱん)の時(とき)には、必要(ひつよう)な品々(しなじな)を持(も)ってきてくれた。[使徒行伝 28:10]
(그들은 우리를 대단히 존경하고, 출범할 때에는 필요한 물건들을 가지고 와 주었다.) [사도행전 28:10]

兄弟(きょうだい)たちよ。あなたがたに勧(すす)める。あなたがたが知(し)っているように、ステパナの家(いえ)はアカヤの初穂(はつほ)であって、彼(かれ)らは身(み)をもって聖徒(せいと)に奉仕(ほうし)してくれた。[コリント人への第一の手紙 16:15]
(형제 여러분, 여러분에게 권한다. 여러분이 아는 바와 같이, 스데바나의 가정은 아가야의 첫 열매로, 그들은 몸으로써 성도에게 봉사해 주었다.) [고린도전서 16:15]

わたしの心(こころ)とあなたがたの心(こころ)とを、安(やす)らかにしてくれた。こうした人々(ひとびと)は、重(おも)んじなければならない。[コリント人への第一の手紙 16:18]
(나의 마음과 여러분의 마음을 편안하게 해 주었다. 이런 사람들은 중시되어야 한다.) [고린도전서 16:18]

あなたがたの所(ところ)にいて貧乏(びんぼう)をした時(とき)にも、だれにも負担(ふたん)をかけたことはなかった。わたしの欠乏(けつぼう)は、マケドニヤからきた兄弟(きょうだい)たちが、補(おぎな)ってくれた。こうして、わたしはすべての事(こと)につき、あなたがたに重荷(おもに)を負(お)わせまいと努(つと)めてきたし、今後(こんご)も努(つと)めよう。[コリント人への第二の手紙 11:9]
(여러분과 같이 있으면서 가난했을 때에도, 어느 누구에게도 부담을 끼친 적은 없었다. 나의 결핍은 마케도니아에서 온 형제들이 채워 주었다. 이렇게 해서 나는 모든 일에 관해 여러분에게 무거운 짐을 지게 하지 않겠다고 노력해 왔고, 앞으로도 노력할 것이다.) [고린도후서 11:9]

そして、わたしの肉体(にくたい)にはあなたがたにとって試錬(しれん)となるものがあったのに、それを卑(いや)しめもせず、またきらいもせず、かえってわたしを、神(かみ)の使(つかい)かキリスト・イエスかでもあるように、迎(むか)えてくれた。[ガラテヤ人への手紙 4:14]
(그리고 내 육체에는 여러분에게 시련이 될 것이 있었음에도 불구하고, 그것을 멸시하지도 않고, 또 싫어하지도 않고, 오히려 나를 하나님의 사자가 그리스도 예수인 것처럼 맞이해 주었다.) [갈라디아서 4:14]

しかし、あなたがたは、よくもわたしと患難(かんなん)を共(とも)にしてくれた。[ピリピ人への手紙 4:14]
(그러나 여러분은 용케도 나와 환난을 함께 해 주었다.) [빌립보서 4:14]

またテサロニケでも、一再(いっさい)ならず、物(もの)を送(おく)ってわた

しの欠乏(けつぼう)を補(おぎな)ってくれた。[ピリピ人への手紙 4:16]
(또 데살로니가에서도 한두 번이 아니고 물건을 보내서 내 결핍을 보충해 주었다.) [빌립보서 4:16]

それから、わたしがアンテオケ、イコニオム、ルステラで受(う)けた数々(かずかず)の迫害(はくがい)、苦難(くなん)に、よくも続(つづ)いてきてくれた。そのひどい迫害(はくがい)にわたしは耐(た)えてきたが、主(しゅ)はそれらいっさいのことから、救(すく)い出(だ)して下(くだ)さったのである。[テモテへの第二の手紙 3:11]
(그리고 내가 안디옥, 이고니온, 루스드라에서 받은 온갖 박해, 고난에, 용케도 계속해서 와 주었다. 그 심한 박해에 나는 견뎌냈지만, 주께서는 그것들 모든 것에서 나를 구해내 주셨던 것이다.) [디모데후서 3:11]

[1]その都(みやこ)の輝(かがや)きは、高価(こうか)な宝石(ほうせき)のようであり、透明(とうめい)な碧玉(へきぎょく)のようであった。[ヨハネの黙示録 21:11]
(그 도읍의 광채는 고가의 보석과 같고, 투명한 벽옥과 같았다.) [21:11]

[1] その都(みやこ)の輝(かがや)きは、高価(こうか)な宝石(ほうせき)のようであり、透明(とうめい)な碧玉(へきぎょく)のようであった。: 그 도읍의 광채는 고가의 보석과 같고, 투명한 벽옥과 같았다.

「都(みやこ)の輝(かがや)き」의「輝(かがや)き」는「輝(かがや)く」의 연용형이 전성명사화한 것으로「太陽(たいよう)の輝(かがや)き」(태양의 광채),「不思議(ふしぎ)な輝(かがや)き」(이상한 광채),「緑(みどり)の輝(かがや)き」(녹색의 광휘),「霊的(れいてき)な輝(かがや)き」(영적인 빛) 등과 같이 쓰인다.

「高価(こうか)な宝石(ほうせき)」의「高価(こうか)な」는「高価(こうか)だ」의 연체형으로 후속의「宝石(ほうせき)」를,「透明(とうめい)な碧玉(へきぎょく)」의

「透明(とうめい)な」는「透明(とうめい)だ」의 연체형으로 후속의「碧玉(へきぎょく)」를 각각 수식·한정하고 있다.

그런데 구어역의 요한묵시록의 본 절 [21:11]은 타 번역본의 해당 부분과 본문 간의 이동(異同)이 보인다.

[例] その光輝(こうき)は究(きわ)めて高価(こうか)な宝石(ほうせき)に似(に)て居(お)り、水晶(すいしょう)の如(ごと)く透明(とうめい)な碧玉(へきぎょく)のようである。[塚本訳1963]
(그 광채는 매우 고가의 보석과 같고, 수정과 같이 투명한 벽옥과 같다.)

都(みやこ)には神(かみ)の栄光(えいこう)があった。その輝(かがや)きは高価(こうか)な宝石(ほうせき)に似(に)ており、透(す)き通(とお)った碧玉(へきぎょく)のようであった。[新改訳1970]
(도읍에는 하나님의 영광이 있었다. 그 광채는 고가의 보석과 같고, 투명한 벽옥과 같았다.)

それは神(かみ)の栄光(えいこう)を帯(お)びていた。その輝(かがや)きは高価(こうか)な宝石(ほうせき)に似(に)、透明(とうめい)な碧玉(へきぎょく)のようであった。[前田訳1978]
(그것은 하나님의 영광을 띠고 있었다. 그 광채는 고가의 보석과 같고, 투명한 벽옥과 같았다.)

都(みやこ)は神(かみ)の栄光(えいこう)に輝(かがや)いていた。その輝(かがや)きは、最高(さいこう)の宝石(ほうせき)のようであり、透(す)き通(とお)った碧玉(へきぎょく)のようであった。[新共同訳1987]
(도읍은 하나님의 영광에 빛나고 있었다. 그 광채는 최고의 보석과 같고, 투명한 벽옥과 같았다.)

その都(みやこ)は神(かみ)の米光(えいこう)に満(み)ちていて、その輝(かがや)きは、水晶(すいしょう)のごとく透明(とうめい)な碧玉(へきぎょく)のよ

うな、値(ね)の付(つ)けようがない宝石(ほうせき)のようであった。[岩波翻訳委員会訳1995]
(그 도읍은 하나님의 영광으로 가득 차 있어, 그 광채는 수정과 같이 투명한 벽옥과 같은, 금을 매길 수 없는 보석과 같았다.)

都(みやこ)は神(かみ)の栄光(えいこう)に包(つつ)まれていた12)。その輝(かがや)きは、最(もっと)も高価(こうか)な宝石(ほうせき)のようであり、透(す)きとおった碧玉(へきぎょく)のようであった。[フランシスコ会訳1984]
(도읍은 하나님의 영광에 싸여 있었다. 그 광채는 가장 고가의 보석과 같았고, 투명한 벽옥과 같았다.)

[1]それには大(おお)きな、高(たか)い城壁(じょうへき)があって、十二(じゅうに)の門(もん)があり、それらの門(もん)には、十二(じゅうに)の御使(みつかい)がおり、[2]イスラエルの子(こ)らの十二(じゅうに)部族(ぶぞく)の名(な)が、それに書(か)いてあった。[ヨハネの黙示録 21:12]
(그것에는 크고 높은 성벽이 있고, 12개의 문이 있고, 그들 문에는 열두 천사가 있고, 예루살렘 자손의 열두 지파의 이름이 거기에 적혀 있었다.) [21:12]

[1] それには大(おお)きな、高(たか)い城壁(じょうへき)があって、十二(じゅうに)の門(もん)があり、: 그것에는 크고 높은 성벽이 있고, 12개의 문이 있고,

본 절에서는 「[それ]には[大(おお)きな、高(たか)い城壁(じょうへき)]があって、[十二(じゅうに)の門(もん)]があり、」와 같이 「ある」의 「テ」형인 「あって、」다음에 연용 중지법 「あり、」로 연결되고 있는데, 타 번역본에서는 다음과 같이 전개되고 있다.

---

12) [フランシスコ会聖書研究所(1984)『新約聖書』サンパウロ. p. 967 주(21-10)에 의하면, 「都(みやこ)は神(かみ)の栄光(えいこう)に包(つつ)まれていた ; 도읍은 하나님의 영광에 싸여 있었다.」와 같은 표현은 [이사야 60:1~60:2, 60:19], [스가랴 2〔5〕:9]에 보인다고 한다.

[例] (其処(そこ)には)大(おお)きな高(たか)い城壁(じょうへき)があり、十二(じゅうに)の門(もん)があって、[塚本訳1963]
((거기에는) 크고 높은 성벽이 있고, 12개의 문이 있고,)

大(おお)きく高(たか)い城壁(じょうへき)があり、十二(じゅうに)の門(もん)があって、[岩波翻訳委員会訳1995]
(크고 높은 성벽이 있고, 12개의 문이 있고,)

この都(みやこ)には大(おお)きな高(たか)い城壁(じょうへき)があり、十二(じゅうに)の門(もん)があった。[フランシスコ会訳1984]
(이 도읍에는 큰 높은 성벽이 있고, 12개의 문이 있고,)

都(みやこ)には大きな高(たか)い城壁(じょうへき)と十二(じゅうに)の門(もん)があって、[新改訳1970]
(도읍에는 큰 높은 성벽과 12개의 문이 있고,)

その城壁(じょうへき)は大(おお)きく高(たか)く、十二(じゅうに)の門(もん)があり、[前田訳1978]
(그 성벽은 크고 높고, 12개의 문이 있고,)

都(みやこ)には、高(たか)い大(おお)きな城壁(じょうへき)と十二(じゅうに)の門(もん)があり、[新共同訳1987]
(도읍에는 큰 높은 성벽과 12개의 문이 있고,)

[2] イスラエルの子(こ)らの十二(じゅうに)部族(ぶぞく)の名(な)が、それに書(か)いてあった。: 예루살렘 자손의 열두 지파의 이름이 거기에 적혀 있었다.

「書(か)いてあった」는 타동사 「書(か)く」에 결과의 상태를 나타내는 「~てある」가 접속된 「書(か)いてある」의 과거인데, 여기에서 결과의 상태를 나타내는 「타동사+てある」의 의미·용법(1)에 관해 살펴보면 다음과 같다.

1. 일본어에서 결과의 상태를 나타내는 형식에는 「자동사+ている」 이외에도 「타동사+てある」가 있다. 따라서 「並(なら)ぶ ; 나란히 서다 / 並(なら)べる ; 나란히 하다」와 같이 자동사와 타동사가 어휘적 대응을 보이고 있는 동사의 경우에는 뉘앙스의 차이를 무시하면 「자동사+ている」와 「타동사+てある」가 똑같이 「결과의 상태」를 나타낼 수 있다.

그러나 한국어로는 양자의 차이점을 구별할 수 없으니, 실제 어느 형식을 써야 할지에 관해서는 문맥과 상황을 고려해야 한다.

[例] 手帳(てちょう)が{入(い)れてある・入(はい)っている}。
(수첩이 들어 있다.)

ドアには鍵(かぎ)が{かけてある・かかっている}。
(문에는 자물쇠가 채워져 있다.)

冷蔵庫(れいぞうこ)にケーキが{残(のこ)してある・残(のこ)っている}。
(냉장고에 케이크가 남아 있다.)

売(う)り場(ば)には、品物(しなもの)がきれいに{並(なら)べてある・並(なら)んでいる}。
(매장에는 물건이 가지런히 진열되어 있다.)

2. 그러나 「~ている」와 「~てある」는 다음과 같은 차이점이 있다.

[例] 事務室(じむしつ)の窓(まど)が全部(ぜんぶ)開(あ)いている。
(사무실 창이 전부 열려 있다.)

事務室(じむしつ)の窓(まど)が全部(ぜんぶ)開(あ)けてある。
(사무실 창이 전부 열려 있다.)

「開(あ)いている」와 같은「자동사+ている」는 현재의 결과 상태에 초점이 놓인 표현으로 그와 같은 상태를 만들어낸 원인이나 동작주에는 관심이 없다. 따라서「開(あ)いている」라고 말할 경우에는「窓(まど)が開(あ)く;창이 열리다」라는 사건이 인위적인 행위에 의해서 발생한 것인지 바람에 의해 자연히 발생한 것인지 중요하지 않다.

이에 대해「開(あ)けてある」와 같은「타동사+てある」는 현재의 상태가 자연 발생적인 것이 아니라 동작주의 의도적인 행위의 결과 그와 같이 되었다고 파악하는 데에 특징이 있다.

[例] 冷蔵庫(れいぞうこ)の中(なか)にはビールが冷(ひ)やしてあります。
(냉장고 안에는 차게 한 맥주가 들어 있습니다.)

部屋(へや)には鍵(かぎ)がかけてありますから、大丈夫(だいじょうぶ)です。
(방에는 자물쇠가 채워져 있으니까, 괜찮습니다.)

ランプはすでに消(け)してあるから、暗(くら)くてどこに何(なに)があるかわからない。
(램프는 이미 꺼져 있어 어두워서 어디에 무엇이 있는지 모르겠다.)

3. 그리고「置(お)いてある;놓여 있다」의「置(お)く」나「印刷(いんさつ)してある;인쇄되어 있다」의「印刷(いんさつ)する」와 같이 대응하는 자동사가 없는 타동사의 경우에는「~てある」로서 결과의 상태를 나타낼 수밖에 없다.

[例] 辞書(じしょ)は机(つくえ)の上(うえ)に置(お)いてあります。
(사전은 책상 위에 놓여 있습니다.)

ここに暗証番号(あんしょうばんごう)が書(か)いてあります。
(여기 비밀번호가 쓰여 있습니다.)

彼(かれ)の部屋(へや)は壁(かべ)一面(いちめん)に写真(しゃしん)が貼(は)ってあります。
(그의 방에는 온통 벽에 사진이 붙어 있습니다.)

ささやかですが、食事(しょくじ)の用意(ようい)がしてあります。みなさん、食堂(しょくどう)にお集(あつ)まりください。
(약소합니다만, 식사 준비가 되어 있습니다. 여러분, 식당에 모여 주십시오.)[13]

4. 본 절의 「書(か)いてあった」와 「~てあった」의 예를 들면 다음과 같다.

[例] さて、そこの山(やま)の中腹(ちゅうふく)に、豚(ぶた)の大群(たいぐん)が飼(か)ってあった。[マルコによる福音書 5:11]
(그런데 그곳 산 중턱에 사람들이 키우고 있는 돼지 떼가 있었다.) [마가복음 5:11]

イエスの罪状書(ざいじょうがき)には「ユダヤ人(じん)の王(おう)」と、記(しる)してあった。[マルコによる福音書 15:26]
(예수의 죄상을 적은 패에는 "유대인의 왕"이라고 적혀 있었다.) [마가복음 15:26]

ところが、目(め)をあげて見(み)ると、石(いし)はすでに転(ころ)がしてあった。この石(いし)は非常(ひじょう)に大(おお)きかった。[マルコによる福音書 16:4]
(그런데 눈을 들어 보니, 돌은 이미 굴려져 있었다. 이 돌은 엄청나게 컸다.) [마가복음 16:4]

そこには、ユダヤ人(じん)の清(きよ)めの習(なら)わしに従(したが)って、それぞれ四(よん)、五斗(ごと)も入(はい)る石(いし)の水(みず)がめが、六(むっ)つ置(お)いてあった。[ヨハネによる福音書 2:6]
(거기에는 유대인의 정결 관습에 따라, 각각 네다섯 말이나 들어가는 돌 물동이가

---

13) 李成圭 等著(1996) 『홍익나가누마 일본어2 해설서』 홍익미디어. pp. 249-251에서 인용

여섯 개 놓여 있었다.)[요한복음 2:6]

イエスはまた激(はげ)しく感動(かんどう)して、墓(はか)に入(はい)られた。それは洞穴(ほらあな)であって、そこに石(いし)が填(は)めてあった。[ヨハネによる福音書 11:38]
(예수께서는 다시 격하게 감동하여, 무덤에 들어가셨다. 그것은 동굴인데 거기에 돌이 박혀 있었다.) [요한복음 11:38]

ピラトは罪状書(ざいじょうが)きを書(か)いて、十字架(じゅうじか)の上(うえ)にかけさせた。それには「ユダヤ人(じん)の王(おう)、ナザレのイエス」と書(か)いてあった。[ヨハネによる福音書 19:19]
(빌라도는 죄상을 적은 패를 써서, 십자가 위에 걸게 했다. 거기에는 "유대인의 왕, 나사렛의 예수"라고 쓰여 있었다.) [요한복음 19:19]

イエスが十字架(じゅうじか)につけられた場所(ばしょ)は都(みやこ)に近(ちか)かったので、多(おお)くのユダヤ人(じん)がこの罪状書(ざいじょうが)きを読(よ)んだ。それはヘブル、ローマ、ギリシヤの国語(こくご)で書(か)いてあった。[ヨハネによる福音書 19:20]
(예수가 십자가에 매달린 곳은 도읍에서 가까워서 많은 유대인이 이 죄상을 적은 패를 읽었다. 그것은 히브리어, 라틴어, 그리스어로 쓰여 있었다.) [요한복음 19:20]

そこに、酢(す)いぶどう酒(しゅ)がいっぱい入(い)れてある器(うつわ)が置(お)いてあったので、人々(ひとびと)は、このぶどう酒(しゅ)を含(ふく)ませた海綿(かいめん)をヒソプの茎(くき)に結(むす)び付(つ)けて、イエスの口(くち)もとに差(さ)し出(だ)した。[ヨハネによる福音書 19:29]
(거기에 신 포도주가 가득 담겨 있는 그릇이 놓여 있어서, 사람들은 이 포도주를 적신 해면을 히솝[hyssop] 줄기에 매어 예수의 입가에 내밀었다.) [요한복음 19:29]

イエスの頭(あたま)に巻(ま)いてあった布(ぬの)は亜麻布(あまぬの)のそばにはなくて、離(はな)れた別(べつ)の場所(ばしょ)にくるめてあった。[ヨハネによる福音書 20:7]

(예수의 머리에 감겨 있던 천수건은 아마 천 옆에가 아니라, 떨어진 다른 곳에 개켜 있었다.) [요한복음 20:7]

> 東(ひがし)に三(みっ)つの門(もん)、北(きた)に三(みっ)つの門(もん)、南(みなみ)に三(みっ)つの門(もん)、西(にし)に三(みっ)つの門(もん)があった。[ヨハネの黙示録 21:13]
> (동쪽에 문이 세 개, 북쪽에 문이 세 개, 남쪽에 문이 세 개, 서쪽에 문이 세 개 있었다.) [21:13]

본 절에서는 「三(みっ)つの門(もん)」과 같이 「三(みっ)つ[수량사]＋の＋門(もん)[명사]」와 같은 수량사 구문 형식을 취하고 있는데, 여기에서는 「문이 세 개」와 같이 번역해 둔다.

[フランシスコ会聖書研究所(1984)『新約聖書』サンパウロ. p. 967 주(21-11)]에 의하면, 본 절에 관해 [출애굽기 28:21], [에스겔 48:30~48:35]를 참조하라고 되어 있다.

[例] その宝石(ほうせき)はイスラエルの子(こ)らの名(な)に従(したが)い、その名(な)とひとしく十二(じゅうに)とし、おのおの印(いん)の彫刻(ちょうこく)のように十二(じゅうに)の部族(ぶぞく)のためにその名(な)を刻(きざ)まなければならない。[出エジプト記 28:21]
(그 보석들은 이스라엘의 아들들의 이름에 따라, 그 이름과 같게 열둘로 하고, 각각 도장 조각처럼 열두 지파를 위해 그 이름을 새겨야 한다.) [출애굽기 28:21]

町(まち)の出口(でぐち)は次(つぎ)のとおりである。北(きた)の方(ほう)の長(なが)さは四千五百(よんせんごひゃく)キュビトである。[エゼキエル書 48:30]
(성읍의 출구는 다음과 같다. 북쪽의 길이는 사천오백 규빗이다.) [에스겔 48:30]

町(まち)の門(もん)はイスラエルの部族(ぶぞく)の名(な)にしたがい、三(みっ)つの門(もん)になっている。すなわちルベンの門(もん)、ユダの門(もん)、レビの門(もん)である。[エゼキエル書 48:31]
(성읍의 문들은 이스라엘 지파들의 이름에 따라, 세 개의 문으로 되어 있다. 즉 르우벤 문, 유다 문, 레위 문이다.) [에스겔 48:31]

東(ひがし)の方(ほう)は四千五百(よんせんごひゃく)キュビトであって、三(みっ)つの門(もん)がある。すなわちヨセフの門(もん)、ベニヤミンの門(もん)、ダンの門(もん)である。[エゼキエル書 48:32]
(동쪽은 사천오백 규빗이고, 문이 세 개 있다. 즉 요셉 문, 베냐민 문, 단 문이다.) [에스겔 48:32]

南(みなみ)の方(ほう)は四千五百(よんせんごひゃく)キュビトであって、三(みっ)つの門(もん)がある。すなわちシメオンの門(もん)、イッサカルの門(もん)、ゼブルンの門(もん)である。[エゼキエル書 48:33]
(남쪽은 사천오백 규빗이고, 문이 세 개 있다. 즉 시므온 문이고, 잇사갈 문, 스불론 문이다.) [에스겔 48:33]

西(にし)の方(ほう)は四千五百(よんせんごひゃく)キュビトであって、三(みっ)つの門(もん)がある。すなわちガドの門(もん)、アセルの門(もん)、ナフタリの門(もん)である。[エゼキエル書 48:34]
(서쪽은 사천오백 규빗이고, 문이 세 개 있다. 갓 문, 아셀 문, 납달리 문이다.) [에스겔 48:34]

町(まち)の周囲(しゅうい)は一万八千(いちまんはっせん)キュビトあり、この日(ひ)から後(のち)、この町(まち)の名(な)は『主(しゅ)そこにいます』と呼(よ)ばれる」。[エゼキエル書 48:35]
(성읍 둘레는 만 팔천 규빗이나 되고, 이 날부터 나중에, 이 성읍의 이름은 '주께서는 거기에 계신다.' 라고 불릴 것이다.") [에스겔 48:35]

그리고 새 이스라엘의 구축은, 성벽, 문, 토대석(받침돌)의 3개로 되어 있고 새 이스라엘은 하늘에서 내려온 것으로 천사들이 이것을 지킨다고 한다 (이사야 62:6 참조).

[例] エルサレムよ、わたしはあなたの城壁(じょうへき)の上(うえ)に見張(みは)り人(にん)をおいて、昼(ひる)も夜(よる)もたえず、もだすことのないようにしよう。主(しゅ)に思(おも)い出(だ)されることを求(もと)める者(もの)よ、みずから休(やす)んではならない。[イザヤ書 62:6]
(예루살렘아, 나는 너의 성벽 위에 파수꾼들을 두고, 밤이나 낮이나 늘 침묵하지 않도록 하겠다. 주께 상기되는 것을 바라는 사람들아, 스스로 쉬어서는 안 된다.) [이사야 62:6]

また都(みやこ)の城壁(じょうへき)には十二(じゅうに)の土台(どだい)があり、それには小羊(こひつじ)の十二使徒(じゅうにしと)の十二(じゅうに)の名(な)が書(か)いてあった。[ヨハネの黙示録 21:14]
(그리고 도읍의 성벽에는 열두 개의 토대(주춧돌)가 있고, 거기에는 어린 양의 열두 사도의 열두 이름이 적혀 있었다.) [21:14]

본 절에 관해서는 [フランシスコ会聖書研究所(1984)『新約聖書』サンパウロ. p. 967 주(21-12)]에 의하면, [에베소서 2:19~2:20]을 참조하라고 되어 있다.

[例] そこであなたがたは、もはや異国人(いこくじん)でも宿(やど)り人(びと)でもなく、聖徒(せいと)たちと同(おな)じ国籍(こくせき)の者(もの)であり、神(かみ)の家族(かぞく)なのである。[エペソ人への手紙 2:19]
(그래서 여러분은 더 이상 이국인도 일시적으로 머무는 사람도 아니고, 성도들과

같은 국적을 지닌 사람이고, 하나님의 가족인 것이다.) [에베소서 2:19]

またあなたがたは、使徒(しと)たちや預言者(よげんしゃ)たちという土台(どだい)の上(うえ)に建(た)てられたものであって、キリスト・イエスご自身(じしん)が隅(すみ)のかしら石(いし)である。[エペソ人への手紙 2:20]
(또 여러분은 사도들과 예언자들이라는 토대 위에 세워진 것으로, 그리스도 예수 자신이 모퉁이의 머릿돌이다.) [에베소서 2:20]

わたしに語(かた)っていた者(もの)は、都(みやこ)とその門(もん)と城壁(じょうへき)とを測(はか)るために、金(きん)の測(はか)りざおを持(も)っていた。[ヨハネの黙示録 21:15]
(나에게 이야기하고 있던 자는, 도읍과 그 문과 성벽을 재기 위해 금으로 된 자막대기를 가지고 있었다.) [21:15]

[フランシスコ会聖書研究所(1984)『新約聖書』サンパウロ. p. 967 주(21-13)]에서는, 본 절과 관련하여 다음의 [에스겔 40:3]을 참조하라고 나와 있다.

[예] 神(かみ)がわたしをそこに携(たずさ)えて行(い)かれると、見(み)よ、ひとりの人(ひと)がいた。その姿(すがた)は青銅(せいどう)の形(かたち)のようで、手(て)に麻(あさ)のなわと、測(はか)りざおとを持(も)って門(もん)に立(た)っていた。[エゼキエル書 40:3]
(하나님께서 나를 그 곳으로 데리고 가시자, 보아라! 한 사람이 있었다. 그 모습은 청동의 형태와 같고, 손에 삼으로 꼰 줄과 측량하는 자막대기를 가지고, 문에 서 있었다.) [에스겔 40:3]

본 절에 관해 타 번역본에서는 다음과 같이 기술하고 있다.

[例] 私(わたし)に語(かた)る者(もの)は都(みやこ)とその門(もん)と城壁(じょうへき)とを測(はか)るために金(きん)の間棹(けんざお)の尺度(しゃくど)を持っていた。[塚本訳1963]
(나에게 이야기하는 자는, 도읍과 그 문과 성벽을 재기 위해 금으로 된 측량 자를 가지고 있었다.)

また、私(わたし)と話(はな)していた者(もの)は都(みやこ)とその門(もん)とその城壁(じょうへき)とを測(はか)る金(きん)の測(はか)りざおを持(も)っていた。[新改訳1970]
(또 나와 이야기하고 있던 자는, 도읍과 그 문과 성벽을 재는 금으로 된 자막대기를 가지고 있었다.)

わたしと語(かた)るものは金(きん)の測(はか)り竿(ざお)を持(も)っていた。都(みやこ)とその門(もん)と城壁(じょうへき)をはかるためである。[前田訳1978]
(나와 이야기하는 자는 금으로 된 자막대기를 가지고 있었다. 도읍과 그 문과 성벽을 재기 위해서이다.)

わたしに話(はな)しかけた天使(てんし)は、都(みやこ)とその門(もん)と城壁(じょうへき)とを計(はか)るために、金(きん)の計(はか)り竿(ざお)を持(も)っていた。[フランシスコ会訳1984]
(나에게 말을 건 천사는 도읍과 그 문과 성벽을 재기 위해, 금으로 된 자막대기를 가지고 있었다.)

わたしに語(かた)りかけた天使(てんし)は、都(みやこ)とその門(もん)と城壁(じょうへき)とを測(はか)るために、金(きん)の物差(ものさ)しを持(も)っていた。[新共同訳1987]
(나에게 말을 건 천사는 도읍과 그 문과 성벽을 재기 위해, 금으로 된 자를 가지고 있었다.)

私(わたし)と語(かた)っていた[天使(てんし)]は、その都(みやこ)と都(みや

こ)の門(もん)と都(みやこ)の城壁(じょうへき)とを測(はか)るために、金(きん)の物差(ものさ)しを持(も)っていた。[岩波翻訳委員会訳1995]
(나와 이야기하고 있던 〔천사〕는 그 도읍과 도읍의 문과 도읍의 성벽을 재기 위해, 금으로 된 자를 가지고 있었다.)

[1]都(みやこ)は方形(ほうけい)であって、その長(なが)さと幅(はば)とは同(おな)じである。[2]彼(かれ)がその測(はか)りざおで都(みやこ)を測(はか)ると、一万(いちまん)二千(にせん)丁(ちょう)であった。長(なが)さと幅(はば)と高(たか)さとは、いずれも同(おな)じである。[ヨハネの黙示録 21:16]
(도읍은 사각형으로 그 길이와 폭은 같다. 그가 그 자막대기로 도읍을 재니, 1만2천 스타디온이었다. 길이와 폭과 높이는 모두 같다.) [21:16]

[1] 都(みやこ)は方形(ほうけい)であって、その長(なが)さと幅(はば)とは同(おな)じである。: 도읍은 사각형으로 그 길이와 폭은 같다.

[フランシスコ会聖書研究所(1984)『新約聖書』サンパウロ. p. 967 주(21-14)]에 따르면 「方形(ほうけい) = 正方形(せいほうけい)」는 완전함의 상징으로 옛날의 유명한 대도시(예를 들어, 바빌론이나 니네베(니네베(Nineveh) 또는 니느웨는 고대 아시리아의 수도. 유적은 이라크 북부, 티그리스 강을 낀, 모술(Mosul)의 대안(對岸)대안에 있다)는 모두 사각형(정사각형)이었다고 한다.

[2] 彼(かれ)がその測(はか)りざおで都(みやこ)を測(はか)ると、一万(いちまん)二千(にせん)丁(ちょう)であった。: 그가 그 자막대기로 도읍을 재니, 1만2천 스타디온이었다.

본 절의 「一万(いちまん)二千(にせん)丁(ちょう)」 즉 「一万(いちまん)二千(にせん)スタディオン」는 약 2,300킬로인데, [フランシスコ会聖書研究所(1984)『新約聖書』サンパウロ. p. 967 주(21-14)]에서는 이것을 문자 그대로 해석해서는

안 되고, 12지파의 12에 천을 곱한 상징적인 수일 것이라고 해석하고 있다. 그리고 본 절에 대해 타 번역본에서는 다음과 같이 기술하고 있다.

[1] 都(みやこ)は方形(ほうけい)であって、その長(なが)さと幅(はば)とは同(おな)じである。: 도읍은 사각형으로 그 길이와 폭은 같다.

[2] 彼(かれ)がその測(はか)りざおで都(みやこ)を測(はか)ると、一万(いちまん)二千(にせん)丁(ちょう)であった。: 도읍은 사각형으로 그 길이와 폭은 같다. 그가 그 자막대기로 도읍을 재니, 1만2천 스타디온이었다.

[例] 都(みやこ)は四角(しかく)で長(なが)さは幅(はば)と同(おな)じであった。彼(かれ)は都(みやこ)を竿(さお)ではかると一万(いちまん)二千(にせん)スタデオであった。その長(なが)さと幅(はば)と高(たか)さはひとしい。[前田訳1978]
(도읍은 사각형으로 길이는 폭과 같았다. 그는 도읍을 작대기로 재자, 1만2천 스타디온이었다. 그 길이와 폭과 높이는 같다.)

都(みやこ)は方形(ほうけい)をしていて、その長(なが)さはその幅(はば)と同じ(おな)だけあった。天使(てんし)がその物差(ものさ)しで都(みやこ)を測(はか)ると、一万(いちまん)二千(にせん)スタディオンであった。その長(なが)さと幅(はば)と高(たか)さとは同じであった。[岩波翻訳委員会訳1995]
(도읍은 사각형을 하고 있고, 그 길이는 그 폭과 같은 정도이었다. 천사는 그 자로 도읍을 재자, 1만2천 스타디온이었다. 그 길이와 폭과 높이는 같았다.)

都(みやこ)は四角(しかく)で、その長(なが)さと幅(はば)は同(おな)じである。彼(かれ)がそのさおで都(みやこ)を測(はか)ると、一万(いちまん)二千(にせん)スタディオンあった。長(なが)さも幅(はば)も高(たか)さも同(おな)じである。[新改訳1970]

(도읍은 사각형으로, 그 길이와 폭은 같다. 그가 그 자로 도읍을 재자, 1만2천 스타디온이었다. 길이도 폭도 높이도 같다.)

都(みやこ)は正方形(せいほうけい)で、その長(なが)さと幅(はば)は同(おな)じである。計(はか)り竿(ざお)で計(はか)ってみると、一万(いちまん)二千(にせん)スタディオンあった。[フランシスコ会訳1984]
(도읍은 정사각형으로, 그 길이는 폭은 같다. 자막대기로 재어 보니, 1만2천 스타디온이었다.)

この都(みやこ)は四角(しかく)い形(かたち)で、長(なが)さと幅(はば)が同(おな)じであった。天使(てんし)が物差(ものさ)しで都(みやこ)を測(はか)ると、一万(いちまん)二千(にせん)スタディオンあった。長(なが)さも幅(はば)も高(たか)さも同(おな)じである。[新共同訳1987]
(이 도읍은 네모난 형태로, 길이와 폭은 같았다. 천사가 자로 도읍을 재자, 1만2천 스타디온이었다. 길이도 폭도 높이도 같다.)

都(みやこ)は真四角(ましかく)で、その長(なが)さは幅(はば)と同(おな)じである。彼(かれ)は間棹(けんざお)で都(みやこ)を一万(いちまん)二千(にせん)町(ちょう)と測(はか)った。長(なが)さと幅(はば)と高(たか)さとは (皆(みな)) 同(おな)じでる。[塚本訳1963]
(도읍은 정사각형으로, 그 길이는 폭과 같다. 그는 측량하는 자로 도읍을 1만2천 스타디온 쟀다. 길이와 폭과 높이는 (모두) 같다.)

[1][2]また城壁(じょうへき)を測(はか)ると、百(ひゃく)四十(よんじゅう)四(よん)キュビトであった。これは人間(にんげん)の、すなわち、御使(みつかい)の尺度(しゃくど)によるのである。[ヨハネの黙示録 21:17]
(또 성벽을 재니, 144규빗이었다. 이것은 사람의, 즉, 천사의 자에 의한 것이다.) [21:17]

[1] また城壁(じょうへき)を測(はか)ると、百(ひゃく)四十(よんじゅう)四(よん)キュビトであった。: 또 성벽을 재니, 144큐빗이었다.

[フランシスコ会聖書研究所(1984)『新約聖書』サンパウロ. p. 967 주(21-14)]에 의하면, 「百(ひゃく)四十(よんじゅう)四(よん)キュビト」는 12의 12배이고, 이것도 「一万(いちまん)二千(にせん)スタディオン」(李成圭 補充)과 마찬가지로 상징적인 수일 것이라고 한다.

[2] また城壁(じょうへき)を測(はか)ると、百(ひゃく)四十(よんじゅう)四(よん)キュビトであった。これは人間(にんげん)の、すなわち、御使(みつかい)の尺度(しゃくど)によるのである。: 또 성벽을 재니, 144큐빗이었다. 이것은 사람의, 즉, 천사의 자에 의한 것이다.

이 부분에 관해 타 번역본에서는 다음과 같이 표현하고 있다.

[例] またその城壁(じょうへき)を人間(にんげん)の尺度(しゃくど)、すなわち、(この) 天使(てんし)の尺度(しゃくど)で百(ひゃく)四十(よんじゅう)四(よん)キュビットと測(はか)った。[塚本訳1963]
(또 그 성벽을 사람의 자, 즉 이 천사의 자로 144큐빗이라고 쟀다.)

また、彼(かれ)がその城壁(じょうへき)を測(はか)ると、人間(にんげん)の尺度(しゃくど)で百(ひゃく)四十(よんじゅう)四(よん)ペーキュスあった。これが御使(みつか)いの尺度(しゃくど)でもあった。[新改訳1970]
(또 그가 그 성벽을 재니, 사람의 자로 144페퀴스(큐빗)이었다. 이것이 천사의 자이기도 했다.)

城壁(じょうへき)をはかると百(ひゃく)四十(よんじゅう)四(よん)ペキュスであった。これは人間(にんげん)の尺度(しゃくど)であるが、天使(てんし)の尺度(しゃくど)でもある。[前田訳1978]
(성벽을 재니, 144페퀴스(큐빗)이었다. 이것은 사람의 자이지만, 천사의 자이기도

하다.)

その城壁(じょうへき)も計(はか)ったが、その高(たか)さは百(ひゃく)四十(よんじゅう)四(よん)クビトであった。[フランシスコ会訳1984]
(그 성벽도 쟀는데, 그 높이는 144큐빗이었다.)

また、城壁(じょうへき)を測ると、百(ひゃく)四十(よんじゅう)四(よん)ペキスであった。これは人間(にんげん)の物差(ものさ)しによって測(はか)ったもので、天使(しゃくど)が用(もち)いたものもこれである。[新共同訳1987]
(또 성벽을 재니, 144페퀴스(큐빗)이었다. 이것은 사람의 자에 의해 잰 것으로, 천사가 사용한 것도 이것이다.)

天使がその城壁(じょうへき)[の厚(あつ)さ]を測(はか)ると、百(ひゃく)四十(よんじゅう)四(よん)ペキュスあった。これは人間(にんげん)の尺度(しゃくど)によっ[て測(はか)っ]たものであるが、天使(てんし)が用(もち)いたのもこれである。[岩波翻訳委員会訳1995]
(천사가 그 성벽[의 두께]를 재니, 144페퀴스(큐빗)나 되었다. 이것은 사람의 자에 의해 잰 것인데, 천사가 사용한 것도 이것이다.)

[1]城壁(じょうへき)は碧玉(へきぎょく)で築(きず)かれ、[2]都(みやこ)はすきとおったガラスのような純金(じゅんきん)で造(つく)られていた。[ヨハネの黙示録 21:18]
(성벽은 벽옥으로 쌓아졌고, 도읍은 맑은 유리와 같은 순금으로 지어졌다.) [21:18]

[1] 城壁(じょうへき)は碧玉(へきぎょく)で築(きず)かれ、: 성벽은 벽옥으로 쌓아졌고,

「碧玉(へきぎょく)で築(きず)かれ、」에서 「碧玉(へきぎょく)で」는 수단・방법을 나타내고, 「築(きず)かれ、」는 「築(きず)く」의 수동 「築(きず)かれる」의 연

용 중지법으로 후속문에 단순 연결의 용법으로 쓰이고 있다.

[例] 城壁(じょうへき)が築(きず)かれて、とびらを設(もう)け、さらに門衛(もんえい)、歌(うた)うたう者(もの)およびレビびとを任命(にんめい)したので、[ネヘミヤ記 7:1]
(성벽이 쌓아지고, 문을 달고, 그러러 나서 문을 지키는 위병, 노래를 부르는 사람들 및 레위 사람들을 임명해서,) [느헤미야 7:1]

[2] 都(みやこ)はすきとおったガラスのような純金(じゅんきん)で造(つく)られていた。: 도읍은 맑은 유리와 같은 순금으로 지어졌다.

「すきとおったガラスのような純金(じゅんきん)で造(つく)られていた」에서 「すきとおったガラスのような純金(じゅんきん)で」는 수단·방법을 나타내는 성분이고, 「すきとおった[透(す)き通(とお)った]」는 복합동사 「透(す)き通(とお)る」의 과거형인데, 형용사적 동사이기 때문에 「透(す)き通(とお)った空(そら)」(맑은 하늘), 「透(す)き通(とお)った秋空(あきぞら)」(투명한 가을 하늘)과 같이 연체수식어로 쓰일 경우에는 「~た」 형태로 쓰인다.

그리고 「造(つく)られていた」는 「造(つく)っていた」의 수동인데, 본 절에서는 동작주가 구체적으로 명시되어 있지 않다.

이 부분에 대해 타 번역본에서는 다음과 같이 표현하고 있다.

[例] 都(みやこ)は潔(いさぎよ)い瑠璃(るり)に似(に)た純金(じゅんきん)である。[塚本訳1963]
(도읍은 깨끗한 유리와 같은 순금이다.)

都(みやこ)は混(ま)じりけのないガラスに似(に)た純金(じゅんきん)でできていた。[新改訳1970]

(도읍은 불순물이 없는 유리와 같은 순금으로 만들어졌다.)

都(みやこ)は透明(とうめい)なガラスに似(に)た純金(じゅんきん)であった。[前田訳1978]
(도읍은 투명한 유리와 같은 순금이었다.)

都(みやこ)そのものは混(ま)ざりもののないガラスのような純金(じゅんきん)でできていた。[フランシスコ会訳1984]
(도읍 그 자체는 불순물이 없는 유리와 같은 순금으로 만들어졌다.)

都(みやこ)は透(す)き通(とお)ったガラスのような純金(じゅんきん)であった。[新共同訳1987]
(도읍은 맑은 유리와 같은 순금이었다.)

また都(みやこ)はみがかれ[て透(す)き通(とお)っ]たガラスのように[輝(かがや)く]、純金(じゅんきん)[で築(きず)かれていた]。[岩波翻訳委員会訳1995]
(또 도읍은 닦아져[서 맑은] 유리와 같이 [빛나는], 순금으로 쌓아졌다.)

[1]都(みやこ)の城壁(じょうへき)の土台(どだい)は、さまざまな宝石(ほうせき)で飾(かざ)られていた。[2]第一(だいいち)の土台(どだい)は碧玉(へきぎょく)、第二(だいに)はサファイヤ、第三(だいさん)は瑪瑙(めのう)、第四(だいよん)は緑玉(りょくぎょく)、[ヨハネの黙示録 21:19]
(도읍의 성벽의 주춧돌은 각종 보석으로 장식되어 있었다. 첫째 주춧돌은 벽옥, 둘째는 사파이어, 셋째는 마노, 넷째는 에메랄드.) [21:19]

[1] 都(みやこ)の城壁(じょうへき)の土台(どだい)は、さまざまな宝石(ほうせき)で飾(かざ)られていた。: 도읍의 성벽의 주춧돌은 각종 보석으로 장식되어 있었다.

본 절의「さまざまな宝石(ほうせき)で飾(かざ)られていた」에서「さまざまな宝石(ほうせき)で」는 수단・방법을 나타내는 성분이고,「飾(かざ)られていた」는「飾(かざ)っていた」의 수동으로 본 절에서도 동작주는 언외로 돌리고 있다.

[2] 第一(だいいち)の土台(どだい)は碧玉(へきぎょく)、第二(だいに)はサファイヤ、第三(だいさん)は瑪瑙(めのう)、第四(だいよん)は緑玉(りょくぎょく)、: 첫째 주춧돌은 벽옥, 둘째는 사파이어, 셋째는 마노, 넷째는 에메랄드,

[21:19]에는 각종 보석이 구체적으로 등장하고 있는데,「碧玉(へきぎょく)」(벽옥),「サファイヤ」(사파이어),「瑪瑙(めのう)=玉髄(ぎょくずい)」(마노, 옥수, 석영),「緑玉(りょくぎょく)=エメラルド」(녹옥, 에메랄드, 취옥(翠玉))와 같이 여러 가지 명칭으로 불리는 보석도 있다.

이 부분에 관해 타 번역본에서는 다음과 같이 표현하고 있다.

[例] 第一(だいいち)の土台石(どだいいし)は碧玉(へきぎょく)、第二(だいに)は青玉(せいぎょく)、第三(だいさん)は玉髄(ぎょくずい)、第四(だいよん)は緑玉(りょくぎょく)、[塚本訳1963]
(첫째 지댓돌은 벽옥, 둘째는 청옥, 셋째는 옥수, 넷째는 녹옥,)

第一(だいいち)の土台石(どだいいし)は碧玉(へきぎょく)、第二(だいに)はサファイヤ、第三(だいさん)は玉髄、第四(だいよん)は緑玉(りょくぎょく)、[新改訳1970]
(첫째 지댓돌은 벽옥, 둘째는 사파이어, 셋째는 옥수, 넷째는 녹옥,)

第一(だいいち)の土台(どだい)は碧玉(へきぎょく)、第二(だいに)はサファイア、第三(だいさん)はめのう、第四(だいよん)は緑玉(りょくぎょく)、[前田訳1978]
(첫째 지댓돌은 벽옥, 둘째는 사파이어, 셋째는 마노, 넷째는 녹옥,)

第一(だいいち)の土台石(どだいいし)は碧玉(へきぎょく)、第二(だいに)はサファイヤ、第三(だいさん)は玉髄(ぎょくずい)、第四(だいよん)はエメラルド、[フランシスコ会訳1984]

(첫째 지댓돌은 벽옥, 둘째는 사파이어, 셋째는 옥수, 넷째는 에메랄드,)

第一(だいいち)の土台石(どだいいし)は碧玉(へきぎょく)、第二(だいに)はサファイア、第三(だいさん)はめのう、第四(だいよん)はエメラルド、[新共同訳1987]

(첫째 지댓돌은 벽옥, 둘째는 사파이어, 셋째는 마노, 넷째는 에메랄드,)

第一(だいいち)の土台(どだい)は碧玉(へきぎょく)、第二(だいに)はサファイア、第三(だいさん)は玉髄(ぎょくずい)、第四(だいよん)はエメラルド、[岩波翻訳委員会訳1995]

(첫째 주춧돌은 벽옥, 둘째는 사파이어, 셋째는 옥수, 넷째는 에메랄드,)

第五(だいご)は縞瑪瑙(しまめのう)、第六(だいろく)は赤瑪瑙(あかめのう)、第七(だいしち)はかんらん石(せき)、第八(だいはち)は緑柱石(りょくちゅうせき)、第九(だいきゅう)は黄玉石(おうぎょくせき)、第十(だいじゅう)は翡翠(ひすい)、第十一(だいじゅういち)は青玉(せいぎょく)、第十二(だいじゅうに)は紫水晶(むらさきずいしょう)であった。[ヨハネの黙示録 21:20]

(다섯째는 호마노, 여섯째는 적마노, 일곱째는 감람석, 여덟째는 녹주석, 아홉째는 황옥석, 열째는 비취, 열한째는 청옥, 열두째는 자수정이었다.) [21:20]

[21:20]에서도 보석의 종류가「縞瑪瑙(しまめのう)」(호마노, 줄마노),「赤瑪瑙(あかめのう)」(적마노),「かんらん石(せき)[橄欖石]」(감람석),「緑柱石(りょくちゅうせき)」(녹주석),「黄玉石(おうぎょくせき)」(황옥석),「翡翠(ひすい)」(비취),「青玉(せいぎょく)」(청옥),「紫水晶(むらさきずいしょう)」(자수정)와 같이 나열되어 있다.

이에 대해 타 번역본에서는 다음과 같은 명칭으로 표현되고 있다.

[예] 第五(だいご)は赤縞瑪瑙(あかしまめのう)、第六(だいろく)は赤瑪瑙(あかめのう)、第七(だいしち)は貴橄欖石(きかんらんせき)、第八(だいはち)は緑柱石(りょくちゅうせき)、第九(だいきゅう)は黃玉石(おうぎょくせき)、第十(だいじゅう)は緑玉髄(りょくぎょくずい)、第十一(だいじゅういち)は風信子石(ヒヤシンスせき)、第十二(だいじゅうに)は紫水晶(むらさきずいしょう)。[塚本訳1963]
(다섯째는 적호마노, 여섯째는 적마노, 일곱째는 귀감람석, 여덟째는 녹주석, 아홉째는 황옥석, 열째는 녹옥수, 열한째는 지르콘(zircon), 열두째는 자수정.)

第五(だいご)は赤縞(あかしま)めのう、第六(だいろく)は赤(あか)めのう、第七(だいしち)は貴(き)かんらん石(せき)、第八(だいはち)は緑柱石(りょくちゅうせき)、第九(だいきゅう)は黃玉(おうぎょく)、第十(だいじゅう)は緑玉髄(りょくぎょくずい)、第十一(だいじゅういち)は青玉(せいぎょく)、第十二(だいじゅうに)は紫水晶(むらさきずいしょう)であった。[新改訳1970]
(다섯째는 적호마노, 여섯째는 적마노, 일곱째는 귀감람석, 여덟째는 녹주석, 아홉째는 황옥, 열째는 녹옥수, 열한째는 청옥, 열두째는 자수정이었다.)

第五(だいご)は赤(あか)じまめのう、第六(だいろく)は赤(あか)めのう、第七(だいしち)はかんらん石(せき)、第八(だいはち)は緑柱石(りょくちゅうせき)、第九(だいきゅう)は黃玉(おうぎょく)、第十(だいじゅう)は緑玉髄(りょくぎょくずい)、第十一(だいじゅういち)は風信子石(ヒヤシンスせき)、第十二(だいじゅうに)は紫水晶(むらさきずいしょう)である。[前田訳1978]
(다섯째는 적호마노, 여섯째는 적마노, 일곱째는 감람석, 여덟째는 녹주석, 아홉째는 황옥, 열째는 녹옥수, 열한째는 지르콘(zircon), 열두째는 자수정이다.)

第五(だいご)は縞(しま)めのう、第六(だいろく)は赤(あか)めのう、第七(だいしち)は貴(き)かんらん石(せき)、第八(だいはち)は「緑柱石(りょくちゅうせ

き)」、第九(だいきゅう)は黄玉(おうぎょく)、第十(だいじゅう)はひすい、第十一(だいじゅういち)は青玉(せいぎょく)、第十二(だいじゅうに)は紫水晶(むらさきずいしょう)であった。[フランシスコ会訳1984]
(다섯째는 호마노, 여섯째는 적마노, 일곱째는 귀감람석, 여덟째는 "녹주석", 아홉째는 황옥, 열째는 비취, 열한째는 청옥, 열두째는 자수정이었다.)

第五(だいご)は赤縞(あかしま)めのう、第六(だいろく)は赤(あか)めのう、第七(だいしち)はかんらん石、第八(だいはち)は緑柱石(りょくちゅうせき)、第九(だいきゅう)は黄玉(おうぎょく)、第十(だいじゅう)はひすい、第十一(だいじゅういち)は青玉(せいぎょく)、第十二(だいじゅうに)は紫水晶(むらさきずいしょう)であった。[新共同訳1987]
(다섯째는 적호마노, 여섯째는 적마노, 일곱째는 감람석, 여덟째는 녹주석, 아홉째는 황옥, 열째는 비취, 열한째는 청옥, 열두째는 자수정이었다.)

第五(だいご)は紅縞(べにじま)めのう、第六(だいろく)は紅玉髄(べにぎょくずい)、第七(だいしち)はかんらん石(せき)、第八(だいはち)は緑柱石(りょくちゅうせき)、第九(だいきゅう)はトパーズ、第十(だいじゅう)は緑玉髄(りょくぎょくずい)、第十一(だいじゅういち)はヒヤシンス石(せき)、第十二(だいじゅうに)は紫水晶(むらさきずいしょう)であった。[岩波翻訳委員会訳1995]
(다섯째는 홍호마노, 여섯째는 홍옥수, 일곱째는 감람석, 여덟째는 녹주석, 아홉째는 토패즈(황옥;黃玉), 열째는 녹옥수, 열한째는 지르콘(zircon), 열두째는 자수정이었다.)

[フランシスコ会聖書研究所(1984)『新約聖書』サンパウロ. p. 967 주(21-15)]에 따르면, 19절~20절의 열두 토대의 보석은 대제사장의 가슴에 대는 갑옷[호구(護具)]에 박아 넣은 돌과 거의 같다고 한다(출애굽기 28:17~28:20, 39:10~39:14 참조).

[例] またその中(なか)に宝石(ほうせき)を四列(よんれつ)にはめ込(こ)まなければならない。すなわち紅玉髄(こうぎょくずい)、貴(き)かんらん石(せき)、水晶(すいしょう)の列(れつ)を第一列(だいいちれつ)とし、[出エジプト記 28:17]

(그리고 그 안에 보석을 네 줄로 집어넣어야 한다. 즉 홍옥수, 귀감란석, 수정 줄을 첫째 줄로 하고,) [출애굽기 28:17]

第二列(だいにれつ)は、ざくろ石(いし)、るり、赤縞(あかしま)めのう [出エジプト記 28:18]

(둘째 줄은 석류석, 유리, 적줄마노,) [출애굽기 28:18]

第三列(だいさんれつ)は黄水晶(きずいしょう)、めのう、紫水晶(むらさきずいしょう)。[出エジプト記 28:19]

(셋째 줄은 황수정, 마노, 자수정.) [출애굽기 28:19]

第四列(だいよんれつ)は黄碧玉(おうへきぎょく)、縞(しま)めのう、碧玉(へきぎょく)であって、これらを金(きん)の編細工(あみざいく)の中(なか)にはめ込(こ)まなければならない。[出エジプト記 28:20]

(넷째 줄은 황벽옥, 줄마노, 벽옥이고, 이들을 금테 안에 집어넣어야 한다.) [출애굽기 28:20]

その中(なか)に宝石(ほうせき)四列(よんれつ)をはめた。すなわち、紅玉髄(こうぎょくずい)、貴(き)かんらん石(いし)、水晶(すいしょう)の列(れつ)を第一列(だいいちれつ)とし、[出エジプト記 39:10]

(그 안에 보석을 네 줄 물렸다. 즉 홍옥수, 귀감란석, 수정의 줄을 첫째 줄로 하고,) [출애굽기 39:10]

第二列(だいにれつ)は、ざくろ石(いし)、るり、赤縞((あかじま)めのう、[出エジプト記 39:11]

(둘째 줄은 녹주석과 청옥과 백수정을 박고, [출애굽기 39:11]

第三列(だいさんれつ)は黄水晶(きずいしょう)、めのう、紫水晶(むらさきずいしょう)、[出エジプト記 39:12]
(셋째 줄은 황수정, 마노, 자수정,) [출애굽기 39:12]

第四列(だいよんれつ)は黄碧玉(おうへきぎょく)、縞(しま)めのう、碧玉(へきぎょく)であって、これらを金(きん)の編細工(あみざいく)の中(なか)にはめ込(こ)んだ。[出エジプト記 39:13]
(넷째 줄은 황벽옥, 줄마노, 벽옥이고, 이것을 금테 안에 집어넣었다.) [출애굽기 39:13]

その宝石(ほうせき)はイスラエルの子(こ)たちの名(な)にしたがい、その名(な)と等(ひと)しく十二(じゅうに)とし、おのおの印(いん)の彫刻(ちょうこく)のように、十二部族(じゅうにぶぞく)のためにその名(な)を刻(きざ)んだ。[出エジプト記 39:14]
(그 보석은 이스라엘의 아들들의 이름에 따라, 그 이름과 같게 열두로 하고, 각각 도장 조각처럼 열두 지파를 위해 그 이름을 새겼다.) [출애굽기 39:14]

十二(じゅうに)の門(もん)は十二(じゅうに)の真珠(しんじゅ)であり、門(もん)はそれぞれ一(ひと)つの真珠(しんじゅ)で造(つく)られ、都(みやこ)の大通(おおどお)りは、透(す)き通(とお)ったガラスのような純金(じゅんきん)であった。[ヨハネの黙示録 21:21]
(열두 문은 열두 진주이고, 문은 각각 진주 한 개로 만들어지고, 도읍의 큰길은 맑은 유리와 같은 순금이었다.) [21:21]

본 절에 관해 타 번역본에서는 다음과 같이 묘사하고 있다.

[例] また十二(じゅうに)の門(もん)は十二(じゅうに)の真珠(しんじゅ)で、門(もん)の一(ひと)つ一(ひと)つはそれぞれ一(ひと)つの真珠(しんじゅ)であっ

た。また都(みやこ)の大通(おおどお)りは透(す)き徹(とお)る瑠璃(るり)のような純金(じゅんきん)であった。[塚本訳1963]
(또 열두 문은 열두 진주로, 문의 하나 하나는 각각 하나의 진주이었다. 그리고 도읍의 큰길은 맑은 유리와 같은 순금이었다.)

また、十二(じゅうに)の門(もん)は十二(じゅうに)の真珠(しんじゅ)であった。どの門(もん)もそれぞれ一(ひと)つの真珠(しんじゅ)からできていた。都(みやこ)の大通(おおどお)りは、透(す)き通(とお)ったガラスのような純金(じゅんきん)であった。[新改訳1970]
(또 열두 문은 열두 진주이었다. 모든 문이 각각 하나의 진주로 되어 있었다. 도읍의 큰길은 맑은 유리와 같은 순금이었다.)

十二(じゅうに)の門(もん)は十二(じゅうに)の真珠(しんじゅ)であり、それぞれの門(もん)はひとつの真珠(しんじゅ)でできていた。都(みやこ)の広場(ひろば)は透明(とうめい)なガラスのような純金(じゅんきん)であった。[前田訳1978]
(열두 문은 열두 진주이고, 각각의 문은 하나의 진주로 되어 있었다. 도읍의 광장은 투명한 유리와 같은 순금이었다.)

十二(じゅうに)の門(もん)は十二(じゅうに)の真珠(しんじゅ)であり、どの門(もん)もそれぞれ一個(いっこ)の真珠(しんじゅ)でできていた。都(みやこ)の広場(ひろば)は、透(す)きとおったガラスのような純金(じゅんきん)であった。[フランシスコ会訳1984]
(열두 문은 열두 진주이고, 어느 문 할 것 없이 각각 한 개의 진주로 되어 있었다. 도읍의 광장은 투명한 유리와 같은 순금이었다.)

また、十二(じゅうに)の門(もん)は十二(じゅうに)の真珠(しんじゅ)であって、どの門(もん)もそれぞれ一個(いっこ)の真珠(しんじゅ)でできていた。都(みやこ)の大通(おおどお)りは、透(す)き通(とお)ったガラスのような純金(じゅんきん)であった。[新共同訳1987]

(또 열두 문은 열두 진주이고, 어느 문 할 것 없이 각각 한 개의 진주로 되어 있었다. 도읍의 큰길은 투명한 유리와 같은 순금이었다.)

また十二(じゅうに)の門(もん)は十二(じゅうに)の真珠(しんじゅ)であって、その各々(おのおの)がたった一(いっこ)つの真珠(しんじゅ)から造(つく)られていた。そして、都(みやこ)の大通(おおどお)りは透(す)き通(とお)ったガラスのように[輝(かがや)く]純金(じゅんきん)[でできていた]。[岩波翻訳委員会訳1995]
(또 열두 문은 열두 진주이고, 그 각각이 단 하나의 진주로 만들어져 있었다. 그리고 도읍의 큰길은 투명한 유리처럼 [빛나는] 순금[으로 되어 있었다].)

[1]わたしは、この都(みやこ)の中(なか)には聖所(せいじょ)を見(み)なかった。[2]全能者(ぜんのうしゃ)にして主(しゅ)なる神(かみ)と小羊(こひつじ)とが、その聖所(せいじょ)なのである。[ヨハネの黙示録 21:22]
(나는 이 도읍 안에는 성전을 보지 못했다. 전능자이고 주님인 하나님과 어린 양이 그 성전인 것이기 때문이다.) [21:22]

[1] わたしは、この都(みやこ)の中(なか)には聖所(せいじょ)を見(み)なかった。 : 나는 이 도읍 안에서는 성전을 보지 못했다.

「この都(みやこ)の中(なか)には聖所(せいじょ)を見(み)なかった」에서 「~に」는 존재의 장소를 나타내는 격조사이고, 「見(み)る」동사는 동작 동사이기 때문에 「이 도읍 안에는 성전을 보지 않았다」와 같이 직역하는 것이 한국어로는 상당히 부자연스럽다.

이에 본 절에서는 「이 도읍 안에서는 성전을 보지 못했다」로 번역해 둔다. 이에 관해 타 번역본에서는 다음과 같이 옮기고 있다.

[例] 都(みやこ)の中(なか)には宮(みや)を見(み)なかった。[塚本訳1963]

(도읍 안에서는 성전을 보지 못했다.)

私(わたし)は、この都(みやこ)の中(なか)に神殿(しんでん)を見(み)なかった。[新改訳1970]
(나는 이 도읍 안에서 성전을 보지 못했다.)

わたしは都(みやこ)で宮(みや)を見なかった。[前田訳1978]
(나는 도읍에서 성전을 보지 못했다.)

この都(みやこ)の中(なか)に神殿(しんでん)は見(み)えなかった。[フランシスコ会訳1984]
(이 도읍 안에서 성은 보이지 않았다.)

わたしは、都(みやこ)の中(なか)に神殿(しんでん)を見(み)なかった。[新共同訳1987]
(나는 이 도읍 안에서 성전을 보지 못했다.)

都(みやこ)の中(なか)に、私(わたし)は神殿(しんでん)を見(み)なかった。[岩波翻訳委員会訳1995]
(도읍 안에서 나는 성전을 보지 못했다.)

[2] 全能者(ぜんのうしゃ)にして主(しゅ)なる神(かみ)と小羊(こひつじ)とが、その聖所(せいじょ)なのである。: 전능자이고 주님인 하나님과 어린 양이 그 성전인 것이기 때문이다.

「その聖所(せいじょ)なのである」는 「その聖所(せいじょ)だ」에 확언・주장・설명을 나타내는 추론 형식인 「~のである」가 접속되어 후건이 전건에 대한 원인・이유임을 의미하고 있다.

[フランシスコ会聖書研究所(1984)『新約聖書』サンパウロ. p. 967 주(21-16)]에 의하면, [21:22]와 같은 예루살렘의 신전의 멸망은, 옛날 계약의 종말이 되고,

새 계약이 시작된다고 한다. 이후, 그리스도의 신비체(神祕體)는 새 예루살렘의 신전이 되는 것이다. (요한복음 2:19~2:21 참조).

[例] イエスは彼(かれ)らに答(こた)えて言(い)われた、「この神殿(しんでん)を壊(こわ)したら、わたしは三日(みっか)のうちに、それを起(お)こすであろう」。[ヨハネによる福音書 2:19]

(예수께서 그들에게 대답하여 말씀하셨다. "이 성전을 허물면 나는 사흘 안에 그것을 일으켜 세울 것이다.") [요한복음 2:19]

そこで、ユダヤ人(じん)たちは言(い)った、「この神殿(しんでん)を建(た)てるのには、四十六年(よんじゅうろくねん)もかかっています。それだのに、あなたは三日(みっか)のうちに、それを建(た)てるのですか」。[ヨハネによる福音書 2:20]

(그러자, 유대인들은 말했다. "이 성전을 세우는 데에는 46년이나 걸렸습니다. 그런데도 당신은 사흘 안에 그것을 세운다는 것입니까?") [요한복음 2:20]

イエスは自分(じぶん)の体(からだ)である神殿(しんでん)のことを言(い)われたのである。[ヨハネによる福音書 2:21]

(예수께서는 자신의 몸인 성전에 관해 말씀하셨던 것이다.) [요한복음 2:21]

[1]都(みやこ)は、日(ひ)や月(つき)がそれを照(てら)す必要(ひつよう)がない。[2]神(かみ)の栄光(えいこう)が都(みやこ)を明(あか)るくし、小羊(こひつじ)が都(みやこ)のあかりだからである。[ヨハネの黙示録 21:23]
(도읍은 해와 달이 그것을 비출 필요가 없다. 하나님의 영광이 도읍을 밝게 하고 어린 양이 도읍의 등불이기 때문이다.) [21:23]

[1] 都(みやこ)は、日(ひ)や月(つき)がそれを照(てら)す必要(ひつよう)がない。: 도읍은 해와 달이 그것을 비출 필요가 없다.

이 부분에 관해 타 번역본에서는 다음과 같이 묘사하고 있다.

[例] また都(みやこ)はそれを照(て)らすのに太陽(たいよう)をも月(つき)をも必要(ひつよう)としない。[塚本訳1963]
(또 도읍은 그것을 비추는 데에 해도 달도 필요가 없다.)

その都(みやこ)は、太陽(たいよう)も月も、それを照(て)らすのに必要(ひつよう)としない。[岩波翻訳委員会訳1995]
(그 도읍은 해도 달도 그것을 비추는 데에 필요로 하지 않는다.)

都(みやこ)には、これを照(て)らす太陽(たいよう)も月(つき)もいらない。[新改訳1970]
(도읍에는 이것을 비추는 해도 달도 필요 없다.)

都(みやこ)はそこを照(て)らすために日(ひ)も月(つき)も要(よう)しない。[前田訳1978]
(도읍은 거기를 비추기 위해 해도 달도 필요로 하지 않는다.)

この都(みやこ)には、それを照(て)らす太陽(たいよう)も月(つき)も必要(ひつよう)がない。[フランシスコ会訳1984]
(이 도읍에는 그것을 비추는 해도 달도 필요가 없다.)

この都(みやこ)には、それを照(て)らす太陽(たいよう)も月(つき)も、必要(ひつよう)でない。[新共同訳1987]
(이 도읍에는 그것을 비추는 해도 달도 필요하지 않다.)

[2] 神(かみ)の栄光(えいこう)が都(みやこ)を明(あか)るくし、小羊(こひつじ)が都(みやこ)のあかりだからである。: 하나님의 영광이 도읍을 밝게 하고 어린 양이 도읍의 등불이기 때문이다.

본 절에서도 전건(前件)에 귀결이나 결론이 제시되고, 후건에 「~だからで

ある」와 같이 원인·이유를 나타내는 구조를 취하고 있다.

[フランシスコ会聖書研究所(1984)『新約聖書』サンパウロ. p. 967 주(21-17)]에 의하면, 본 절의 개념은 [이사야 60:1~60:2, 60:19~60:21]과 부합한다고 한다.

[例] 起(お)きよ、光(ひかり)を放(はな)て。あなたの光(ひかり)が臨(のぞ)み、主(しゅ)の栄光(えいこう)があなたの上(うえ)にのぼったから。[イザヤ書 60:1]
(일어나라! 빛을 비추어라. 너의 빛이 임하고, 주님의 영광이 너의 위에 떠올랐기 때문에.) [이사야 60:1]

見(み)よ、暗(くら)きは地(ち)をおおい、やみはもろもろの民(たみ)をおおう。しかし、あなたの上(うえ)には主(しゅ)が朝日(あさひ)のごとくのぼられ、主(しゅ)の栄光(えいこう)があなたの上(うえ)にあらわれる。[イザヤ書 60:2]
(보아라! 어둠은 땅을 덮으며, 짙은 어둠은 모든 백성을 덮을 것이다. 그러나 너의 위에는 주께서 아침 해처럼 떠오르시고, 주의 영광이 너의 위에 나타날 것이다.) [이사야 60:2]

昼(ひる)は、もはや太陽(たいよう)があなたの光(ひかり)とならず、夜(よる)も月(つき)が輝(かがや)いてあなたを照(てら)さず、主(しゅ)はとこしえにあなたの光(ひかり)となり、あなたの神(かみ)はあなたの栄(さか)えとなられる。[イザヤ書 60:19]
(낮은 더 이상 해가 너의 빛이 되지 않고, 밤도 달이 빛나고 너를 비추지 않고, 주께서는 영원히 너의 빛이 되고, 너의 하나님은 너의 번영이 되신다.) [이사야 60:19]

あなたの太陽(たいよう)は再(ふたた)び没(ぼっ)せず、あなたの月(つき)はかけることがない。主(しゅ)がとこしえにあなたの光(ひかり)となり、あなたの悲(かな)しみの日(ひ)が終(おわ)るからである。[イザヤ書 60:20]
(너의 해는 다시는 지지 않고, 너의 달은 이지러지지 않다. 주께서 영원히 너의 빛이 되고, 너의 슬픔의 날이 끝나기 때문이다.) [이사야 60:20]

[1]諸国民(しょこくみん)は都(みやこ)の光(ひかり)の中(なか)を歩(ある)き、地(ち)の王(おう)たちは、自分(じぶん)たちの光栄(こうえい)をそこに携(たずさ)えて来(く)る。[ヨハネの黙示録 21:24]
(여러 백성들은 도읍의 빛 속을 걷고, 지상의 왕들은 자기들의 영광을 거기에 가지고 온다.) [21:24]

[1] 諸国民(しょこくみん)は都(みやこ)の光(ひかり)の中(なか)を歩(ある)き、: 여러 백성들은 도읍의 빛 속을 걷고,

「都(みやこ)の光(ひかり)の中(なか)を歩(ある)き、」에서 「歩(ある)き」는 자동사 「歩(ある)く」의 연용 중지법으로 쓰이고 있는데, 「都(みやこ)の光(ひかり)の中(なか)を」의 「~を」는 동작의 대상이 아니라 동작의 경유를 나타내고 있다고 해석된다.

「~を歩(ある)き、」의 예를 성서에서 들면 다음과 같다.

[例] シオンのまわりを歩(ある)き、あまねくめぐって、そのやぐらを数(かぞ)え、[詩篇 48:12]
(시온 성 주위를 거닐고, 둘러보고, 그 망대를 세고,) [시편 48:12]

それは、完全(かんぜん)な道(みち)を歩(ある)き、正(ただ)しいことを行(おこな)う人(ひと)。心(こころ)には真実(しんじつ)の言葉(ことば)があり、[新共同訳 / 詩編 15:2]
(그것은 완전한 길을 걷고, 올바른 것을 행하는 사람. 마음에는 진실한 말이 있고,) [신공동역 / 시편 15:2]

イエスが「来(き)なさい」と言(い)われたので、ペトロは船(ふね)から降(お)りて水(みず)の上(うえ)を歩(ある)き、イエスの方(ほう)へ進(すす)んだ。[新共同訳 / マタイによる福音書 14:29]
(예수께서 "오너라." 하고 말씀하셔서, 베드로는 배에서 내려 물 위를 걸어 예수께

로 나아갔다.) [신공동역 / 마태복음 14:29]

> [1]都(みやこ)の門(もん)は、終日(しゅうじつ)、閉(と)ざされることはない。そこには夜(よる)がないからである。[ヨハネの黙示録 21:25]
> (도읍의 문은 종일 닫히지 않는다. 거기에는 밤이 없기 때문이다.) [21:25]

[1] 都(みやこ)の門(もん)は、終日(しゅうじつ)、閉(と)ざされることはない。: 도읍의 문은 종일 닫히지 않는다.

「終日(しゅうじつ)」의 원의(原義)는 〈해가 뜨고 나서 해가 질 때까지의 기간〉으로 의어에는 「一日中(いちにちじゅう)」(하루 종일), 「朝(あさ)から晩(ばん)まで」(아침에서 밤까지) 등이 있다. 그런데, 일반 기업, 상점, 일상 회화 등의 상황에 따라 「終日(しゅうじつ)」의 의미가 달라지는 경우가 있다.

[例] 駅前(えきまえ)には終日(しゅうじつ)営業(えいぎょう)[24時間(じゅうよじかん)営業(えいぎょう)]のお店(みせ)が多(おお)い。
(옆 앞에는 24시간 영업하는 가게가 많다.)

當店(とうてん)では終日(しゅうじつ)禁煙(きんえん)[常(つね)に禁煙(きんえん)だということ]となっております。
(저희 가게는 하루 종일 금연입니다.)

岸田(きしだ)は終日(しゅうじつ)[今日(きょう)一日(いちにち)]不在(ふざい)にしております。
(기시다는 오늘 하루 종일 부재입니다.)

来週(らいしゅう)の水曜日(すいようび)は終日(しゅうじつ)不在(ふざい)になるので、その日(ひ)以外(いがい)に連絡(れんらく)をください。
(다음 주 수요일은 종일 회사에 없으니 그 날 말고 다른 날에 연락을 주세요.)

世間(せけん)は祝日(しゅくじつ)だというのに、わたしは終日(しゅうじつ)仕事(しごと)[朝(あさ)から晩(ばん)まで仕事(しごと)]だ。
(일반 사람들은 경축일인데, 나는 아침부터 밤까지 일을 해야 한다.)

그리고 타 번역본에서는 다음과 같이 전개되고 있다.

[1] 都(みやこ)の門(もん)は、終日(しゅうじつ)、閉(と)ざされることはない。: 도읍의 문은 종일 닫히지 않는다.

[例] 都(みやこ)の門(もん)は終日(しゅうじつ)閉(と)ざされない。[前田訳1978]
(도읍의 문은 종일 닫히지 않는다.)

都(みやこ)の門(もん)は終日(しゅうじつ)閉(と)ざされることはない。[フランシスコ会訳1984]
(도읍의 문은 종일 닫히지는 않는다.)

その門(もん)は一日中(いちにちじゅう)決(けっ)して閉(と)ざされないであろう。[塚本訳1963]
(그 문은 하루 종일 결코 닫히지 않을 것이다.)

都(みやこ)の門(もん)は一日中(いちにちじゅう)決(けっ)して閉(と)じることがない。[新改訳1970]
(도읍의 문은 하루 종일 결코 닫히지 않는다.)

都(みやこ)の門(もん)は、一日中(いちにちじゅう)決(けっ)して閉(と)ざされない。[新共同訳1987]
(도읍의 문은 하루 종일 결코 닫히지 않는다.)

また、都(みやこ)の門(もん)は日々(ひび)決(けっ)して閉(と)められることが

ない。[岩波翻訳委員会訳1995]
(또 도읍의 문은 매일 결코 닫히지 않는다.)

「閉(と)ざされることはない」의 「閉(と)ざされる」는 「閉(と)ざす」의 수동이고, 「~ことはない」는 「~하는 적이 없다 → ~하지 않다」와 같이 동사의 부정을 강조하는 형태로 쓰이고 있다. 그럼 구어역에서 동사의 수동에 「~ことはない」가 접속한 예를 들면 다음과 같다.

[例] だから、あなたがたに言(い)っておく。人(ひと)には、その犯(おか)すすべての罪(つみ)も神(かみ)を汚(けが)す言葉(ことば)も、ゆるされる。しかし、聖霊(せいれい)を汚(けが)す言葉(ことば)は、<u>ゆるされることはない</u>。[マタイによる福音書 12:31]
(따라서 너희에게 말해 두겠다. 사람들에게는 그 범하는 모든 죄도 하나님을 모독하는 말도 용서받는다. 그러나 성령을 모독하는 말은 용서받지 못할 것이다.) [마태복음 12:31]

また人(ひと)の子(こ)に対(たい)して言(い)い逆(さか)らう者(もの)は、ゆるされるであろう。しかし、聖霊(せいれい)に対(たい)して言(い)い逆(さか)らう者(もの)は、この世(よ)でも、きたるべき世(よ)でも、<u>ゆるされることはない</u>。[マタイによる福音書 12:32]
(또 인자에 대해 거역하여 말하는 사람은 용서받을 것이다. 그러나 성령에 대해 거역하여 말하는 사람은 이 세상에서도 오는 세상에서도 용서받지 못한다.) [마태복음 12:32]

こうして人々(ひとびと)はイエスにつまずいた。しかし、イエスは言(い)われた、「預言者(よげんしゃ)は、自分(じぶん)の郷里(きょうり)や自分(じぶん)の家(いえ)以外(いがい)では、どこででも<u>敬(うやま)われないことはない</u>」。[マタイによる福音書 13:57]

(이렇게 해서 사람들은 예수에게 좌절했다. 그러나 예수께서는 말씀하셨다. "예언자는 자기 고향과 자기 집 이외에서는 어디에서도 존경받지 않는 법이 없다.") [마태복음 13:57]

イエスは言(い)われた、「預言者(よげんしゃ)は、自分(じぶん)の郷里(きょうり)、親族(しんぞく)、家(いえ)以外(いがい)では、どこででも敬(うやま)われないことはない」。[マルコによる福音書 6:4]
(예수께서는 말씀하셨다. "예언자는 자기 고향, 친족, 집 이외에서는 존경받지 않는 법이 없다.") [마가복음 6:4]

また、人(ひと)の子(こ)に言(い)い逆(さか)らう者(もの)はゆるされるであろうが、聖霊(せいれい)をけがす者(もの)は、ゆるされることはない。[ルカによる福音書 12:10]
(또 인자에 거역하여 말하는 사람은 용서받을 것이지만, 성령을 모독하는 사람은 용서받지 못한다.) [누가복음 12:10]

しかし、あなたがたの髪(かみ)の毛(け)一(ひと)すじでも失(うしな)われることはない。[ルカによる福音書 21:18]
(그러나 너희 머리카락 한 가닥이라도 잃지 않는다.) [누가복음 21:18]

だから、いま食事(しょくじ)を取(と)ることをお勧(すす)めする。それが、あなたがたを救(すく)うことになるのだから。たしかに髪(かみ)の毛(け)ひとすじでも、あなたがたの頭(あたま)から失(うしな)われることはないであろう」。[使徒行伝 27:34]
(따라서 지금 음식을 할 것을 권합니다. 그것이 여러분을 구하게 되는 것이니까. 확실히 머리카락 한 가닥이라도 잃지 않을 것입니다.") [사도행전 27:34]

なぜなら、あなたがたは律法(りっぽう)の下(もと)にあるのではなく、恵(めぐ)みの下(もと)にあるので、罪(つみ)に支配(しはい)されることはないからである。[ローマ人への手紙 6:14]
(왜냐하면, 여러분은 율법 아래에 있는 것이 아니고, 은혜 아래에 있으므로, 죄에

지배되지는 않기 때문이다.) [로마서 6:14]

しかし、霊(れい)の人(ひと)は、すべてのものを判断(はんだん)するが、自分(じぶん)自身(じしん)はだれからも判断(はんだん)されることはない。[コリント人への第一の手紙 2:15]
(그러나 영적인 사람은 모든 것을 판단하지만, 자기 자신은 누구에게서 판단을 받지는 않는다.) [고린도전서 2:15]

すべてのことは、わたしに許(ゆる)されている。しかし、すべてのことが益(えき)になるわけではない。すべてのことは、わたしに許(ゆる)されている。しかし、わたしは何(なに)ものにも支配(しはい)されることはない。[コリント人への第一の手紙 6:12]
(모든 것은 나에게 허용되어 있다. 그러나 모든 것이 유익한 것은 아니다. 모든 것은 나에게 허용되어 있다. 그러나 나는 어떤 것에도 지배받지는 않는다.) [고린도전서 6:12]

しかし、自分(じぶん)をよくわきまえておくならば、わたしたちはさばかれることはないであろう。[コリント人への第一の手紙 11:31]
(그러나 자신을 잘 분별해 둔다면, 우리는 심판을 받지 않을 것이다.) [고린도전서 11:31]

神(かみ)はわたしたちのために、さらに良(よ)いものをあらかじめ備(そな)えて下(くだ)さっているので、わたしたちをほかにしては彼(かれ)らが全(まっと)うされることはない。[ヘブル人への手紙 11:40]
(하나님께서는 우리를 위하여 더 좋은 것을 미리 예비하시고 있기 때문에, 우리 없이는 그들이 완수되지는 않는다.) [히브리서 11:40]

耳(みみ)のある者(もの)は、御霊(みたま)が諸教会(しょきょうかい)に言(い)うことを聞(き)くがよい。勝利(しょうり)を得(え)る者(もの)は、第二(だいに)の死(し)によって滅(ほろ)ぼされることはない』。[口語訳 / ヨハネの黙示録 2:11]

(귀가 있는 사람은 성령이 여러 교회에 하는 말을 들어라. 승리를 얻는 사람은 두 번째 죽음에 의해 멸망되지 않는다.') [요한묵시록 2:11]

だれでも、人(ひと)と婚約(こんやく)のある女(おんな)奴隷(どれい)で、まだあがなわれず、自由(じゆう)を与(あた)えられていない者(もの)と寝(ね)て交(まじ)わったならば、彼(かれ)らふたりは罰(ばつ)を受(う)ける。しかし、殺(ころ)されることはない。彼女(かのじょ)は自由(じゆう)の女(おんな)ではないからである。[レビ記 19:20]
(누구든지 다른 남자와 혼약 관계가 있는 여자 노예로, 아직 몸값을 치르지 못해 자유가 주어지지 않는 사람과 자서 성적 교섭을 했다면, 그들 두 사람은 벌을 받는다. 그러나 죽음을 당하지는 않는다. 그녀는 자유인의 여자가 아니기 때문이다.) [레위기 19:20]

人(ひと)を殺(ころ)した者(もの)、すなわち故殺人(こさつじん)はすべて証人(しょうにん)の証言(しょうげん)にしたがって殺(ころ)されなければならない。しかし、だれもただひとりの証言(しょうげん)によって殺(ころ)されることはない。[民数記 35:30]
(사람을 죽인 자, 즉 고살자(故殺者;의도적으로 사람을 죽인 사람)는 모두 증인의 증언에 따라, 죽음을 당하야 한다. 그러나 누구나 단 한 사람의 증언에 의해 죽음을 당하지는 않는다.) [민수기 35:30]

主(しゅ)はエジプトの腫物(はれもの)と潰瘍(かいよう)と壊血病(かいけつびょう)とひぜんとをもってあなたを撃(う)たれ、あなたはいやされることはないであろう。[申命記 28:27]
(주께서는 이집트의 종기와 궤양과 괴혈병과 옴으로 너를 치시고, 너는 고침을 받지 못할 것이다.) [신명기 28:27]

全地(ぜんち)よ、そのみ前(まえ)におののけ。世界(せかい)は堅(かた)く立(た)って、動(うご)かされることはない。[歴代志上 16:30]
(온 땅아, 그분 앞에 떨어라. 세계는 굳게 서서, 흔들리지는 않는다.) [역대지상 16:30]

利息(りそく)をとって金銭(きんせん)を貸(か)すことなく、まいないを取(と)って罪(つみ)のない者(もの)の不利(ふり)をはかることをしない人(ひと)である。これらの事(こと)を行(おこな)う者(もの)はとこしえに動(うご)かされることはない。[詩篇 15:5]
(이자를 받고 금전을 빌려 주지 않고, 뇌물을 받아 죄 없는 사람의 불리를 꾀하지 않는 사람이다. 이런 일들을 행하는 사람은 영원히 흔들리지는 않는다.) [시편 15:5]

わたしは常(つね)に主(しゅ)をわたしの前(まえ)に置(お)く。主(しゅ)がわたしの右(みぎ)にいますゆえ、わたしは動(うご)かされることはない。[詩篇 16:8]
(나는 항상 주님을 나 앞에 둔다. 주께서는 나의 오른쪽에 계시기 때문에 나는 흔들리지는 않는다.) [시편 16:8]

王(おう)は主(しゅ)に信頼(しんらい)するゆえ、いと高(たか)き者(もの)のいつくしみをこうむって、動(うご)かされることはない。[詩篇 21:7]
(왕은 주님을 신뢰하기 때문에, 가장 높으신 분의 사랑을 받아, 흔들리지는 않는다.) [시편 21:7]

彼(かれ)らは主(しゅ)のもろもろのみわざと、み手(て)のわざとを顧(かえり)みないゆえに、主(しゅ)は彼(かれ)らを倒(たお)して、再(ふたた)び建(た)てられることはない。[詩篇 28:5]
(그들은 주님께서 하시는 모든 기적과 손수 하시는 행위를 돌이켜 보지 않기 때문에 주님께서는 그들을 쓰러뜨리고, 다시 세우시지는 않는다.) [시편 28:5]

わたしは安(やす)らかな時(とき)に言(い)った、「わたしは決(けっ)して動(うご)かされることはない」と。[詩篇 30:6]
(나는 편안하게 지낼 때 말했다. "나는 결코 흔들리지는 않는다." 라고.) [시편 30:6]

主(しゅ)は彼(かれ)の骨(ほね)をことごとく守(まも)られる。その一(ひと)つだに折(お)られることはない。[詩篇 34:20]
(주님께서는 그 뼈를 모두 지키신다. 그 하나도 부러지지는 않는다.) [시편 34:20]

主(しゅ)はそのしもべらの命(いのち)をあがなわれる。主(しゅ)に寄(よ)り頼(たの)む者(もの)はひとりだに罪(つみ)に定(さだ)められることはない。[詩篇 34:22]
(주님께서는 종들의 목숨을 속량하신다. 주를 피난처로 삼는 사람은 한 사람도 정죄되지는 않는다.) [시편 34:22]

たといその人(ひと)が倒(たお)れても、全(まった)く打(う)ち伏(ふ)せられることはない、主(しゅ)がその手(て)を助(たす)けささえられるからである。[詩篇 37:24]
(설령 그 사람이 넘어져도 완전히 맞아 엎어지지는 않는다. 주께서 그 손을 도와 지탱하시기 때문이다.) [시편 37:24]

ほかの人々(ひとびと)のように悩(なや)むことがなく、ほかの人々(ひとびと)のように打(う)たれることはない。[詩篇 73:5]
(다른 사람들처럼 근심하지 않고, 다른 사람들처럼 맞지는 않는다.) [시편 73:5]

あなたは自分(じぶん)の国(くに)を滅(ほろ)ぼし、自分(じぶん)の民(たみ)を殺(ころ)したために、彼(かれ)らと共(とも)に葬(ほうむ)られることはない。どうか、悪(あく)を行(おこな)う者(もの)の子孫(しそん)はとこしえに名(な)を呼(よ)ばれることのないように。[イザヤ書 14:20]
(너는 자기 나라를 멸망시키고, 자기 백성을 죽였기 때문에 그들과 함께 묻히지는 않는다. 부디 악을 행하는 자의 자손은 영원히 이름이 불리지 않기 빕니다.) [이사야 14:20]

万軍(ばんぐん)の主(しゅ)はみずからわたしの耳(みみ)に示(しめ)された、「まことに、この不義(ふぎ)はあなたがたが死(し)ぬまで、ゆるされることはない」と万軍(ばんぐん)の神(かみ)、主(しゅ)は言(い)われる。[イザヤ書 22:14]
(만군의 주께서는 친히 나의 귀에 보이셨다. "정말 이 불의는 너희가 죽을 때까지 용서받지는 못한다.") [이사야 22:14]

あなたは町(まち)を石塚(いしづか)とし、堅固(けんご)な町(まち)を荒塚(あらつか)とされた。外国人(がいこくじん)のやかたは、もはや町(まち)ではなく、とこしえに建(た)てられることはない。[イザヤ書 25:2]
(너는 성읍을 돌무덤으로 만들고, 견고한 성읍을 황폐한 무덤으로 만드셨다. 외국인 거처는 더 이상 성읍이 아니고, 영원히 세워지지 않는다.) [이사야 25:2]

愚(おろ)かな者(もの)は、もはや尊(たっと)い人(ひと)と呼(よ)ばれることなく、悪人(あくにん)はもはや、りっぱな人(ひと)と言(い)われることはない。[イザヤ書 32:5]
(어리석은 사람은 더 이상 존귀한 사람이라고 불리지 않고, 악인은 더 이상 훌륭한 사람이라고 말하지 않는다.) [이사야 32:5]

定(さだ)めの祭(まつり)の町(まち)シオンを見(み)よ。あなたの目(め)は平和(へいわ)なすまい、移(うつ)されることのない幕屋(まくや)エルサレムを見(み)る。その杭(くい)はとこしえに抜(ぬ)かれず、その綱(つな)は、ひとすじも断(た)たれることはない。[イザヤ書 33:20]
(절기의 성읍 시온을 보아라. 네 눈은 평화로운 거주지, 옮겨지지 않는 장막 예루살렘을 볼 것이다. 그 말뚝은 영원히 뽑히지 않고, 그 밧줄은 한 가닥도 끊어지지 않을 것이다.) [이사야 33:20]

処女(しょじょ)なるバビロンの娘(むすめ)よ、下(くだ)って、ちりの中(なか)にすわれ。カルデヤびとの娘(むすめ)よ、王座(おうざ)のない地(ち)にすわれ。あなたはもはや、やさしく、たおやかな女(おんな)ととなえられることはない。[イザヤ書 47:1]
(처녀인 바빌론의 딸아, 내려와서 티끌 안에 앉아라. 칼데아(바빌로니아) 사람의 딸아, 왕좌가 없는 땅에 앉아라. 너는 더 이상 착하고 단아하고 얌전한 여자라고 불리지 않을 것이다.) [이사야 47:1]

カルデヤびとの娘(むすめ)よ、黙(もく)してすわれ、また暗(くら)い所(ところ)にはいれ。あなたはもはや、もろもろの国(くに)の女王(じょおう)ととな

えられることはない。[イザヤ書 47:5]
(칼데아(바빌로니아) 사람의 딸아, 잠자코 앉아라. 다시 어두운 곳에 들어가라. 너는 더 이상 여러 나라의 여왕이라고 불리지 않을 것이다.) [이사야 47:5]

あなたのすえは砂(すな)のように、あなたの子孫(しそん)は砂粒(すなつぶ)のようになって、その名(な)はわが前(まえ)から断(た)たれることなく、滅(ほろ)ぼされることはない」。[イザヤ書 48:19]
(너의 후손은 모래처럼, 너의 자손은 모래알처럼 되어서, 그 이름은 내 앞에서 끊어지지 않고, 없어지지는 않는다.") [이사야 48:19]

しかし主(しゅ)は強(つよ)い勇士(ゆうし)のようにわたしと共(とも)におられる。それゆえ、わたしに迫(せま)りくる者(もの)はつまずき、わたしに打(う)ち勝(か)つことはできない。彼(かれ)らは、なし遂(と)げることができなくて、大(おお)いに恥(はじ)をかく。その恥(はじ)は、いつまでも忘(わす)れられることはない。[エレミヤ書 20:11]
(그러나 주님께서는, 강한 용사처럼 나와 함께 계신다. 그러므로 나에게 닥쳐오는 사람은 걸려 넘어지고, 나를 이겨낼 수는 없고 크게 창피를 당한다. 그 창피는 언제까지나 잊히지는 않을 것이다.) [예레미야 20:11]

感謝(かんしゃ)の歌(うた)と喜(よろこ)ぶ者(もの)の声(こえ)とが、その中(なか)から出(で)る。わたしが彼(かれ)らを増(ま)すゆえ、彼(かれ)らは少(すく)なくはなく、また彼(かれ)らを尊(たっと)ばれしめるゆえ、卑(いや)しめられることはない。[エレミヤ書 30:19]
(감사의 노래와 기쁨의 소리가 그 안에서 나온다. 내가 그들을 번성하게 하기 때문에, 그들은 적지 않고, 또 그들을 존경받게 하기 때문에 멸시받지는 않을 것이다.) [예레미야 30:19]

死体(したい)と灰(はい)との谷(たに)の全部(ぜんぶ)、またキデロンの谷(たに)に行(い)くまでと、東(ひがし)のほうの馬(うま)の門(もん)のすみに行(い)くまでとのすべての畑(はたけ)はみな主(しゅ)の聖(せい)なる所(とこ

ろ)となり、永遠(えいえん)にわたって、ふたたび抜(ぬ)かれ、また倒(たお)されることはない」。[エレミヤ書31:40]
(시체와 잿더미의 골짜기 전부, 또 기드론 골짜기에 갈 때까지와, 동쪽의 '말 문' 모퉁이에 가기까지의 모든 밭은 모두 주님의 거룩한 곳이 되고, 영원히 다시는 뽑히거나 또 허물어지지는 않을 것이다.") [예레미야 31:40]

ゼデキヤはエレミヤに言(い)った、「これらの言葉(ことば)を人(ひと)に知(し)らせてはならない。そうすればあなたは殺(ころ)されることはない。[エレミヤ書 38:24]
(시드기야는 예레미야에게 말했다. "이런 말들을 남에게 알려서는 안 된다. 그렇게 하면 너는 죽음을 당하지는 않는다.) [예레미야 38:24]

主(しゅ)は言(い)われる、その日(ひ)わたしはあなたを救(すく)う。あなたは自分(じぶん)の恐(おそ)れている人々(ひとびと)の手(て)に渡(わた)されることはない。[エレミヤ書 39:17]
(주께서는 말씀하신다. 그 날, 나는 너를 구한다. 너는 자기가 두려워하고 있는 사람들의 손에 넘겨지지 않는다.) [예레미야 39:17]

おとめなるエジプトの娘(むすめ)よ、ギレアデに上(のぼ)って乳香(にゅうこう)を取(と)れ。あなたは多(おお)くの薬(くすり)を用(もち)いても、むだだ。あなたは、いやされることはない。[エレミヤ書 46:11]
(처녀인 이집트의 딸아, 길르앗에 올라가서 유향을 가져 오너라. 너는 많은 약을 써도, 소용없다. 너는 낫지는 않는다.) [예레미야 46:11]

あなたは火(ひ)のための、たきぎとなり、あなたの血(ち)は国(くに)の中(なか)に流(なが)され、覚(おぼ)えられることはない、主(しゅ)なるわたしが言(い)う」。[エゼキエル書 21:32]
(너는 불을 위한, 땔나무가 되고, 너의 피는 나라 안에 흐르고, 기억되지 않을 것이다. 주인 내가 말한다.") [에스겔 21:32]

わたしはあなたを裸(はだか)の岩(いわ)にする。あなたは網(あみ)を張(は)

る場所(ばしょ)となり、再(ふたた)び建(た)てられることはない。主(しゅ)なるわたしがこれを言(い)ったと、主(しゅ)なる神(かみ)は言(い)われる。[エゼキエル書 26:14]
(나는 너를 맨 바위로 만들겠다. 너는 그물을 치는 곳이 되고, 다시 세워지지는 않는다. 주인 내가 이것을 말했다고, 주인 하나님은 말씀하신다.) [에스겔 26:14]

わたしは彼(かれ)らをその地(ち)に植(う)えつける。彼(かれ)らはわたしが与(あた)えた地(ち)から再(ふたた)び抜(ぬ)きとられることはない」とあなたの神(かみ)、主(しゅ)は言(い)われる。[アモス書 9:15]
(나는 그들을 그 땅에 이식하겠다. 그들은 내가 준 땅에서 다시 뽑히지는 않는다." 라고 너의 하나님, 주께서 말씀하신다.) [아모스 9:15]

その日(ひ)には、あなたはわたしにそむいたすべてのわざのゆえに、はずかしめられることはない。その時(とき)わたしはあなたのうちから、高(たか)ぶって誇(ほこ)る者(もの)どもを除(のぞ)くゆえ、あなたは重(かさ)ねてわが聖(せい)なる山(やま)で、高(たか)ぶることはない。[ゼパニヤ書 3:11]
(그 날에는, 너는 나에게 등을 돌린 모든 행위 때문에, 창피를 당하지는 않는다. 그 때, 나는 네 안에서 우쭐거리며 뽐내는 자들을 없애기 때문에, 너는 다시는 나의 거룩한 산에서 거만을 떨지 않을 것이다.) [스바냐 3:11]

わたしは万国(ばんこく)の民(たみ)を集(あつ)めて、エルサレムを攻(せ)め撃(う)たせる。町(まち)は取(と)られ、家(いえ)はかすめられ、女(おんな)は犯(おか)され、町(まち)の半(なか)ばは捕(とら)えられて行(い)く。しかし残(のこ)りの民(たみ)は町(まち)から断(た)たれることはない。[ゼカリヤ書 14:2]
(나는 만국의 백성들을 모아서, 예루살렘을 공격해서 싸우게 하겠다. 도성은 빼앗기고, 집은 약탈당하고, 여자들은 겁탈당하고, 도성의 절반은 사로잡혀 갈 것이다. 그러나 나머지 백성은 도성에서 끊어지지는 않는다.) [스가랴 14:2]

> 人々(ひとびと)は、諸国民(しょこくみん)の光栄(こうえい)とほまれとをそこに携(たずさ)えて来(く)る。[ヨハネの黙示録 21:26]
> (사람들은 여러 백성의 영광과 영예를 거기로 가지고 온다.) [21:26]

본 절에 대해 타 번역본에서는 다음과 같이 묘사하고 있다.

[例] こうして、人々(ひとびと)は諸国(しょこく)の民(たみ)の栄光(こうえい)と誉(ほま)れとを、そこに携(たずさ)えて来(く)る。[新改訳1970]
(이렇게 해서 사람들은 여러 나라의 백성들의 영광과 영예를 거기로 가지고 온다.)

人々(ひとびと)は、諸国(しょこく)の民(みん)の栄光(こうえい)と誉(ほま)れとを携(たずさ)えて都(みやこ)に来(く)る。[新共同訳1987]
(사람들은 여러 나라의 백성들의 영광과 영예를 가지고 도읍에 온다.)

人々(ひとびと)は、諸民族(しょみんぞく)の栄光(こうえい)と誉(ほま)れとを携(たずさ)えて都(みやこ)に来(く)る。[岩波翻訳委員会訳1995]
(사람들은 여러 종족의 영광과 영예를 가지고 도읍에 온다.)

諸国(しょこく)の民(たみ)はその光栄(こうえい)と栄誉(えいよ)とをここに持(も)って来(く)るであろう。[塚本訳1963]
(여러 나라의 백성들은 그 영광과 영예를 여기에 가지고 올 것이다.)

人々(ひとびと)は諸国民(しょこくみん)の栄光(えいこう)と誉(ほま)れとを都(みやこ)に持(も)って来(く)る。[フランシスコ会訳1984]
(사람들은 여러 백성들의 영광과 영예를 도읍에 가지고 온다.)

諸国民(しょこくみん)の栄光(こうえい)と誉(ほま)れがそこへもたらされよう。[前田訳1978]
(여러 백성들의 영광과 영예를 가지고 올 것이다.)

그리고 본서의 [21:24~21:26]은 [이사야 60:3, 60:5, 60:11]에 의거한다고 한다14).

[例] もろもろの国(くに)は、あなたの光(ひかり)に来(き)、もろもろの王(おう)は、のぼるあなたの輝(かがや)きに来(く)る。[イザヤ書 60:3]
(모든 나라는 너의 빛에 오고, 모든 왕은 떠오르는 너의 광요(光耀)에 올 것이다.) [이사야 60:3]

その時(とき)あなたは見(み)て、喜(よろこ)びに輝(かがや)き、あなたの心(こころ)はどよめき、かつ喜(よろこ)ぶ。海(うみ)の富(とみ)が移(うつ)ってあなたに来(き)、もろもろの国(くに)の宝(たから)が、あなたに来(く)るからである。[イザヤ書 60:5]
(그 때, 너는 보고, 기쁨에 빛나고 너의 마음은 설레고, 또한 기뻐할 것이다. 바다의 부가 옮겨져서 너에게 오고 모든 나라의 재물이 너에게 오기 때문이다.) [이사야 60:5]

あなたの門(もん)は常(つね)に開(ひら)いて、昼(ひる)も夜(よる)も閉(と)ざすことはない。これは人々(ひとびと)が国々(くにぐに)の宝(たから)をあなたに携(たずさ)えて来(き)、その王(おう)たちを率(ひき)いて来(く)るためである。[イザヤ書 60:11]
(너의 문은 항상 열려 있고, 밤낮으로 닫히지 않는다. 이것은 사람들이 여러 나라의 재물을 너에게로 가지고 오고, 그 왕들을 이끌고 오기 때문이다.) [이사야 60:11]

しかし、[1]汚(けが)れた者(もの)や、忌(い)むべきこと及(およ)び偽(いつわ)りを行(おこな)う者(もの)は、その中(なか)に決(けっ)して入(はい)れない。[2]入(はい)れる者(もの)は、小羊(こひつじ)のいのちの書(しょ)に名(な)をしるされている者(もの)だけである。[ヨハネの黙示録 21:27]

---

14) フランシスコ会聖書研究所(1984)『新約聖書』サンパウロ. p. 967 주(21-18)에 의함.

> (그러나 더러운 자나, 가증스러운 짓 및 거짓을 행하는 자는, 그 안에 결코 들어갈 수 없다. 들어갈 수 있는 사람들은 어린 양의 생명책에 이름이 적혀 있는 사람뿐이다.) [21:27]

[1] 汚(けが)れた者(もの)や、忌(い)むべきこと及(およ)び偽(いつわ)りを行(おこな)う者(もの)は、その中(なか)に決(けっ)して入(はい)れない。：더러운 자나, 가증스러운 짓 및 거짓을 행하는 자는, 그 안에 결코 들어갈 수 없다.

「忌(い)むべき~」는 「가증스러운, 증오해야 할」의 뜻을 나타내는데 구어역에서는 일종의 연어 형식으로 고정화되어 쓰이고 있다. 그리고 「忌(い)むべきこと」는 구어역에서는 [요한묵시록 21:27]에만 사용되고 있다.

구어역 신약성서에서 「忌(い)むべき~」의 예를 추가로 들면 다음과 같다.

[例] 「忌(い)むべき行為(こうい)」(가증스러운 행위, 야고보서 3:16)
「忌(い)むべき者(もの)」(가증스러운 자, 요한묵시록 21:8)

「偽(いつわ)りを行(おこ)なう」는 「거짓을 행하다」의 뜻을 나타내는데, 이 표현은 구어역에서는 본 절과 다음의 성구에 쓰이고 있다.

[例] われわれの父(ちち)は皆(みな)一(ひと)つではないか。われわれを造(つく)った神(かみ)は一(ひと)つではないか。なにゆえ、われわれは先祖(せんぞ)たちの契約(けいやく)を破(やぶ)って、おのおのその兄弟(きょうだい)に偽(いつわ)りを行(おこな)うのか。[マラキ書 2:10]
(우리 아버지는 모두 하나가 아니냐? 우리를 만든 하나님은 하나가 아니냐? 무엇 때문에 우리가 선조들의 계약을 깨고 각자 그 형제에게 거짓을 행하느냐?) [말라기 2:10]

「決(けっ)して入(はい)れない」의 「入(はい)れない」는 「入(はい)る」의 가능동사 「入(はい)れる」의 부정으로 「決(けっ)して」와 호응해서 쓰이고 있다.

[例] そこでイエスは人々(ひとびと)にむかって言(い)われた、「狭(せま)い戸口(とぐち)からはいるように努(つと)めなさい。事実(じじつ)、はいろうとしても、はいれない人(ひと)が多(おお)いのだから。[ルカによる福音書 13:24]
(그래서 예수께서는 사람들을 향해 말씀하셨다. "좁은 문을 통해 들어가도록 힘써라. 사실, 들어가려고 해도 들어가지 못하는 사람이 많으니까.) [누가복음 13:24]

[2] 入(はい)れる者(もの)は、小羊(こひつじ)のいのちの書(しょ)に名(な)をしるされている者(もの)だけである。: 들어갈 수 있는 사람들은 어린 양의 생명책에 이름이 적혀 있는 사람뿐이다.

「入(はい)れる」는 「入(はい)る」의 가능동사인데, 구어역 성서에서는 본 절에서만 쓰이고 있다.

이 부분에 관해 타 번역본에서는 다음과 같이 기술하고 있다.

[例] 入(はい)れるのは小羊(こひつじ)のいのちの書(しょ)にしるされているものだけである。[前田訳1978]
(들어갈 수 있는 것은 어린 양의 생명책에 적혀 있는 사람뿐이다.)

入(はい)れるのはただ、小羊(こひつじ)の命(いのち)の書(しょ)に書(か)き記(しる)された者(もの)だけである。[フランシスコ会訳1984]
(들어갈 수 있는 것은 오로지 어린 양의 생명책에 기록된 사람뿐이다.)

小羊(こひつじ)の命(いのち)の書(しょ)に名(な)が書(か)いてある者(もの)だけが入(はい)れる。[新共同訳1987]
(어린 양의 생명책에 이름이 쓰여 있는 사람만이 들어갈 수 있다.)

小羊(こひつじ)の命(いのち)の書(しょ)に〔名前(なまえ)が〕記録(きろく)されている者(もの)以外(いがい)は〔入(はい)れないのである〕。[岩波翻訳委員会訳1995]
(어린 양의 생명책에 〔이름이〕 기록되어 있는 사람 이외에는 〔들어갈 수 없다〕.)

小羊(こひつじ)のいのちの書(しょ)に名(な)が書(か)いてある者(もの)だけが、はいることができる。[新改訳1970]
(어린 양의 생명책에 이름이 쓰여 있는 사람만이 들어갈 수 있다.)

ただ仔羊(こひつじ)の命(いのち)の書(しょ)に(その名(な)を)書(か)かれている者(もの)だけがここに入(はい)るであろう。[塚本訳1963]
(단지 어린 양의 생명책에 (그 이름이) 쓰여 있는 사람만이 여기에 들어갈 것이다.)

[フランシスコ会聖書研究所(1984)『新約聖書』サンパウロ. p. 967 주(21-19)]에 따르면, 본 절과 관련되어 [이사야 35:8, 52:1], [스가랴 13:1~13:2]를 참조하라고 나와 있다.

[예] そこに大路(おおじ)があり、その道(みち)は聖(せい)なる道(みち)ととなえられる。汚(けが)れた者(もの)はこれを通(とお)り過(す)ぎることはできない、愚(おろ)かなる者(もの)はそこに迷(まよ)い入(い)ることはない。[イザヤ書 35:8]
(거기에 큰길이 있고, 그 길을 '거룩한 길'이라고 일컬어진다. 깨끗하지 못한 자는 이것을 지나갈 수는 없다. 어리석은 자는 거기에 서성거리지 못한다.) [이사야 35:8]

シオンよ、さめよ、さめよ、力(ちから)を着(き)よ。聖(せい)なる都(みやこ)エルサレムよ、美(うつく)しい衣(ころも)を着(き)よ。割礼(かつれい)を受(う)けない者(もの)および汚(けが)れた者(もの)は、もはやあなたのところに、はいることがないからだ。[イザヤ書 52:1]

(시온아, 깨어라, 깨어라! 힘을 입어라. 거룩한 도읍 예루살렘아, 아름다운 옷을 입어라. 할례를 받지 않은 자 및 부정한 자가 더 이상 너에게 들어오지 않기 때문이다.) [이사야 52:1]

その日(ひ)には、罪(つみ)と汚(けが)れとを清(きよ)める一(ひと)つの泉(いずみ)が、ダビデの家(いえ)とエルサレムの住民(じゅうみん)とのために開(ひら)かれる。[ゼカリヤ書 13:1]
(그 날에는, 죄와 더러움을 깨끗하게 하는 샘 하나가 다윗 집안과 예루살렘 주민을 위해 열린다.) [스가랴 13:1]

万軍(ばんぐん)の主(しゅ)は言(い)われる、その日(ひ)には、わたしは地(ち)から偶像(ぐうぞう)の名(な)を取(と)り除(のぞ)き、重(かさ)ねて人(ひと)に覚(おぼ)えられることのないようにする。わたしはまた預言者(よげんしゃ)および汚(けが)れの霊(れい)を、地(ち)から去(さ)らせる。[ゼカリヤ書 13:2]
(만군의 주께서 말씀하신다, 그 날에는, 나는 땅에서 우상의 이름을 없애고, 다시는 사람들에게 기억되지 않도록 하겠다. 나는 또 예언자 및 더러운 영을 땅에서 없어지게 하겠다.) [스가랴 13:2]

ヨハネの黙示録(もくしろく)　第22章

〔44〕 ヨハネの黙示録 22:1 - 22:5

ヨハネの黙示 22:1 - 22:5
新(あたら)しきエルサレム - 続(つづ)き
새 예루살렘 - 속편

> 御使(みつかい)はまた、水晶(すいしょう)のように輝(かがや)いているいのちの水(みず)の川(かわ)をわたしに見(み)せてくれた。この川(かわ)は、神(かみ)と小羊(こひつじ)との御座(みざ)から出(で)て、[ヨハネの黙示録 22:1]
> (천사는 또 수정처럼 빛나고 있는 생명수의 강을 내게 보여 주었다. 이 강은 하나님과 어린 양의 보좌에서 나와,) [22:1]

[22:1]~[22:2]의 서술 내용은 [에스겔 47:1, 47:12]에 근거한 것이라고 한다15).

[例] そして彼(かれ)はわたしを宮(みや)の戸口(とぐち)に帰(かえ)らせた。見(み)よ、水(みず)の宮(みや)の敷居(しきい)の下(した)から、東(ひがし)の方(ほう)へ流(なが)れていた。宮(みや)は東(ひがし)に面(めん)し、その水(みず)は、下(した)から出(で)て、祭壇(さいだん)の南(みなみ)にある宮(みや)の敷居(しきい)の南(みなみ)の端(はし)から、流(なが)れ下(くだ)っていた。[エゼキエル書 47:1]
(그리고 그는 나를 성전 출입구로 돌아가게 했다. 보아라, 물이 성전 문턱 아래에서 동쪽으로 흐르고 있었다. 성전은 동쪽을 향하고, 그 물은 아래에서 나와서, 제단의 남쪽에 있는 성전 문턱 남쪽 끝에서 흘러 내려가고 있었다.) [에스겔 47:1]

---

15) フランシスコ会聖書研究所(1984)『新約聖書』サンパウロ. p. 969 주(22-1)에 의함.

川(かわ)のかたわら、その岸(きし)のこなたかなたに、食物(しょくもつ)となる各種(かくしゅ)の木(き)が育(そだ)つ。その葉(は)は枯(か)れず、その実(み)は絶(た)えず、月(つき)ごとに新(あたら)しい実(み)がなる。これはその水(みず)が聖所(せいじょ)から流(なが)れ出(で)るからである。その実(み)は食用(しょくよう)に供(きょう)せられ、その葉(は)は薬(くすり)となる」。[エゼキエル書 47:12]
(강가, 그 물가 이쪽저쪽에 먹을 것이 되는 각종 나무가 자란다. 그 잎은 시들지 않고, 그 열매는 끊이지 않고, 달마다 새로운 열매가 맺는다. 이것은 그 물이 성소에서 흘러나오기 때문이다. 그 열매는 식용으로 제공되고, 그 잎은 약이 된다.")
[에스겔 47:12]

본 절의 기술 내용에 대해 타 번역본에서는 다음과 같이 옮기고 있다.

[예] 御使(みつかい)いはまた、私(わたし)に水晶(すいしょう)のように光(ひか)るいのちの水(みず)の川(かわ)を見(み)せた。それは神(かみ)と小羊(こひつじ)との御座(みざ)から出(で)て、[新改訳1970]
(천사는 또 나에게 수정처럼 빛나는 생명수의 강을 보여 주었다. 그것은 하나님과 어린 양의 보좌에서 나와,)

天使(てんし)はまた神(かみ)と仔羊(こひつじ)の玉座(ぎょくざ)から (流(ながれ) 出(で)ている水晶(すいしょう)のように輝(かがや)いた生命(せいめい)の水(みず)の河(かわ)を私(わたし)に示(しめ)した。[塚本訳1963]
(천사는 또 하나님과 어린 양의 옥좌에서 흘러나오고 있는 수정처럼 빛나는 생명수의 강을 나에게 보여 주었다.)

彼(かれ) (天使(てんし)) は神(かみ)と小羊(こひつじ)のみ座(ざ)から出(で)て水晶(すいしょう)のように輝(かがや)くいのちの水(みず)の川(かわ)をわたしに示(しめ)した。[前田訳1978]
(그(천사)는 하나님과 어린 양의 보좌에서 나와, 수정처럼 빛나는 생명수의 강을

나에게 보여 주었다.)

天使(てんし)はまた、水晶(すいしょう)のように輝(かがや)くいのちの水(みず)の川(かわ)を、わたしに見(み)せてくれた。[フランシスコ会訳1984]
(천사는 또 수정처럼 빛나는 생명수의 강을 나에게 보여 주었다.)

天使(てんし)はまた、神(かみ)と小羊(こひつじ)の玉座(ぎょくざ)から流(なが)れ出(で)て、水晶(すいしょう)のように輝(かがや)く命(いのち)の水(みず)の川(かわ)をわたしに見(み)せた。[新共同訳1987]
(천사는 또 하나님과 어린 양의 옥좌에서 흘러나와, 수정처럼 빛나는 생명수의 강을 나에게 보여 주었다.)

また[天使(てんし)は]神(かみ)と小羊(こひつじ)の玉座(ぎょくざ)から流(なが)れ出(で)て、水晶(すいしょう)のように輝(かがや)いている命(いのち)の水(みず)[が流(なが)れる]川(かわ)を私(わたし)に見(み)せてくれた。[岩波翻訳委員会訳1995]
(또 [천사는] 하나님과 어린 양의 옥좌에서 흘러나와, 수정처럼 빛나고 있는 생명수[가 흐르는] 강을 나에게 보여 주었다.)

都(みやこ)の大通(おおどお)りの中央(ちゅうおう)を流(なが)れている。[1]川(かわ)の両側(りょうがわ)にはいのちの木(き)があって、[2]十二種(じゅうにしゅ)の実(み)を結(むす)び、その実(み)は毎月(まいつき)みのり、[3]その木(き)の葉(は)は諸国民(しょこくみん)をいやす。[ヨハネの黙示録 22:2]
(도읍의 큰 길의 중앙을 흐르고 있다. 강 양쪽에는 생명의 나무가 있고, 열두 종의 열매를 맺고 그 열매는 매달 여물고, 그 나뭇잎은 여러 백성을 고친다.) [22:2]

[1] 川(かわ)の両側(りょうがわ)にはいのちの木(き)があって、: 강 양쪽에는 생명의 나무가 있고,

[フランシスコ会聖書研究所(1984)『新約聖書』サンパウロ. p. 969 주(22-2)]에 따르면, 「いのちの木(き)」의 「木(き)」는 [창세기 2:9, 3:22]와 마찬가지로, 단수형이지만, 여기에서는 나무의 총칭으로 사용되고 있기 때문에 단순히 한 그루의 나무가 아니라고 설명하고 있다. 그러나 「いのちの木(き)」의 「木(き)」가 총칭명사로 사용되었다고 해석하는 것은 무리가 있다.

[例] また主(しゅ)なる神(かみ)は、見(み)て美(うつく)しく、食(た)べるに良(よ)いすべての木(き)を土(つち)からはえさせ、更(さら)に園(その)の中央(ちゅうおう)に命(いのち)の木(き)と、善悪(ぜんあく)を知(し)る木(き)とをはえさせられた。[創世記 2:9]
(또 주인 하나님께서는 보아서 아름답고, 먹기에 좋은, 모든 나무를 땅에서 자라게 하고, 또한 동산 중앙에 생명의 나무와 선악을 아는 나무를 자라게 하셨다.) [창세기 2:9]

主(しゅ)なる神(かみ)は言(い)われた、「見(み)よ、人(ひと)はわれわれのひとりのようになり、善悪(ぜんあく)を知(し)るものとなった。彼(かれ)は手(て)を伸(の)べ、命(いのち)の木(き)からも取(と)って食(た)べ、永久(えいきゅう)に生(い)きるかも知(し)れない」。[創世記 3:22]
(주인 하나님께서 말씀하셨다. "보아라, 사람은 우리 중의 한 사람이 되고, 선악을 아는 사람이 되었다. 그는 손을 뻗어서, 생명의 나무에서 따서 먹고, 영구히 살지도 모른다.") [창세기 3:22]

[창세기 2:9]의 「すべての木(き)」의 경우 「すべて」에 복수 개념이 내포되어 있기 때문에 굳이 뒤에 오는 후속 명사가 복수형을 취할 필요가 없다는 점, 그리고 일본어의 경우 복수 표지가 의무범주가 아니라는 점에서 단수 표지로서도 복수를 나타낼 수 있다는 점을 감안하면 상기 주의 설명은 타당치 않다. 또한 [창세기 2:9]의 「いのちの木(き)」나 「善悪(ぜんあく)を知(し)る木

(き)」는 특정 명사를 지칭하고 있기 때문에 굳이 집합명사처럼 다룰 필요가 없을 것이다.

한편 구어역 성서에서도 「木(き)」의 복수 표시인 「木々(きぎ)」가 다음과 같이 2회 등장한다.

[例] わたしはその季節(きせつ)季節(きせつ)に、雨(あめ)をあなたがたに与(あた)えるであろう。地(ち)は産物(さんぶつ)を出(だ)し、畑(はたけ)の木々(きぎ)は実(み)を結(むす)ぶであろう。[レビ記 26:4]
(나는 그 계절 계절에 비를 너희에게 주겠다. 땅은 소출을 내고, 밭의 나무들은 열매를 맺을 것이다.) [레위기 26:4]

あなたがたの力(ちから)は、むだに費(ついや)されるであろう。すなわち、地(ち)は産物(さんぶつ)をいださず、国(くに)のうちの木々(きぎ)は実(み)を結(むす)ばないであろう。[レビ記 26:20]
(너희 힘은 헛되이 허비될 것이다. 즉 땅은 소출을 내지 못하고, 나라 안의 나무들은 열매를 맺지 못할 것이다.) [레위기 26:20]

[2] 十二種(じゅうにしゅ)の実(み)を結(むす)び、その実(み)は毎月(まいつき)みのり、: 열두 종의 열매를 맺고 그 열매는 매달 여물고,

「十二種(じゅうにしゅ)の実(み)を結(むす)び、」는 「열두 종의 열매를 맺고」의 뜻을 나타내는데, 타 번역본에서는 다음과 같이 전개되고 있다.

[例] (一年(いちねん)に)十二度(じゅうにど)実(み)を結(むす)ぶ、すなわち月毎(つきごと)に実(み)が生(な)るのである。[塚本訳1963]
((1년에) 12번 열매를 맺는다, 즉 매달마다 열매가 열리는 것이다.)

年(ねん)に十二回(じゅうにかい)実(み)を結(むす)び、毎月(まいつき)実(み)

をみのらせる。[新共同訳1987]
(1년에 12번 열매를 맺고, 매달 열매를 여물게 한다.)

[一年(いちねん)に]十二回(じゅうにかい)実(み)を結(むす)ぶ命(いのち)の水(みず)が[生(は)えていて]、毎月(まいつき)一(ひと)つの実(み)を実(みの)らせ、[岩波翻訳委員会訳1995]
([1년에]12번 열매를 맺는 생물수가 [자라고 있어], 매달 하나의 열매를 여물게 하여,)

それは十二(じゅうに)たび実(みの)り、ひと月(つき)ごとにその実(み)をむすぶ。[前田訳1978]
(그것은 12번 열매가 여물고 한 달마다 그 열매를 맺는다.)

十二種(じゅうにしゅ)の実(み)がなり、毎月(まいつき)、実(み)ができた。[新改訳1970]
(열두 종의 열매가 열리고, 매달 열매가 났다.)

十二回(じゅうにかい)実(み)がなり、毎月(まいつき)実(み)を結(むす)んだ。[フランシスコ会訳1984]
(12번 열매가 열리고, 매달 열매를 맺었다.)

[3] その木(き)の葉(は)は諸国民(しょこくみん)をいやす。: 그 나뭇잎은 여러 백성을 고친다.

「いやす【癒・治・医】」는 〈병, 상처, 굶주림, 고통, 고민 등 건강하지 못한 상태를〉「고치다」, 또는 「치료하다」의 뜻을 나타낸다.

이 부분에 대해 타 번역본에서는 다음과 같이 묘사하고 있다.

[例] そしてその樹(き)の葉(は)は諸国(しょこく)の民(たみ)(の凡(すべ)ての病(やまい)と傷(きず)と)を医(いや)す。[塚本訳1963]

(그리고 그 나뭇잎은 여러 나라의 백성의 (모든 병과 상처)를 고친다.)

また、その木(き)の葉(は)は諸国(しょこく)の民(たみ)を<u>いやした</u>。[新改訳1970]
(또 그 나뭇잎은 여러 나라의 백성을 고쳤다.)

その木(き)の葉(は)は諸国民(しょこくみん)の<u>いやしに役(やく)</u>だつ。[前田訳1978]
(그 나뭇잎은 여러 백성의 치료에 도움을 된다.)

その木(き)の葉(は)は、諸国(しょこく)の民(たみ)を<u>いやす</u>ためのものであった。[フランシスコ会訳]
(그 나뭇잎은 여러 나라의 백성의 치료하기 위한 것이었다.)

そして、その木(き)の葉(は)は諸国(しょこく)の民(たみ)の病(やまい)を<u>治(いあ)す</u>。[新共同訳1987]
(그리고 그 나뭇잎은 여러 나라의 백성의 병을 고친다.)

またその木(き)の葉(は)は諸民族(しょみんぞく)の治療薬(ちりょうやく)に用(もち)いられる。[岩波翻訳委員会訳1995]
(또 그 나뭇잎은 여러 종족의 치료약에 사용된다.)

성서에서는「木(き)の葉(は)」라고 읽히고 있는데 이것은「木(こ)の葉(は)」라고도 읽을 수 있다.

□ 「木(き)の葉(は)」・「木(こ)の葉(は)」

훈독어인「木(き)」와 결합해서 만들어진 복합어나 그 사이에 조사「の」가 개재되어 있는 연어(連語：れんご) 중에는「木」를「キ」로 읽는 것과「コ」로 읽는 것이 있다. 읽기가 고정되어 있는 것은 다음과 같은 단어이다.

「コ」는 피복형(被覆形)으로 노출형(露出形)인 「キ」보다 옛날 형태이다.

1. 「キ」라고 읽는 예
[例] 木戸(きど)[지붕 없는 일각 대문]・木登(きのぼ)り[나무 타기]・
　　木場(きば)[벌목한 나무를 모아두는 곳]・木肌(きはだ・こはだ)[나무껍질]・
　　木彫(きぼ)り[목각]・木(き)の香(かお)り[나무 향기]・木(き)の根(ね)[나무뿌리]

2. 「コ」라고 있는 예
[例] 木陰(こかげ)[나무 그늘]・木立(こだち)[나무숲, 숲속의 나무]

3. 다만, 「木(き)の葉(は)・木(こ)の葉(は)」(나뭇잎)이나 「木(き)の実(み)・木(こ)の実(み)」(나무 열매), 「木(き)の芽(め)・木(こ)の芽(め)」(나무 싹) 등과 같이 「キ」라고 읽어도 「コ」라고 읽어도 되는 것이 있다.

「木の葉」에 관해 사전류를 살펴보면, 표제어로서 「このは」로밖에 취급하고 있지 않은 것이 많이 있다. 이것은 「このは」가 하나의 단어로서의 의식이 강한 것에 대해, 「き/の/は」는 세 단어로서의 분석 의식이 있기 때문에 일본 국어사전의 표제어로서는 들기 힘든 사정이 있기 때문이라고 생각된다. 그렇다고 해서 사전류에서 「きのは」라는 읽기를 부정하고 있는 것은 물론 아니다.

「きのは」「このは」는 어느 쪽의 읽기도 상관없지만, 문맥에 따라 1어(1語) 의식이 강한 경우(대부분 고풍스러운 느낌)에는 「このは」, 3어(3語)로서의 분석 의식이 작용할 경우에는 「き/の/は」라고 읽히는 경우가 많다.[16]

---

16) https://www.mitsumura-tosho.co.jp/webmaga/kotoba/detail11.html에서 인용하여 적의 번역함.

> [1]のろわるべきものは、もはや何(なに)ひとつない。[2]神(かみ)と小羊(こひつじ)との御座(みざ)は都(みやこ)の中(なか)にあり、その僕(しもべ)たちは彼(かれ)を礼拝(れいはい)し、[ヨハネの黙示録 22:3]
> (저주받을 것은 더 이상 아무것도 없다. 하나님과 어린 양의 보좌는 도읍 안에 있고, 그 종들은 그를 예배하며,) [22:3]

[1] のろわるべきものは、もはや何(なに)ひとつない。: 저주받을 것은 더 이상 아무것도 없다.

본 절의 이 부분은 [フランシスコ会聖書研究所(1984)『新約聖書』サンパウロ. p. 969 주(22-3)]에 의하면 [스가랴 14:11]을 연상시킨다고 한다.

[例] その中(なか)には人(ひと)が住(す)み、もはやのろいはなく、エルサレムは安(やす)らかに立(た)つ。[ゼカリヤ書 14:11]
(그 안에는 사람이 살고, 더 이상 저주는 없고, 예루살렘은 편안하게 선다.) [스가랴 14:11]

「のろわるべきもの」의 「のろわる」는 「のろう」에 문어 수동 조동사인 「~る」가 접속된 것으로 「のろわるべき」는 「のろわれるべき」에 상당하는 뜻을 나타낸다. 그런데 타 번역본 중에는 수동이 아닌 능동으로 묘사하는 것도 있다.

[1] のろわるべきものは、もはや何(なに)ひとつない。: 저주받을 것은 더 이상 아무것도 없다.

[例] もはや、のろわれるものは何(なに)もない。[新改訳1970]
(더 이상 저주받을 것은 아무것도 없다.)

もはや、呪(のろ)われるものは何(なに)一(ひと)つない。[新共同訳1987]
(더 이상 저주받을 것은 아무것도 없다.)

もはや、のろうべきものは何(なに)一(ひと)つない。[フランシスコ会訳1984]
(더 이상 저주받아야 할 것은 아무것도 없다.)

最早(もはや)凡(すべ)ての呪詛(じゅそ)が無(な)いであろう。[塚本訳1963]
(더 이상 모든 저주가 없을 것이다.)

もはやいかなる呪(のろ)いもなかろう。[前田訳1978]
(더 이상 어떤 저주도 없을 것이다.)

一切(いっさい)の呪(のろ)いが、もはや存在(そんざい)しない。[岩波翻訳委員会訳1995]
(모든 저주가 더 이상 존재하지 않는다.)

「何(なに)ひとつない」는 「무엇 하나도 없다 → 아무것도 없다」의 뜻을 나타내는데, 구어역에서는 본 절의 예가 유일하다. 그럼 신공동역 성서에서 예를 찾아보자.

[例] 神(かみ)にできないことは何(なに)一(ひと)つない。」[新共同訳 / ルカによる福音書 1:37]
(하나님께서 할 수 없는 것은 무엇 하나 없다.") [신공동역 / 누가복음 1:37]

蛇(へび)やさそりを踏(ふ)みつけ、敵(てき)のあらゆる力(ちから)に打(う)ち勝(か)つ権威(けんい)を、わたしはあなたがたに授(さず)けた。だから、あなたがたに害(がい)を加(くわ)えるものは何(なに)一(ひと)つない。[新共同訳 / ルカによる福音書 10:19]

(뱀이나 전갈을 짓밟고, 원수의 모든 힘에 이겨내는 권세를 나는 너희에게 주었다. 따라서 너희에게 해를 끼칠 것은 아무 것도 없다.) [신공동역 / 누가복음 10:19]

しみやしわやそのたぐいのものは何(なに)一(ひと)つない、聖(せい)なる、汚(けが)れのない、栄光(えいこう)に輝(かがや)く教会(きょうかい)を御自分(ごじぶん)の前(まえ)に立(た)たせるためでした。[新共同訳 / エフェソの信徒への手紙 5:27]
(검버섯이나 주름이나 그런 종류의 것은 아무 것 없다, 거룩한, 더러움이 없는, 영광에 빛나는 교회를 당신 앞에 세우기 위함이었습니다.) [신공동역 / 에베소서 5:27]

結局(けっきょく)、それらの像(ぞう)が神(かみ)であることを示(しめ)す証拠(しょうこ)は何(なに)一(ひと)つないのですから、恐(おそ)れてはなりません。[新共同訳 旧約聖書続編 / エレミヤの手紙 68]
(결국 그것들의 상이 신이라는 것을 보여 주는 증거는 아무 것도 없으니까, 두려워해서는 안 됩니다.) [신공동역 구약성서속편 / 예레미야의 편지 68]

寝(ね)るときには豊(ゆた)かであっても、それが最後(さいご) / 目(め)を開(ひら)けば、もう何(なに)ひとつない。[新共同訳 / ヨブ記 27:19]
(잘 때에는 부유해도 그것이 마지막 / 눈을 뜨면, 이미 아무 것도 없다.) [신공동역 / 욥기 27:19]

かつてあったことは、これからもあり / かつて起(お)こったことは、これからも起(お)こる。太陽(たいよう)の下(した)、新(あたら)しいものは何(なに)ひとつない。[新共同訳 / コヘレトの言葉 1:9]
(전에 있던 것은 앞으로도 있고 / 전에 생긴 것은 앞으로도 생긴다. 태양 아래 새로운 것은 아무 것도 없다.) [신공동역 / 코헬렛 1:9]

[2] 神(かみ)と小羊(こひつじ)との御座(みざ)は都(みやこ)の中(なか)にあり、その僕(しもべ)たちは彼(かれ)を礼拝(れいはい)し、: 하나님과 어린 양의 보좌는

도읍 안에 있고, 그 종들은 그를 예배하며,

「彼(かれ)を礼拝(れいはい)し,」의 「礼拝(れいはい)し,」는 한어동사 「礼拝(れいはい)する」의 연용 중지법인데, 요한묵시록에서는 [5:14] [9:20] [11:1] [22:3]과 같이 4회 등장한다. 그럼 구어역 신약성서에서 「礼拝(れいはい)」 및 「拝礼(はいれい)する」의 예를 들면 다음과 같다.

[例] わたしたちの先祖(せんぞ)は、この山(やま)で礼拝(れいはい)をしたのですが、あなたがたは礼拝(れいはい)すべき場所(ばしょ)は、エルサレムにあると言(い)っています」。[ヨハネによる福音書 4:20]
(우리 선조들은 이 산에서 예배를 드렸습니다만, 선생님들 사람들은 예배해야 할 곳은 예루살렘에 있다고 합니다.") [요한복음 4:20]

イエスは女(おんな)に言(い)われた、「女(おんな)よ、わたしの言(い)うことを信(しん)じなさい。あなたがたが、この山(やま)でも、またエルサレムでもない所(ところ)で、父(ちち)を礼拝(れいはい)する時(とき)が来(く)る。[ヨハネによる福音書 4:21]
(예수께서 여자에게 말씀하셨다. "여자여, 내가 하는 말을 믿어라. 너희가 이 산도 아니고 또 예루살렘도 아닌 곳에서 아버지를 예배할 때가 온다.") [요한복음 4:21]

あなたがたは自分(じぶん)の知(し)らないものを拝(おが)んでいるが、わたしたちは知(し)っている方(かた)を礼拝(れいはい)している。救(すく)いはユダヤ人(じん)から来(く)るからである。[ヨハネによる福音書 4:22]
(너희는 자기가 모르는 것을 예배하고 있지만, 우리는 아는 분을 예배한다. 구원은 유대인에게서 나오기 때문이다.) [요한복음 4:22]

しかし、真(まこと)の礼拝(れいはい)をする者(もの)たちが、霊(れい)と真(まこと)とをもって父(ちち)を礼拝(れいはい)する時(とき)が来(く)る。そうだ、今(いま)来(き)ている。父(ちち)は、このような礼拝(れいはい)をする者(もの)たちを求(もと)めておられるからである。[ヨハネによる福音書 4:23]

(그러나 참된 예배를 하는 사람들이 영과 진리로서 아버지를 예배할 때가 온다. 그렇다. 지금 와 있다. 아버지께서는 이와 같은 예배를 하는 사람들을 찾고 계시기 때문이다.) [요한복음 4:23]

神(かみ)は霊(れい)であるから、礼拝(れいはい)をする者(もの)も、霊(れい)と真(まこと)とをもって礼拝(れいはい)すべきである」。[ヨハネによる福音書 4:24]

(하나님은 영이니, 예배를 하는 사람도 영과 진리로 예배해야 한다.) [요한복음 4:24]

祭(まつり)で礼拝(れいはい)するために上(のぼ)って来(き)た人々(ひとびと)のうちに、数人(すうにん)のギリシヤ人(じん)がいた。[ヨハネによる福音書 12:20]

(명절에서 예배하기 위해 올라온 사람들 중에 그리스인이 몇 명 있었다.) [요한복음 12:20]

それから、さらに仰(おお)せになった、『彼(かれ)らを奴隷(どれい)にする国民(こくみん)を、わたしはさばくであろう。その後(のち)、彼(かれ)らはそこからのがれ出(で)て、この場所(ばしょ)でわたしを礼拝(れいはい)するであろう』。[使徒行伝 7:7]

(그리고 다시 하나님께서 말씀하셨다. '그들을 노예로 삼는 백성을 내가 심판할 것이다. 그 뒤에 그들은 거기에서 도망쳐 나와서, 이곳에서 나를 예배할 것이다.') [사도행전 7:7]

そこで、彼(かれ)は立(た)って出(で)かけた。すると、ちょうど、エチオピヤ人(じん)の女王(じょおう)カンダケの高官(こうかん)で、女王(じょおう)の財宝(ざいほう)全部(ぜんぶ)を管理(かんり)していた宦官(かんがん)であるエチオピヤ人(じん)が、礼拝(れいはい)のためエルサレムに上(のぼ)り、[使徒行伝 8:27]

(그래서 그는(빌립은) 일어나서 나갔다. 그러자 마침 에티오피아 사람들의 여왕 간다게의 고관으로, 여왕의 재보 전부를 관리하고 있던 환관인 에티오피아 사람이 예배를 위해 예루살렘에 왔다가,) [사도행전 8:27]

一同(いちどう)が主(しゅ)に礼拝(れいはい)をささげ、断食(だんじき)をしていると、聖霊(せいれい)が「さあ、バルナバとサウロとを、わたしのために聖別(せいべつ)して、彼(かれ)らに授(さず)けておいた仕事(しごと)に当(あ)たらせなさい」と告(つ)げた。[使徒行伝 13:2]
(일동이 주께 예배를 드리며 단식을 하고 있을 때, 성령이 "자, 바나바와 사울을 나를 위해, 성별하고, 그들에게 시켜 둔 일을 맡도록 하라." 라고 알렸다.) [사도행전 13:2]

お調(しら)べになればわかるはずですが、わたしが礼拝(れいはい)をしにエルサレムに上(のぼ)ってから、まだ十二日(じゅうににち)そこそこにしかなりません。[使徒行伝 24:11]
(조사하시면 아시겠습니다만, 내가 예배하러 예루살렘에 올라간 지 열이틀 정도 밖에 되지 안했습니다.) [사도행전 24:11]

彼(かれ)らはイスラエル人(びと)であって、子(こ)たる身分(みぶん)を授(さず)けられることも、栄光(えいこう)も、もろもろの契約(けいやく)も、律法(りっぽう)を授(さず)けられることも、礼拝(れいはい)も、数々(かずかず)の約束(やくそく)も彼(かれ)らのもの、[ローマ人への手紙 9:4]
(그들은 이스라엘 사람으로, 자녀로서의 신분을 받는 것도, 영광도, 모든 언약도, 율법을 받는 것도, 예배도, 갖가지 약속도 그들의 것,) [로마서 9:4]

兄弟(きょうだい)たちよ。そういうわけで、神(かみ)のあわれみによってあなたがたに勧(すす)める。あなたがたのからだを、神(かみ)に喜(よろこ)ばれる、生(い)きた、聖(せい)なる供(そな)え物(もの)としてささげなさい。それが、あなたがたのなすべき霊的(れいてき)な礼拝(れいはい)である。[ローマ人への手紙 12:1]
(형제들아. 그런 까닭에 하나님의 자비에 의해 여러분에게 권한다. 여러분의 몸을 하나님께서 기뻐하실, 거룩한 산 제물로 드려라. 그것이 여러분이 해야 할 영적인 예배이다.) [로마서 12:1]

それは、この世(よ)の不品行(ふひんこう)な者(もの)、貪欲(どんよく)な者(もの)、略奪(りゃくだつ)をする者(もの)、偶像(ぐうぞう)礼拝(れいはい)をする者(もの)などと全然(ぜんぜん)交際(こうさい)してはいけないと、言(い)ったのではない。もしそうだとしたら、あなたがたはこの世(よ)から出(で)て行(い)かねばならないことになる。[コリント人への第一の手紙 5:10]
(그것은 이 세상의 품행이 나쁜 자, 탐욕스러운 자, 약탈을 하는 자, 우상 숭배를 하는 자 등과 전혀 교제해서는 안 된다고 말한 것은 아니다. 만일 그렇다면, 여러분은 이 세상에서 나가지 않으면 안 되게 된다.) [고린도전서 5:10]

しかし、わたしが実際(じっさい)に書(か)いたのは、兄弟(きょうだい)と呼(よ)ばれる人(ひと)で、不品行(ふひんこう)な者(もの)、貪欲(どんよく)な者(もの)、偶像(ぐうぞう)礼拝(れいはい)をする者(もの)、人(ひと)をそしる者(もの)、酒(さけ)に酔(よ)う者(もの)、略奪(りゃくだつ)をする者(もの)があれば、そんな人(ひと)と交際(こうさい)をしてはいけない、食事(しょくじ)を共(とも)にしてもいけない、ということであった。[コリント人への第一の手紙 5:11]
(그러나 내가 실제로 쓴 것은, 형제라고 일컬어지는 사람으로, 품행이 나쁜 자, 탐욕스러운 자, 우상 숭배를 하는 자, 사람을 비상하는 자, 술에 취하는 자, 약탈을 하는 자가 있으면, 그런 사람과 교제를 해서는 안 된다, 식사를 함께 해서도 안 된다, 고 하는 것이었다.) [고린도전서 5:11]

それとも、正(ただ)しくない者(もの)が神(かみ)の国(くに)をつぐことはないのを、知(し)らないのか。まちがってはいけない。不品行(ふひんこう)な者(もの)、偶像(ぐうぞう)を礼拝(れいはい)する者(もの)、姦淫(かんいん)をする者(もの)、男娼(だんしょう)となる者(もの)、男色(なんしょく)をする者(もの)、盗(ぬす)む者(もの)、[コリント人への第一の手紙 6:9]
(그렇지 않으면, 불의한 자가 하나님의 나라를 상속받지 못하는 것을, 모르는가? 잘못해서는 안 된다. 품행이 나쁜 자, 우상을 숭배하는 자, 간음을 하는 자나, 남창이 되는 자, 남색을 즐기는 자, 훔치는 자,) [고린도전서 6:9]

それだから、愛(あい)する者(もの)たちよ。偶像(ぐうぞう)礼拝(れいはい)を避(さ)けなさい。[コリント人への第一の手紙 10:14]
(그러므로 사랑하는 자들아. 우상 숭배를 멀리하라.) [고린도전서 10:14]

偶像(ぐうぞう)礼拝(れいはい)、まじない、敵意(てきい)、争(あらそ)い、そねみ、怒(いか)り、党派心(とうはしん)、分裂(ぶんれつ)、分派(ぶんぱ)、[ガラテヤ人への手紙 5:20]
(우상 숭배, 주술, 적의, 다툼, 시기, 분노, 당파심, 분열, 분파,) [갈라디아서 5:20]

あなたがたは、よく知(し)っておかねばならない。すべて不品行(ふひんこう)な者(もの)、汚(けが)れたことをする者(もの)、貪欲(どんよく)な者(もの)、すなわち、偶像(ぐうぞう)を礼拝(れいはい)する者(もの)は、キリストと神(かみ)との国(くに)をつぐことができない。[エペソ人への手紙 5:5]
(여러분은 잘 알아 두어야 한다. 모든 품행이 나쁜 자, 행실이 더러운 자, 탐욕스러운 자, 즉 우상을 숭배하는 자는 그리스도와 하나님의 나라를 상속받을 수 없다.) [에베소서 5:5]

神(かみ)の霊(れい)によって礼拝(れいはい)をし、キリスト・イエスを誇(ほこり)とし、肉(にく)を頼(たの)みとしないわたしたちこそ、割礼(かつれい)の者(もの)である。[ピリピ人への手紙 3:3]
(하나님의 영으로 예배를 하고, 그리스도 예수를 자랑으로 삼고, 육체를 의지하지 않는 우리야말로, 할례의 사람이다.) [빌립보서 3:3]

あなたがたは、わざとらしい謙(けん)そんと天使(てんし)礼拝(れいはい)とにおぼれている人々(ひとびと)から、いろいろと悪評(あくひょう)されてはならない。彼(かれ)らは幻(まぼろし)を見(み)たことを重(おも)んじ、肉(にく)の思(おも)いによっていたずらに誇(ほこ)るだけで、[コロサイ人への手紙 2:18]
(여러분은 일부러 하는 겸손과 천사 숭배에 빠져 있는 사람들로부터 여러 가지 악평을 받아서는 안 된다. 그들은 환상을 본 것을 중시하고 육신의 생각으로 공연히 뽐낼 뿐,) [골로새서 2:18]

これらのことは、ひとりよがりの礼拝(れいはい)とわざとらしい謙(けん)そんと、からだの苦行(くぎょう)とをともなうので、知恵(ちえ)のあるしわざらしく見(み)えるが、実(じつ)は、ほしいままな肉欲(にくよく)を防(ふせ)ぐのに、なんの役(やく)にも立(た)つものではない。[コロサイ人への手紙 2:23]
(이런 것들은 독선적인 예배와 짐짓 꾸며낸 겸손과 몸의 고행을 수반하기 때문에, 지혜 있는 행위처럼 보이지만, 실은 제멋대로 구는 육체를 억제하는 데에 아무런 도움도 안 되는 것이다.) [골로새서 2:23]

だから、地上(ちじょう)の肢体(したい)、すなわち、不品行(ふひんこう)、汚(けが)れ、情欲(じょうよく)、悪欲(あくよく)、また貪欲(どんよく)を殺(ころ)してしまいなさい。貪欲(どんよく)は偶像(ぐうぞう)礼拝(れいはい)にほかならない。[コロサイ人への手紙 3:5]
(그러므로 지상의 지체, 즉 음행, 더러움, 정욕, 악욕, 그리고 탐욕을 죽여 버려라. 탐욕은 바로 우상 숭배이다.) [골로새서 3:5]

さて、初(はじ)めの契約(けいやく)にも、礼拝(れいはい)についてのさまざまな規定(きてい)と、地上(ちじょう)の聖所(せいじょ)とがあった。[ヘブル人への手紙 9:1]
(그런데 첫 번째 언약에도, 예배에 관한 각종 규정과 지상의 성소가 있었다.) [히브리서 9:1]

これらのものが、以上(いじょう)のように整(ととの)えられた上(うえ)で、祭司(さいし)たちは常(つね)に幕屋(まくや)の前(まえ)の場所(ばしょ)にはいって礼拝(れいはい)をするのであるが、[ヘブル人への手紙 9:6]
(이러한 것들이, 이상과 같이 갖추어져 있고, 제사장들이 항상 장막 앞 장소에 들어가 예배를 하는 것이지만,) [히브리서 9:6]

信仰(しんこう)によって、ヤコブは死(し)のまぎわに、ヨセフの子(こ)らをひとりびとり祝福(しゅくふく)し、そしてそのつえのかしらによりかかって礼拝(れいはい)した。[ヘブル人への手紙 11:21]

(믿음에 의해 야곱은 죽기 직전에 요셉의 아들들을 하나하나 축복하고, 그리고 그의 장두(杖頭 ; 지팡이 손잡이)를 짚고 서서, 예배했다.) [히브리서 11:21]

過(す)ぎ去(さ)った時代(じだい)には、あなたがたは、異邦人(いほうじん)の好(この)みにまかせて、好色(こうしょく)、欲情(よくじょう)、酔酒(すいしゅ)、宴楽(えんらく)、暴飲(ぼういん)、気(き)ままな偶像(ぐうぞう)礼拝(れいはい)などにふけってきたが、もうそれで十分(じゅうぶん)であろう。[ペテロの第一の手紙 4:3]
(지난 시절에는 여러분은 이방인의 취향에 맡겨, 호색, 욕정, 술에 취하는 것, 주연을 열고 즐기는 것, 폭음, 무분별한 우상 숭배 등에 빠졌지만, 이제 그것으로 충분할 것이다.) [베드로전서 4:3]

[1] 御顔(みかお)を仰(あお)ぎ見(み)るのである[17)]。彼(かれ)らの額(ひたい)には、御名(みな)がしるされている。[ヨハネの黙示録 22:4]
(존안(하나님의 얼굴)을 우러러볼 것이다. 그들의 이마에는 그 분의 이름이 적혀 있다.) [22:4]

[1] 御顔(みかお)を仰(あお)ぎ見(み)るのである。: 존안(하나님의 얼굴)을 우러러볼 것이다.

「仰(あお)ぎ見(み)る」는 요한묵시록에서 [1:7] [22:4]와 같이 2회 등장하고 그 밖에는 구어역 구약성서에서 다음과 같이 쓰이고 있다.

[例] すべての人(ひと)はこれを仰(あお)ぎ見(み)る。人(ひと)は遠(とお)くからこれを見(み)るにすぎない。[ヨブ記 36:25]
(모든 사람은 이것을 우러러본다. 사람은 멀리서 이것을 보는 것에 지나지 않는

---

17) 시편 17:15, 42:3 참조. 지상에서 이 특권을 얻는 것은 불가능하다(출애굽기 33:20, 33:23, 요한복음 1:18 참조). 이런 일이 가능한 것은 종말 때만 가능하다(마태복음 5:8, 고린도전서 13:12, 요한1서 3:2 참조). 이상은 フランシスコ会聖書研究所(1984) 『新約聖書』 サンパウロ. p. 969 주(22-4)에 의함.

다.) [욥기 36:25]

主(しゅ)は正(ただ)しくいまして、正(ただ)しい事(こと)を愛(あい)されるからである。直(なお)き者(もの)は主(しゅ)のみ顔(かお)を<u>仰(あお)ぎ見(み)る</u>であろう。[詩篇 11:7]
(주께서는 의로우셔서, 의로운 일을 사랑하시기 때문이다. 정직한 사람은 주님의 얼굴을 우러러볼 것이다.) [시편 11:7]

こうしてその期間(きかん)が満(み)ちた後(のち)、われネブカデネザルは、目(め)をあげて天(てん)を<u>仰(あお)ぎ見(み)る</u>と、わたしの理性(りせい)が自分(じぶん)に帰(かえ)ったので、わたしはいと高(たか)き者(もの)をほめ、その永遠(えいえん)に生(い)ける者(もの)をさんびし、かつあがめた。その主権(しゅけん)は永遠(えいえん)の主権(しゅけん)、その国(くに)は世々(よよ)かぎりなく、[ダニエル書 4:34]
(이렇게 해서, 그 기간이 다 차서, 나 느부갓네살은 눈을 들어 하늘을 우러러보자, 나의 이성이 나에게 돌아왔기 때문에, 나는 가장 높으신 이를 칭송하고, 그 영원히 살아 계신 이를 찬미하며, 또한 우러러 받들었다. 그 주권은 영원한 주권, 그 나라는 대대손손 영원토록,) [다니엘 4:34]

그리고 타 번역본에서는 다음과 같이 표현되고 있다.

[例] 神(かみ)の御顔(みかお)を<u>仰(あお)ぎ見(み)る</u>。[新改訳1970]
(하나님의 얼굴을 우러러본다.)

御顔(みかお)を<u>仰(あお)ぎ見(み)る</u>。[新共同訳1987]
(존안(하나님의 얼굴)을 우러러본다.)

み顔(かお)を<u>仰(あお)ぎ見(み)る</u>。[フランシスコ会訳1984]
(존안(하나님의 얼굴)을 우러러본다.)

おおけなくも目(め)のあたり)御顔(みかお)を拝(はい)し、[塚本訳1963]
(황송하게도 눈앞에서) 하나님의 얼굴을 배례하고,)

彼(かれ)らはみ顔(かお)を見(み)、[前田訳1978]
(그들은 존안(하나님의 얼굴)을 보고,)

彼(かれ)の顔(かお)を見(み)、[岩波翻訳委員会訳1995]
(그의(하나님의) 얼굴을 보고,)

> 夜(よる)は、もはやない。[1]あかりも太陽(たいよう)の光(ひかり)も、いらない。[2]主(しゅ)なる神(かみ)が彼(かれ)らを照(てら)し、そして、彼(かれ)らは世々(よよ)限(かぎ)りなく支配(しはい)する。[ヨハネの黙示録 22:5]
> (밤은 다시는 없다. 등불도 햇빛도 필요 없다. 주이신 하나님께서 그들을 비추고 그래서 그들은 세세 영원토록 지배한다.) [22:5]

본 절에 관해서는 [フランシスコ会聖書研究所(1984)『新約聖書』サンパウロ. p. 969 주(22-5)]에 의하면 다음의 [이사야 60:19], [다니엘 7:18]을 참조하라고 나와 있다.

[例] 昼(ひる)は、もはや太陽(たいよう)があなたの光(ひかり)とならず、夜(よる)も月(つき)が輝(かがや)いてあなたを照(てら)さず、主(しゅ)はとこしえにあなたの光(ひかり)となり、あなたの神(かみ)はあなたの栄(さか)えとなられる。[イザヤ書 60:19]
(낮은, 더 이상 태양이 너의 빛이 되지 않고, 밤도 달이 빛나서 너를 비추지 않고, 주께서는 영원히 너의 빛이 되고, 너의 하나님께서는 너의 번영이 되신다.) [이사야 60:19]

しかしついには、いと高(たか)き者(もの)の聖徒(せいと)が国(くに)を受(う)

け、永遠(えいえん)にその国(くに)を保(たも)って、世々(よよ)かぎりなく続(つづ)く』。[ダニエル書 7:18]
(그러나 결국에는 가장 높으신 이의 성도가 나라를 받고, 영원히 그 나라를 유지하고, 세세 영원토록 계속된다.') [다니엘 7:18]

[1] あかりも太陽(たいよう)の光(ひかり)も、いらない。: 등불도 햇빛도 필요 없다.
「いらない」는 상태동사 「要(い)る」(필요하다)의 부정으로 한국어로는 「필요하지 않다, 필요 없다」와 같이 형용사의 부정에 대응한다.
이 부분에 관해 타 번역본에서는 다음과 같이 전개되고 있다.

[例] 灯(ともしび)の明(あ)かりも太陽(たいよう)の光(ひか)りもいらない。[フランシスコ会訳1984]
(등불의 빛도 햇빛의 빛도 필요 없다.)

彼(かれ)らにはともしびの光(ひかり)も太陽(たいよう)の光(ひかり)もいらない。[新改訳1970]
(그들에게는 등불의 빛도 햇빛의 빛도 필요 없다.)

ともし火(び)の光(ひかり)も太陽(たいよう)の光(ひかり)も要(い)らない。[新共同訳1987]
(등불의 빛도 햇빛의 빛도 필요 없다.)

(其処(そこ)では) 燈火(ともしび)の光(ひかり)も太陽(たいよう)の光(ひかり)も必要(ひつよう)がない。[塚本訳1963]
((거기에서는) 등불의 빛도 햇빛의 빛도 필요가 없다.)

燈火(ともしび)の光(ひかり)も太陽(たいよう)の光(ひかり)も必要(たいよう)がない。[岩波翻訳委員会訳1995]
(등불의 빛도 햇빛의 빛도 필요가 없다.)

燈火(ともしび)の光(ひかり)も日(ひ)の光(ひかり)も無用(むよう)である、[前田訳1978]

(등불의 빛도 햇빛의 빛도 소용이 없다.)

[2] 主(しゅ)なる神(かみ)が彼(かれ)らを照(てら)し、そして、彼(かれ)らは世々(よよ)限(かぎ)りなく支配(しはい)する。: 주이신 하나님께서 그들을 비추고 그래서 그들은 세세 영원토록 지배한다.

이 문장은 전문(前文)인 「主(しゅ)なる神(かみ)が彼(かれ)らを照(てら)し」가 접속사「そして」를 매개로 하여 원인・이유로 기능하고, 후문(後文)「彼(かれ)らは世々(よよ)限(かぎ)りなく支配(しはい)する。」이 귀결을 나타내고 있다.

이 부분에 관해 타 번역본에서는 다음과 같이 묘사하고 있다.

[예] 主(しゅ)なる神(かみ)が彼(かれ)らを照(てら)らし給(たま)うから。そして彼(かれ)らは永遠(えいえん)より永遠(えいえん)に王(おう)となるであろう。[塚本訳1963]

(주이신 하나님께서 그들을 비추시기 때문에 그래서 그들은 세세 영원토록 왕이 될 것이다.)

主(しゅ)なる神(かみ)が彼(かれ)らを照(てら)らしたもうから。そして彼(かれ)らは世々(よよ)とこしえに王者(おうじゃ)となろう。[前田訳1978]

(주이신 하나님께서 그들을 비추시기 때문에 그래서 그들은 세세 영원토록 왕자가 될 것이다.)

神(かみ)である主(しゅ)が彼(かれ)らを照(てら)らされるので、彼(かれ)らにはともしびの光(ひかり)も太陽(たいよう)の光(ひかり)もいらない。彼(かれ)らは永遠(えいえん)に王(おう)である。[新改訳1970]

(하나님인 주께서 그들을 비추시기 때문에 그들에게는 등불의 빛도 햇빛도 필요 없다. 그들은 영원히 왕이다.)

神(かみ)である主(しゅ)が彼(かれ)らを照(て)らすからである。彼(かれ)らは世々(よよ)に統治(とうち)する。[フランシスコ会訳1984]
(하나님인 주께서 그들을 비추기 때문이다. 그들에게는 대대로 통치한다.)

神(かみ)である主(しゅ)が僕(ぼく)たちを照(てら)し、彼(かれ)らは世々(よよ)限(かぎ)りなく統治(とうち)するからである。[新共同訳1987]
(하나님인 주께서 우리를 비추고, 그들에게는 세세 영원토록 통치하기 때문이다.)

なぜなら、神(かみ)なる主(しゅ)が僕(ぼく)たちを照(てら)し、彼(かれ)らは世々(よよ)永遠(えいえん)に統治(とうち)するからである。[岩波翻訳委員会訳1995]
(왜냐하면, 하나님인 주께서 우리를 비추고, 그들은 세세 영원토록 통치하기 때문이다.)

〚45〛 終(お)わりのあいさつ　맺음말[18]
ヨハネの黙示録 22:6 - 22:15
キリストの再臨(さいりん)　그리스도의 재림

ヨハネの黙示 22:6 - 22:7
天使(てんし)の証言(しょうげん)
천사의 증언

> 彼(かれ)はまた、わたしに言(い)った、「[1]これらの言葉(ことば)は信(しん)ずべきであり、まことである。[2]預言者(よげんしゃ)たちのたましいの神(かみ)なる主(しゅ)は、すぐにも起(お)るべきことをその僕(しもべ)たちに示(しめ)そうとして、[3]御使(みつかい)をつかわされたのである[19]。[ヨハネの黙示録 22:6]
> (그는 또 내게 말했다. "이들 말씀은 믿을 만하고 참되다. 예언자들의 영의 하나님인 주님은 당장이라도 일어나야 할 일을 그 종들에게 보이려고 해서, 천사를 보내신 것이다.) [22:6]

[1] これらの言葉(ことば)は信(しん)ずべきであり、まことである。: 이들 말씀은 믿을 만하고 참되다.

「これらの言葉(ことば)は信(しん)ずべきであり、」의 「信(しん)ずべきであり、」는 「信(しん)ずる・信(しん)じる」의 문어형인 「信(しん)ず」에 「~べきである」의 연용중지법인 「~べきであり、」가 접속된 것이다.

---

18) 22:6~22:21은 본서의 결말이다. 그리고 본서 중의 주된 주제를 간결하게 반복한다. 이상은 フランシスコ会聖書研究所(1984)『新約聖書』サンパウロ. p. 969 주(22-6)에 의함.

19) 구약시대에 야훼(여호와)가 예언자들에게 써서 준 것과 마찬가지로, 신약시대에도 하나님은 같은 영을 요한을 포함하는 종들(10:7, 22:9 참조)에게 주는 것이다. 이상은 フランシスコ会聖書研究所(1984)『新約聖書』サンパウロ. p. 969 주(22-7)에 의함.

이 부분을 타 번역본에서는 어떻게 묘사하고 있는지 살펴보자.

[例] (凡(すべ)て)これらの言(ことば)は信(しん)ずべくまた真実(しんじつ)である。[塚本訳1963]
((모두) 이들 말씀은 믿을 만하고 또 진실하다.)

「これらのことばは、信(しん)ずべきものであり、真実(しんじつ)なのです。」[新改訳1970]
("이들 말씀은 믿을 만하고 진실합니다.")

「これらのことばは信(しん)ずべく、まことである。[前田訳1978]
("이들 말씀은 믿을 만하고 참되다.)

「このことばは確実(かくじつ)であり、真実(しんじつ)である。」[フランシスコ会訳1984]
("이들 말씀은 확실하고 진실하다.")

「これらの言葉(ことば)は、信頼(しんらい)でき、また真実(しんじつ)である。[新共同訳1987]
("이들 말씀은 신뢰할 수 있고, 또한 진실하다.)

「これらの言葉(ことば)は信頼(しんらい)でき、また真実(しんじつ)のものである。[岩波翻訳委員会訳1995]
("이들 말씀은 신뢰할 수 있고, 또한 진실한 것이다.)

[2] 預言者(よげんしゃ)たちのたましいの神(かみ)なる主(しゅ)は、すぐにも起(お)こるべきことをその僕(しもべ)たちに示(しめ)そうとして、: 예언자들의 영의 하나님인 주님은 당장이라도 일어나야 할 일을 그 종들에게 보이려고 해서,

「起(お)こるべきこと」는 「起(お)こる」에 의무나 당위성을 나타내는 「〜べし」

의 연체형 「~べき」가 접속된 것이다.

「起(お)るべき」는 요한묵시록에서 본 절의 예를 포함하여 「起(お)るべきこと」[1:1] [4:1]과 같이 3회 등장하고 있다.

그 밖의 예를 구어역에서 들면 다음과 같다.

[例] しかし、わたしは今日(こんにち)に至(いた)るまで神(かみ)の加護(かご)を受(う)け、このように立(た)って、小(ちい)さい者(もの)にも大(おお)きい者(もの)にもあかしをなし、預言者(よげんしゃ)たちやモーセが、今後(こんご)起(お)るべきだと語(かた)ったことを、そのまま述(の)べてきました。[使徒行伝 26:22]
(그러나 저는 오늘날에 이르기까지 하나님의 가호를 받아, 이와 같이 서서, 작은 사람에게도 큰 사람에게도 증언하고, 예언자들과 모세가 앞으로 일어나야 할 것이라고 이야기한 것을 그대로 말해 왔습니다.) [사도행전 26:22]

それを持(も)ってきて、起(お)るべき事(こと)をわれわれに告(つ)げよ。さきの事(こと)どもの何(なに)であるかを告(つ)げよ。われわれはよく考(かん)がえて、その結末(けつまつ)を知(し)ろう。あるいはきたるべき事(こと)をわれわれに聞(き)かせよ。[イザヤ書 41:22]
(그것을 가지고 와서, 일어나야 할 일을 우리에게 고하라. 지난날 일들이 어떤 것인지를 고하라. 우리는 잘 생각하고 그 결말을 알겠다. 혹은 앞으로 올 일들을 우리에게 들려주어라.) [이사야 41:22]

しかし秘密(ひみつ)をあらわすひとりの神(かみ)が天(てん)におられます。彼(かれ)は後(のち)の日(ひ)に起(お)るべき事(こと)を、ネブカデネザル王(おう)に知(し)らされたのです。あなたの夢(ゆめ)と、あなたが床(とこ)にあって見(み)た脳中(のうちゅう)の幻(まぼろし)はこれです。[ダニエル書 2:28]
(그러나 비밀을 나타내는, 유일한 하나님께서 하늘에 계십니다. 그는(하나님은) 나중에 일어나야 할 일을, 느부갓네살 왕에게 알려 주셨던 것입니다. 임금님의 꿈과 임금님께서 침대에서 본 머리 속의 환상은 이것입니다.) [다니엘 2:28]

一(ひと)つの石(いし)が人手(ひとで)によらずに山(やま)から切(き)り出(だ)され、その石(いし)が鉄(てつ)と、青銅(せいどう)と、粘土(ねんど)と、銀(ぎん)と、金(きん)とを打(う)ち砕(くだ)いたのを、あなたが見(み)られたのはこの事(こと)です。大(おお)いなる神(かみ)がこの後(のち)に起(おこ)るべきことを、王(おう)に知(し)らされたのです。その夢(ゆめ)はまことであって、この解(と)き明(あ)かしは確(たし)かです」。[ダニエル書 2:45]
(돌 하나가 사람 손에 의하지 않고, 산에서 떠내져, 그 돌이 쇠와 청동과 찰흙과 은과 금을 부순 것을 임금님이 보신 것은, 이 일입니다. 크신 하나님께서 이후 일어나야 할 것을 임금님께 알려 주신 것입니다. 그 꿈은 참이고, 이 해몽은 틀림없습니다.") [다니엘 2:45]

言(い)った、「見(み)よ、わたしは憤(いきどお)りの終(おわ)りの時(とき)に起(おこ)るべきことを、あなたに知(し)らせよう。それは定(さだ)められた終(おわ)りの時(とき)にかかわるものであるから。[ダニエル書 8:19]
(말하였다. "보아라! 나는 진노가 마지막 때에 일어나야 할 것을, 너에게 알려 주겠다. 그것은 정해진 마지막 때에 관여하는 것이기 때문에.) [다니엘 8:19]

エフライムは刑罰(けいばつ)の日(ひ)に荒(あ)れすたれる。わたしはイスラエルの部族(ぶぞく)のうちに、必(かなら)ず起(おこ)るべき事(こと)を知(し)らせる。[ホセア書 5:9]
(에브라임은 형벌의 날에, 황폐해진다. 나는 이스라엘의 지파 중에 반드시 일어나야 할 일을 알려 주겠다.) [호세아 5:9]

[3] 御使(みつかい)をつかわされたのである。: 천사를 보내신 것이다.

「御使(みつかい)を遣(つか)わされた」의「遣(つか)わされた」는「遣(つか)わす」의 レル형 경어로 본 절에서는〈神(かみ)〉를 높이는 데에 쓰이고 있다.

[例] イエスは彼(かれ)らに言(い)われた、「わたしの食物(しょくもつ)というの

は、わたしを遣(つか)わされた方(かた)の御心(みこころ)を行(おこな)い、その御業(みわざ)を成(な)し遂(と)げることである。[ヨハネによる福音書 4:34]
(예수께서 그들에게 말씀하셨다. "내 양식이라고 하는 것은 나를 보내신 분의 생각을 행하고, 그 일을 완수하는 것이다.) [요한복음 4:34]

それは、すべての人(ひと)が父(ちち)を敬(うやま)うと同様(どうよう)に、子(こ)を敬(うやま)うためである。子(こ)を敬(うやま)わない者(もの)は、子(こ)を遣(つか)わされた父(ちち)をも敬(うやま)わない。[ヨハネによる福音書 5:23]
(그것은 모든 사람들이 아버지를 존경하는 것과 마찬가지로 아들을 존경하게 하기 위해서이다. 아들을 존경하지 않는 사람은 아들을 보내신 아버지도 존경하지 않는다.) [요한복음 5:23]

よくよくあなたがたに言(い)っておく。わたしの言葉(ことば)を聞(き)いて、わたしを遣(つか)わされた方(かた)を信(しん)じる者(もの)は、永遠(えいえん)の命(いのち)を受(う)け、また裁(さば)かれることがなく、死(し)から命(いのち)に移(うつ)っているのである。[ヨハネによる福音書 5:24]
(분명히 말해 두겠다. 내 말을 듣고 나를 보내신 분을 믿는 사람은 영원한 생명을 받고 또한 심판받지 않고 죽음에서 생명으로 옮겨진다.) [요한복음 5:24]

わたしは、自分(じぶん)からは何事(なにごと)もすることができない。ただ聞(き)くままに裁(さば)くのである。そして、わたしのこの裁(さば)きは正(ただ)しい。それは、わたし自身(じしん)の考(かんが)えでするのではなく、わたしを遣(つか)わされた方(かた)の、御旨(みむね)を求(もと)めているからである。[ヨハネによる福音書 5:30]
(나는 내 스스로는 아무것도 할 수 없다. 단지 [아버지로부터] 듣는 대로 심판한다. 그리고 내가 하는 이 심판은 올바르다. 그것은 내 자신의 생각으로 하는 것이 아니라, 나를 보내신 분의 뜻을 청하고 있기 때문이다.) [요한복음 5:30]

しかし、わたしには、ヨハネの証(あか)しよりも、もっと力(ちから)ある証(あか)しがある。父(ちち)がわたしに成就(じょうじゅ)させようとしてお与(あた)えになったわざ、すなわち、今(いま)わたしがしているこのわざが、父(ちち)のわたしを遣(つか)わされたことを証(あか)ししている。[ヨハネによる福音書 5:36]

(그러나 나에게는 요한의 증언보다도 더 힘 있는 증언이 있다. 아버지께서 나에게 성취시키려고 해서 주신 일, 즉 지금 내가 하고 있는 이 일이 아버지께서 나를 보내신 것을 증언하고 있다.) [5:36]

また、わたしを遣(つか)わされた父(ちち)も、ご自分(じぶん)でわたしについて証(あか)しをされた。あなたがたは、まだそのみ声(こえ)を聞(き)いたこともなく、そのみ姿(すがた)を見(み)たこともない。[ヨハネによる福音書 5:37]

(그리고 나를 보내신 아버지께서도 친히 나에 관해 증언을 하셨다. 너희는 아직 그 음성을 들은 바도 없고 그 모습을 본 적도 없다.) [요한복음 5:37]

また、神(かみ)が遣(つか)わされた者(もの)を信(しん)じないから、神(かみ)の御言(みことば)はあなたがたのうちにとどまっていない。[ヨハネによる福音書 5:38]

(그리고 하나님께서 보내신 사람을 믿지 않으니, 하나님의 말씀은 너희 안에 머물고 있지 않는다.) [요한복음 5:38]

イエスは彼(かれ)らに答(こた)えて言(い)われた、「神(かみ)が遣(つか)わされた者(もの)を信(しん)じることが、神(かみ)のわざである」。[ヨハネによる福音書 6:29]

(예수께서 그들에게 대답하여 말씀하셨다. "하나님께서 보내신 사람을 믿는 것이 하나님의 일이다.) [요한복음 6:29]

わたしが天(てん)から下(くだ)って来(き)たのは、自分(じぶん)の心(こころ)のままを行(おこな)うためではなく、わたしを遣(つか)わされた方(かた)の

みこころを行(おこな)うためである。[ヨハネによる福音書 6:38]
(내가 하늘에서 내려온 것은 내 마음대로 행하기 위해서가 아니라, 나를 보내신 분의 뜻을 행하기 위해서이다.) [요한복음 6:38]

わたしを遣(つか)わされた方(かた)のみこころは、わたしに与(あた)えて下(くだ)さった者(もの)を、わたしが一人(ひとり)も失(うしな)わずに、終(おわ)りの日(ひ)に蘇(よみがえ)らせることである。[ヨハネによる福音書 6:39]
(나를 보내신 분의 뜻은 내게 주신 사람을 내가 한 사람도 잃지 않고 마지막 날에 살아나게 하는 것이다.) [요한복음 6:39]

わたしを遣(つか)わされた父(ちち)が引(ひ)きよせて下(くだ)さらなければ、だれもわたしに来(く)ることはできない。わたしは、その人々(ひとびと)を終(おわ)りの日(ひ)に蘇(よみがえ)らせるであろう。[ヨハネによる福音書 6:44]
(나를 보내신 아버지께서 끌어당겨 주시지 않으면, 아무도 내게 올 수는 없다. 나는 그 사람들을 마지막 날에 살아나게 할 것이다.) [요한복음 6:44]

そこでイエスは彼(かれ)らに答(こた)えて言(い)われた、「わたしの教(おし)えはわたし自身(じしん)の教(おしえ)ではなく、わたしを遣(つか)わされた方(かた)の教(おしえ)である。[ヨハネによる福音書 7:16]
(그러자 예수께서는 그들에게 대답하여 말씀하셨다. "내 가르침은 내 자신의 가르침이 아니라, 나를 보내신 분의 가르침이다.") [요한복음 7:16]

自分(じぶん)から出(で)たことを語(かた)る者(もの)は、自分(じぶん)の栄光(えいこう)を求(もと)めるが、自分(じぶん)を遣(つか)わされた方(かた)の栄光(えいこう)を求(もと)める者(もの)は真実(しんじつ)であって、その人(ひと)の内(うち)には偽(いつわ)りがない。[ヨハネによる福音書 7:18]
(자기로부터 나온 것을 말하는 사람은 자신의 영광을 구하지만, 자기를 보내신 분의 영광을 구하는 사람은 진실하며 그 사람 안에는 거짓이 없다.) [요한복음 7:18]

イエスは宮(みや)の内(うち)で教(おし)えながら、叫(さけ)んで言(い)われた、「あなたがたは、わたしを知(し)っており、また、わたしがどこから来(き)たかも知(し)っている。しかし、わたしは自分(じぶん)から来(き)たのではない。わたしを遣(つか)わされた方(かた)は真実(しんじつ)であるが、あなたがたは、その方(かた)を知(し)らない。[ヨハネによる福音書 7:28]
(예수께서는 성전 안에서 가르치면서 외치며 말씀하셨다. "너희는 나를 알고 있고, 그리고 내가 어디에서 왔는지도 알고 있다. 그러나 나는 내 스스로 온 것은 아니다. 나를 보내신 분은 진실한데 너희는 그 분을 모른다.") [요한복음 7:28]

わたしは、その方(かた)を知(し)っている。わたしはその方(かた)のもとから来(き)た者(もの)で、その方(かた)がわたしを遣(つか)わされたのである」。[ヨハネによる福音書 7:29]
(나는 그 분을 알고 있다. 나는 그 분에게서 온 사람으로 그 분이 나를 보내셨기 때문이다.) [요한복음 7:29]

しかし、もしわたしが裁(さば)くとすれば、わたしの裁(さば)きは正(ただ)しい。なぜなら、わたしは一人(ひとり)ではなく、わたしを遣(つか)わされた方(かた)が、わたしと一緒(いっしょ)だからである。[ヨハネによる福音書 8:16]
(그러나 만일 내가 판단한다고 한다면 내 판단은 올바르다. 왜냐하면 나는 혼자가 아니라, 나를 보내신 분께서 나와 함께이기 때문이다.) [요한복음 8:16]

わたし自身(じしん)のことを証(あか)しするのは、わたしであるし、わたしを遣(つか)わされた父(ちち)も、わたしのことを証(あか)して下(くだ)さるのである」。[ヨハネによる福音書 8:18]
(나 자신에 관해 증언하는 것은 나이고, 나를 보내신 아버지께서도 나에 관해 증언해 주신다.) [요한복음 8:18]

あなたがたについて、わたしの言(い)うべきこと、裁(さば)くべきことが、たくさんある。しかし、わたしを遣(つか)わされた方(かた)は真実(しんじつ)

な方(かた)である。わたしは、その方(かた)から聞(き)いたままを[3]世(よ)に向(む)かって語(かた)るのである」。[ヨハネによる福音書 8:26]
(너희에 관해 내가 말해야 할 것, 판단해야 할 것이 많이 있다. 그러나 나를 보내신 분은 진실한 분이다. 나는 그 분에게서 들은 그대로를 세상을 향해 이야기하는 것이다.) [요한복음 8:26]

わたしを遣(つか)わされた方(かた)は、わたしと一緒(いっしょ)におられる。わたしは、いつも神(かみ)のみこころに適(かな)うことをしているから、わたしを一人(ひとり)置(お)き去(ざ)りになさることはない」。[ヨハネによる福音書 8:29]
(나를 보내신 분께서는 나와 함께 계신다. 내가 항상 하나님의 마음에 드시는 일을 하고 있어서 나를 혼자 내버려 두시지는 않는다.) [요한복음 8:29]

父(ちち)が聖別(せいべつ)して、世(よ)に遣(つか)わされた者(もの)が、『わたしは神(かみ)の子(こ)である』と言(い)ったからとて、どうして『あなたは神(かみ)を汚(けが)す者(もの)だ』と言(い)うのか。[ヨハネによる福音書 10:36]
(아버지께서 성별하여 세상에 보내신 사람이 '나는 하나님의 아들이다.' 라고 말했다고 해서, 어째서 '당신은 하나님을 모독하는 사람이다.' 라고 말하느냐?) [요한복음 10:36]

あなたがいつでもわたしの願(ねが)いを聞(き)き入(い)れて下(くだ)さることを、よく知(し)っています。しかし、こう申(もう)しますのは、そばに立(た)っている人々(ひとびと)に、あなたがわたしを遣(つか)わされたことを、信(しん)じさせるためであります」。[ヨハネによる福音書 11:42]
(아버지께서 언제나 제 부탁을 들어주시는 것을 잘 알고 있습니다. 그러나 이렇게 말씀드리는 것은 곁에 서 있는 사람들에게 아버지께서 저를 보내신 것을 믿게 하기 위해서입니다.) [요한복음 11:42]

イエスは大声(おおごえ)で言(い)われた、「わたしを信(しん)じる者(もの)は、わたしを信(しん)じるのではなく、わたしを遣(つか)わされた方(かた)

を信(しん)じるのであり、[ヨハネによる福音書 12:44]
(예수께서는 큰소리로 말씀하셨다. "나를 믿는 사람은 나를 믿는 것이 아니라, 나를 보내신 분을 믿는 것이고,) [요한복음 12:44]

また、わたしを見(み)る者(もの)は、わたしを遣(つか)わされた方(かた)を見(み)るのである。[ヨハネによる福音書 12:45]
(또 나를 보는 사람은 나를 보내신 분을 보는 것이다.) [요한복음 12:45]

わたしは自分(じぶん)から語(かた)ったのではなく、わたしを遣(つか)わされた父(ちち)ご自身(じしん)が、わたしの言(い)うべきこと、語(かた)るべきことをお命(めい)じになったのである。[ヨハネによる福音書 12:49]
(나는 스스로 이야기하는 것이 아니고, 나를 보내신 아버지 자신께서 내가 말해야 할 것, 이야기해야 할 것을 명령하신 것이다.) [요한복음 12:49]

よくよくあなたがたに言(い)っておく。わたしが遣(つか)わす者(もの)を受(う)け入(い)れる者(もの)は、わたしを受(う)け入(い)れるのである。わたしを受(う)け入(い)れる者(もの)は、わたしを遣(つか)わされた方(かた)を、受(う)け入(い)れるのである」。[ヨハネによる福音書 13:20]
(분명히 너희에게 말해 둔다. 내가 보내는 사람을 받아들이는 사람은 나를 받아들이는 것이다. 나를 받아들이는 사람은 나를 보내신 분을 받아들이는 것이다.) [요한복음 13:20]

그리고 「遣(つか)わされる」는 「遣(つか)わす」의 수동으로 쓰인다.

[例] ああ、エルサレム、エルサレム、預言者(よげんしゃ)たちを殺(ころ)し、おまえに遣(つか)わされた人(ひと)たちを石(いし)で打(う)ち殺(ころ)す者(もの)よ。ちょうど、めんどりが翼(つばさ)の下(した)にそのひなを集(あつ)めるように、わたしはおまえの子(こ)らを幾(いく)たび集(あつ)めようとしたことであろう。それだのに、おまえたちは応(おう)じようとしなかった。[マタ

イによる福音書 23:37]

(아, 예루살렘아, 예루살렘아, 예언자들을 죽이고, 네게 보낸 사람들을 돌로 때려 죽이는 자들이어, 마치 암탉이 날개 아래에 그 병아리를 모으는 것처럼 나는 너의 아이들을 몇 번이나 모으려고 하였을까? 그런데도 너희는 응하려고 하지 않았다.)
[마태복음 23:37]

エリヤはそのうちのだれにも遣(つか)わされないで、ただシドンのサレプタにいる一人(ひとり)の寡婦(やもめ)やもめにだけ遣(つか)わされた。[ルカによる福音書 4:26]

([하나님께서] 엘리야를 그 중의 어느 누구에게도 보내지 않고, 오직 시돈의 사렙다에 있는 한 과부에게만 보내셨다.) [누가복음 4:26]

『わたしはキリストではなく、その方(かた)よりも先(さき)に遣(つか)わされた者(もの)である』と言(い)ったことを[1]証(あか)ししてくれるのは、あなたがた自身(じしん)である。[ヨハネによる福音書 3:28]

('나는 그리스도가 아니고, 그 분보다도 먼저 보내진 사람이다.' 라고 말한 것을 증언해 주는 것은 너희 자신이다.) [요한복음 3:28]

イエスは彼(かれ)らに言(い)われた、「神(かみ)があなたがたの父(ちち)であるならば、あなたがたはわたしを愛(あい)するはずである。わたしは神(かみ)から出(で)た者(もの)、また神(かみ)から来(き)ている者(もの)であるからだ。わたしは自分(じぶん)から来(き)たのではなく、神(かみ)から遣(つか)わされたのである。[ヨハネによる福音書 8:42]

(예수께서 그들에게 말씀하셨다. "하나님이 너희 아버지라면, 너희는 틀림없이 나를 사랑할 것이다. 나는 하나님에게서 나온 사람, 그리고 하나님으로부터 와 있는 사람이기 때문이다. 나는 내 스스로 온 것이 아니라, 하나님으로부터 보내진 것이다.") [요한복음 8:42]

「シロアム[遣(つか)わされた者(もの)、の意(い)]の池(いけ)に行(い)って洗(あら)いなさい」。そこで彼(かれ)は行(い)って洗(あら)った。そして見(み)えるようになって、帰(かえ)って行(い)った。[ヨハネによる福音書 9:7]

("실로암[보내진 사람의 뜻] 연못에 가서 씻어라." 그러자 그는 가서 씻었다. 그리고 보이게 되어 돌아갔다.) [요한복음 9:7]

よくよくあなたがたに言(い)っておく。僕(しもべ)はその主人(しゅじん)に勝(まさ)るものではなく、遣(つか)わされた者(もの)は遣(つか)わした者(もの)に勝(まさ)るものではない。[ヨハネによる福音書 13:16]
(분명히 너희에게 말해 둔다. 종은 그 주인보다 더 뛰어난 것이 아니고, 보내진 사람은 보낸 사람보다 더 뛰어난 것이 아니다.) [요한복음 13:16]

> [1]見(み)よ、わたしは、すぐに来(く)る。[2]この書(しょ)の預言(よげん)の言葉(ことば)を守(まも)る者(もの)は、さいわいである」。[ヨハネの黙示録 22:7]
> ("보아라, 내가 곧 온다. 이 책에 적힌 예언의 말씀을 지키는 사람들은 복이 있다.") [22:7]

[1] 見(み)よ、わたしは、すぐに来(く)る。

「わたしは、すぐに来(く)る。」라는 표현은 구어역 요한묵시록에서만 총 4회 쓰이고 있다. 그리고 본 절의 발화 주체는 「 (イエスが言(い)い給(たま)うた、[예수께서 말씀하셨다]) 」[塚本訳1963]과 같이 〈신적 イエス〉이다.

[例] わたしは、すぐに来(く)る。[요한묵시록 3:11]
   (나는 곧 온다.)

  見(み)よ、わたしは、すぐに来(く)る。[요한묵시록 22:7]
  (보아라, 나는 곧 온다.)

  見(み)よ、わたしはすぐに来(く)る。[요한묵시록 22:12]
  (보아라, 나는 곧 온다.)

  「しかり、わたしはすぐに来(く)る」。[요한묵시록 22:20]

("그렇다, 나는 곧 온다.")

[2]この書(しょ)の預言(よげん)の言葉(ことば)を守(まも)る者(もの)は、さいわいである」。: 이 책에 적힌 예언의 말씀을 지키는 사람들은 복이 있다."

본 절에서는「さいわいだ」의 문장체인「さいわいである」가 쓰이고 있는데, 구어역 성서에서는 둘 다 사용되고 있다.

1.「さいわい[幸(さいわ)いだ」의 예

[例] そのとき、イエスは目(め)をあげ、弟子(でし)たちを見(み)て言(い)われた、「あなたがた貧(まず)しい人(ひと)たちは、さいわいだ。神(かみ)の国(くに)はあなたがたのものである。[ルカによる福音書 6:20]
(그때 예수께서 눈을 들어서, 제자들을 보면서 말씀하셨다. "너희 가난한 사람들은 복이 있다. 하나님의 나라는 너희의 것이다.) [누가복음 6:20]

あなたがたいま飢(う)えている人(ひと)たちは、さいわいだ。飽(あ)き足(た)りるようになるからである。あなたがたいま泣(な)いている人(ひと)たちは、さいわいだ。笑(わら)うようになるからである。[ルカによる福音書 6:21]
(너희, 지금 굶주리는 사람들은 복이 있다. 만족하게 되기 때문이다. 너희, 지금 우는 사람은 복이 있다. 웃게 되기 때문이다.) [누가복음 6:21]

人々(ひとびと)があなたがたを憎(にく)むとき、また人(ひと)の子(こ)のためにあなたがたを排斥(はいせき)し、ののしり、汚名(おめい)を着(き)せるときは、あなたがたはさいわいだ。[ルカによる福音書 6:22]
(사람들이 너희를 미워할 때, 또 인자 때문에 너희를 배척하고, 매도하고, 오명을 씌울 때에 너희는 복이 있다.) [누가복음 6:22]

『不妊(ふにん)の女(おんな)と子(こ)を産(う)まなかった胎(たい)と、ふくま

せなかった乳房(ちぶさ)とは、さいわいだ』と言(い)う日(ひ)が、いまに来(く)る。[ルカによる福音書 23:29]
('임신하지 못하는 여인과, 아기를 낳아 보지 못한 태와, 젖을 물리지 않았던 젖가슴은 복이 있다.' 라고 하는 날이 곧 온다.) [누가복음 23:29]

見(み)よ、神(かみ)に戒(いまし)められる人(ひと)はさいわいだ。それゆえ全能者(ぜんのうしゃ)の懲(こら)しめを軽(かろ)んじてはならない。[ヨブ記 5:17]
(보아라! 하나님께 징계를 받는 사람은, 복이 있다. 그러므로 전능하신 분의 징계를 경시해서는 안 된다.) [욥기 5:17]

あなたの王(おう)は自主(じしゅ)の子(こ)であって、その君(きみ)たちが酔(よ)うためでなく、力(ちから)を得(え)るために、適当(てきとう)な時(とき)にごちそうを食(た)べる国(くに)よ、あなたはさいわいだ。[伝道の書 10:17]
(너의 왕은 자주의 자손으로, 그 대신들이 취하기 위해서가 아니라, 힘을 얻기 위해서 적당한 때에 진수성찬을 먹는 나라여, 너는 복을 받을 것이다.) [전도서 10:17]

2. 「さいわい[幸(さいわ)い]である」의 예

[例] 「こころの貧(まず)しい人(ひと)たちは、さいわいである、天国(てんごく)は彼(かれ)らのものである。[マタイによる福音書 5:3]
("마음이 가난한 사람들은 복이 있다. 하늘나라는 그들의 것이다.) [마태복음 5:3]

悲(かな)しんでいる人(ひと)たちは、さいわいである、彼(かれ)らは慰(なぐさ)められるであろう。[マタイによる福音書 5:4]
(슬퍼하는 사람들은 복이 있다. 그들은 위로를 받을 것이다.) [마태복음 5:4]

柔和(にゅうわ)な人(ひと)たちは、さいわいである、彼(かれ)らは地(ち)を受(う)けつぐであろう。[マタイによる福音書 5:5]
(온유한 사람들은 복이 있다. 그들은 땅을 이어받을 것이다.) [마태복음 5:5]

義(ぎ)に飢(う)えかわいている人(ひと)たちは、さいわいである、彼(かれ)らは飽(あ)き足(た)りるようになるであろう。[マタイによる福音書5:6]
(의에 굶주리고 목마른 사람들은 복이 있다. 그들이 만족하게 될 것이다.) [마태복음 5:6]

あわれみ深(ぶか)い人(ひと)たちは、さいわいである、彼(かれ)らはあわれみを受(う)けるであろう。[マタイによる福音書 5:7]
(자비심이 많은 사람들은 복이 있다. 그들은 자비를 받을 것이다.) [마태복음 5:7]

心(こころ)の清(きよ)い人(ひと)たちは、さいわいである、彼(かれ)らは神(かみ)を見(み)るであろう。[マタイによる福音書 5:8]
(마음이 깨끗한 사람들은 복이 있다. 그들은 하나님을 볼 것이다.) [마태복음 5:8]

平和(へいわ)をつくり出(だ)す人(ひと)たちは、さいわいである、彼(かれ)らは神(かみ)の子(こ)と呼(よ)ばれるであろう。[マタイによる福音書 5:9]
(평화를 만들어내는 사람들은 복이 있다. 그들은 하나님의 자녀라고 불릴 것이다.) [마태복음 5:9]

義(ぎ)のために迫害(はくがい)されてきた人(ひと)たちは、さいわいである、天国(てんごく)は彼(かれ)らものである。[マタイによる福音書 5:10]
(의를 위하여 박해를 받아 온 사람들은 복이 있다. 하늘나라는 그들의 것이다.) [마태복음 5:10]

わたしのために人々(ひとびと)があなたがたをののしり、また迫害(はくがい)し、あなたがたに対(たい)し偽(いつわ)って様々(さまざま)の悪口(あっこう)を言(い)う時(とき)には、あなたがたは、さいわいである。[マタイによる福音書 5:11]
(나 때문에 사람들이 너희를 매도하고, 또 박해하고, 너희에 대해 거짓말하고, 온갖 욕설을 할 때에는, 너희는 복이 있다.) [마태복음 5:11]

わたしにつまずかない者(もの)は、さいわいである」。[口語訳 / マタイによ

る福音書 11:6]
(나에게 걸려 넘어지지 않는 사람은 복이 있다.") [마태복음 11:6]

しかし、あなたがたの目(め)は見(み)ており、耳(みみ)は聞(き)いているから、<u>さいわいである</u>。[マタイによる福音書 13:16]
(그러나 너희의 눈은 보고 있고, 귀는 듣고 있으니 복이 있다.) [마태복음 13:16]

すると、イエスは彼(かれ)にむかって言(い)われた、「バルヨナ・シモン、あなたは<u>さいわいである</u>。あなたにこの事(こと)をあらわしたのは、血肉(けつにく)ではなく、天(てん)にいますわたしの父(ちち)である。[マタイによる福音書 16:17]
(그러니 예수께서는 그에 대해 말씀하셨다. "시몬 바요나야, 너는 복이 있다. 너에게 이 일을 나타낸 것은, 혈육이 아니라, 하늘에 계신 나의 아버지이다.) [마태복음 16:17]

主人(しゅじん)が帰(かえ)ってきたとき、そのようにつとめているのを見(み)られる僕(しもべ)は、<u>さいわいである</u>。[マタイによる福音書 24:46]
(주인이 돌아왔을 때, 그렇게 노력하고 있는 것을 주인에게 보이는 종은 복이 있다.) [마태복음 24:46]

わたしにつまずかない者(もの)は、<u>さいわいである</u>」。[ルカによる福音書 7:23]
(나에게 좌절하지 않는 사람은 복이 있다.") [누가복음 7:23]

それから弟子(でし)たちの方(ほう)に振(ふ)りむいて、ひそかに言(い)われた、「あなたがたが見(み)ていることを見(み)る目(め)は、<u>さいわいである</u>。[ルカによる福音書 10:23]
(그리고 제자들 쪽을 돌아보고, 은밀히 말씀하셨다. "너희가 보고 있는 것을 보는 눈은 복이 있다.) [누가복음 10:23]

主人(しゅじん)が帰(かえ)ってきたとき、目(め)を覚(さま)しているのを見

(み)られる僕(しもべ)たちは、さいわいである。よく言(い)っておく。主人(しゅじん)が帯(おび)をしめて僕(しもべ)たちを食卓(しょくたく)につかせ、進(すす)み寄(よ)って給仕(きゅうじ)をしてくれるであろう。[ルカによる福音書 12:37]
(주인이 돌아왔을 때, 깨어 있는 것을 주인에게 보이는 종들은 복되다. 분명히 말해 둔다. 주인이 띠를 매고, 종들을 식탁에 앉히고, 식사 시중을 들어 줄 것이다.) [누가복음 12:37]

主人(しゅじん)が夜中(よなか)ごろ、あるいは夜明(よあ)けごろに帰(かえ)ってきても、そうしているのを見(み)られるなら、その人(ひと)たちはさいわいである。[ルカによる福音書 12:38]
(주인이 밤중에 혹은 새벽에 돌아와도, 그렇게 하고 있는 것을 주인에게 보인다면, 그 사람들은(종들은) 복되다.) [누가복음 12:38]

主人(しゅじん)が帰(かえ)ってきたとき、そのようにつとめているのを見(み)られる僕(しもべ)は、さいわいである。[ルカによる福音書 12:43]
(주인이 돌아왔을 때, 그렇게 노력하고 있는 것을 주인에게 보이는 종은 복이 있다.) [누가복음 12:43]

もしこれらのことがわかっていて、それを行(おこな)うなら、あなたがたはさいわいである。[ヨハネによる福音書 13:17]
(만일 이런 것들을 알고 있고 그것을 행한다면, 너희는 복이 있다.) [요한복음 13:17]

イエスは彼(かれ)に言(い)われた、「あなたはわたしを見(み)たので信(しん)じたのか。見(み)ないで信(しん)ずる者(もの)は、さいわいである」。[ヨハネによる福音書 20:29]
(예수께서 그에게(도마에게) 말씀하셨다. "너는 나를 보아서 믿느냐? 보지 않고 믿는 사람은 복이 있다.") [요한복음 20:29]

わたしは、あなたがたもこのように働(はたら)いて、弱(よわ)い者(もの)を

助(たす)けなければならないこと、また『受(う)けるよりは与(あた)える方(ほう)が、さいわいである』と言(い)われた主(しゅ)イエスの言葉(ことば)を記憶(きおく)しているべきことを、万事(ばんじ)について教(おし)え示(しめ)したのである」。[使徒行伝 20:35]
(나는 여러분도 이와 같이 일해서, 약한 사람을 도와주어야 하는 것, 또 '받는 것보다는 주는 것이 복이 있다.' 라고 말씀하신 주 예수의 말씀을 기억하고 있어야 하는 것을 만사에 관해 지도한 것이다.") [사도행전 20:35]

「不法(ふほう)をゆるされ、罪(つみ)をおおわれた人(ひと)たちは、さいわいである。[ローマ人への手紙 4:7]
("주께서 불법을 용서하시고, 죄를 덮어 주신 사람들은 복이 있다.) [로마서 4:7]

罪(つみ)を主(しゅ)に認(みと)められない人(ひと)は、さいわいである」。[ローマ人への手紙 4:8]
(주께서 죄를 인정하지 않는 사람은 복이 있다.") [로마서 4:8]

あなたの持(も)っている信仰(しんこう)を、神(かみ)のみまえに、自分(じぶん)自身(じしん)に持(も)っていなさい。自(みずか)ら良(よ)いと定(さだ)めたことについて、やましいと思(おも)わない人(ひと)は、さいわいである。[ローマ人への手紙 14:22]
(네가 가지고 있는 믿음을 하나님 앞에 자기 자신에게 가지고 있어라. 자기가 옳다고 정한 일에 관해 꺼림칙하다고 생각하지 않는 사람은 복이 있다.) [로마서 14:22]

試錬(しれん)を耐(た)え忍(しの)ぶ人(ひと)は、さいわいである。それを忍(しの)びとおしたなら、神(かみ)を愛(あい)する者(もの)たちに約束(やくそく)されたいのちの冠(かんむり)を受(う)けるであろう。[ヤコブの手紙 1:12]
(시련을 참아 견디는 사람은 복이 있다. 그것을 끝까지 참아내면, 하나님을 사랑하는 사람들에게 약속된 생명의 면류관을 받을 것이다.) [야고보서 1:12]

忍(しの)び抜(ぬ)いた人(ひと)たちはさいわいであると、わたしたちは思(おも)う。あなたがたは、ヨブの忍耐(にんたい)のことを聞(き)いている。また、

主(しゅ)が彼(かれ)になさったことの結末(けつまつ)を見(み)て、主(しゅ)がいかに慈愛(じあい)とあわれみとに富(と)んだかたであるかが、わかるはずである。[ヤコブの手紙 5:11]
(참고 견딘 사람은 복이 있다고 우리는 생각한다. 여러분은 욥의 인내에 관해 듣고 있다. 또 주께서 그에게 하신 것의 결말을 보고, 주께서 얼마나 자애와 어떻게 하셨는지를 알고 있습니다. 주께서는 자비와 긍휼이 많은 분인 것을 알 것이다.) [야고보서 5:11]

しかし、万一(まんいち)義(ぎ)のために苦(くる)しむようなことがあっても、あなたがたはさいわいである。彼(かれ)らを恐(おそ)れたり、心(こころ)を乱(みだ)したりしてはならない。[ペテロの第一の手紙 3:14]
(그러나 정의를 위하여 고난을 받으면, 여러분은 복이 있습니다. "그들의 위협을 무서워하지 말며, 흔들리지 마십시오.") [베드로전서 3:14]

キリストの名(な)のためにそしられるなら、あなたがたはさいわいである。その時(とき)には、栄光(えいこう)の霊(れい)、神(かみ)の霊(れい)が、あなたがたに宿(やど)るからである。[ペテロの第一の手紙 4:14]
(그리스도의 이름 때문에 비난을 받는다면, 너희는 복이 있다. 그 때에는 영광의 영, 하나님의 영이 여러분에게 머물기 때문이다.) [베드로전서 4:14]

この預言(よげん)の言葉(ことば)を朗読(ろうどく)する者(もの)と、これを聞(き)いて、その中(なか)に書(か)かれていることを守(まも)る者(もの)たちとは、幸(さいわ)いである。時(とき)が近(ちか)づいているからである。[口語訳 / ヨハネの黙示録 1:3]
(이 예언의 말씀을 낭독하는 사람과 이것을 듣고 그 안에 쓰여 있는 것을 지키는 사람들은 복이 있다. 때가 가까워졌기 때문이다.) [요한묵시록 1:3]

またわたしは、天(てん)からの声(こえ)がこう言(い)うのを聞(き)いた、「書(か)きしるせ、『今(いま)から後(のち)、主(しゅ)にあって死(し)ぬ死人(しにん)はさいわいである』」。御霊(みたま)も言(い)う、「しかり、彼(かれ)らはそ

の労苦(ろうく)を解(と)かれて休(やす)み、そのわざは彼(かれ)らについていく」。[ヨハネの黙示録 14:13]

(그리고 나는 하늘로부터의 음성이 이렇게 말하는 것을 들었다. "기록하라, '이제부터 (나중에) 주님 안에서 죽는 사람은 복이 있다.'" 성령도 말한다, "그렇다, 그들은 그 노고가 풀려서 쉬고, 그 행위는 그들에게 따라간다.") [요한묵시록 14:13]

見(み)よ、わたしは盜人(ぬすびと)のように来(く)る。裸(はだか)のままで歩(ある)かないように、また、裸(はだか)の恥(はじ)を見(み)られないように、目(め)をさまし着物(きもの)を身(み)に着(つ)けている者(もの)は、さいわいである。[ヨハネの黙示録 16:15]

("보아라! 나는 도둑처럼 온다. 벌거벗은 채 지내지 않도록, 또 벌거벗은 수치를 보이지 않도록 깨어 있으면서 옷을 몸에 걸치고 있는 사람은 복이 있다.") [요한묵시록 16:15]

それから、御使(みつかい)はわたしに言(い)った、「書(か)きしるせ。小羊(こひつじ)の婚姻(こんいん)に招(まね)かれた者(もの)は、幸(さいわ)いである」。またわたしに言(い)った、「これらは、神(かみ)の真実(しんじつ)の言葉(ことば)である」。[ヨハネの黙示録 19:9]

(그러고 나서 천사는 내게 말했다, "기록하라. 어린 양의 혼인 잔치에 초대 받은 사람은 복이 있다." 또 내게 말했다, "이들은 하나님의 참된 말씀이다.") [요한묵시록 19:9]

いのちの木(き)にあずかる特権(とっけん)を与(あた)えられ、また門(もん)を通(とお)って都(みやこ)に入(はい)るために、自分(じぶん)の着物(きもの)を洗(あら)う者(もの)たちは、さいわいである。[ヨハネの黙示録 22:14]

(생명나무에 참여하는 특권을 받고, 또 문을 통해 도읍에 들어가기 위해 자기의 옷을 빠는 사람들은 복이 있다.) [요한묵시록 22:14]

悪(あ)しき者(もの)のはかりごとに歩(あゆ)まず、罪(つみ)びとの道(みち)に立(た)たず、あざける者(もの)の座(ざ)にすわらぬ人(ひと)はさいわいである。[詩篇 1:1]

(악한 자의 꾀에 걷지 않고, 죄인의 길에 서지 않고, 비웃는 자의 자리에 앉지 않는 사람은 복이 있다.) [시편 1:1]

その足(あし)に口(くち)づけせよ。さもないと主(しゅ)は怒(いか)って、あなたがたを道(みち)で滅(ほろ)ぼされるであろう、その憤(いきどお)りがすみやかに燃(も)えるからである。すべて主(しゅ)に寄(よ)り頼(たの)む者(もの)はさいわいである。[詩篇 2:12]

(그의 발에 입을 맞추어라. 그렇지 않으면, 주께서 진노하고, 너희를 길에서 멸망시키실 것이다. 그의 분개가 지체 없이 타기 때문이다. 주께 의지하고 청하는 사람은 모두 복이 있다.) [시편 2:12]

そのとががゆるされ、その罪(つみ)がおおい消(け)される者(もの)はさいわいである。[詩篇 32:1]

(그 죄과를 용서받고 그 죄가 덮어지고 없어지는 사람은 복이 있다.) [시편 32:1]

主(しゅ)によって不義(ふぎ)を負(お)わされず、その霊(れい)に偽(いつわ)りのない人(ひと)はさいわいである。[詩篇 32:2]

(주에 의해 불의를 지지 않고, 그 영에게 거짓이 없는 사람은 복이 있다.) [시편 32:2]

主(しゅ)をおのが神(かみ)とする国(くに)はさいわいである。主(しゅ)がその嗣業(しぎょう)として選(えら)ばれた民(たみ)はさいわいである。[詩篇 33:12]

(주님을 자기 하나님으로 삼는 나라는 복이 있다. 주께서 그 소유로서 뽑으신 백성은 복이 있다.) [시편 33:12]

主(しゅ)の恵(めぐ)みふかきことを味(あじ)わい知(し)れ、主(しゅ)に寄(よ)り頼(たの)む人(ひと)はさいわいである。[詩篇 34:8]

(주의 자비스러움을 직접 경험하고 깨달아라. 주께 의지하며 청하는 사람은 복이 있다.) [시편 34:8]

主(しゅ)をおのが頼(たの)みとする人(ひと)、高(たか)ぶる者(もの)にたよら

ず、偽(いつわ)りの神(かみ)に迷(まよ)う者(もの)にたよらない人(ひと)はさいわいである。[詩篇 40:4]
(주님을 자신의 의지로 삼는 사람, 우쭐대는 사람에 의지하지 않고, 거짓 신에게 빠져 있는 사람에게 의지하지 않는 사람은 복이 있다.) [시편 40:4]

貧(まず)しい者(もの)をかえりみる人(ひと)はさいわいである。主(しゅ)はそのような人(ひと)を悩(なや)みの日(ひ)に救(すく)い出(だ)される。[詩篇 41:1]
(가난한 사람을 생각해 주는 사람은 복이 있다. 주께서 그와 같은 사람을 고난의 날에 구해내신다.) [시편 41:1]

あなたに選(えら)ばれ、あなたに近(ちか)づけられて、あなたの大庭(おおにわ)に住(す)む人(ひと)はさいわいである。われらはあなたの家(いえ)、あなたの聖(せい)なる宮(みや)の恵(めぐ)みによって飽(あ)くことができる。[詩篇 65:4]
(주께서 선택하시고, 주께서 가까이 오게 하시어 주님의 큰 뜰에 사는 사람은 복이 있다. 우리는 주님의 집, 주님의 거룩한 성전의 은혜에 의해 만족할 수 있다.) [시편 65:4]

公正(こうせい)を守(まも)る人々(ひとびと)、常(つね)に正義(せいぎ)を行(おこな)う人(ひと)はさいわいである。[詩篇 106:3]
(공정을 지키는 사람들, 항상 정의를 행하는 사람은 복이 있다.) [시편 106:3]

主(しゅ)をほめたたえよ。主(しゅ)をおそれて、そのもろもろの戒(いまし)めを大(おお)いに喜(よろこ)ぶ人(ひと)はさいわいである。[詩篇 112:1]
(주님을 칭송하라. 주님을 경외하고, 그 모든 계명을 크게 기뻐하는 사람은 복이 있다.) [시편 112:1]

恵(めぐ)みを施(ほどこ)し、貸(か)すことをなし、その事(こと)を正(ただ)しく行(おこな)う人(ひと)はさいわいである。[詩篇 112:5]
(은혜를 베풀고, 남에게 빌려주고, 그 일을 올바르게 행하는 사람은 복이 있다.)

[시편 112:5]

主(しゅ)のみ名(な)によってはいる者(もの)はさいわいである。われらは主(しゅ)の家(いえ)からあなたをたたえます。[詩篇 118:26]
(주의 이름으로 들어오는 사람은 복이 있다. 우리는 주의 집에서 너를 기립니다.) [시편 118:26]

矢(や)の満(み)ちた矢筒(やづつ)を持(も)つ人(ひと)はさいわいである。彼(かれ)は門(もん)で敵(てき)と物言(ものい)うとき恥(は)じることはない。[詩篇 127:5]
(화살이 가득 찬 화살통을 지닌 사람은 복이 있다. 그는 성문에서 적과 말을 할 때 창피를 당하지 않는다.) [시편 127:5]

すべて主(しゅ)をおそれ、主(しゅ)の道(みち)に歩(あゆ)む者(もの)はさいわいである。[詩篇 128:1]
(주님을 경외하고, 주님의 길을 걷는 사람은 복이 있다.) [시편 128:1]

破壊者(はかいしゃ)であるバビロンの娘(むすめ)よ、あなたがわれらにしたことを、あなたに仕返(しかえ)しする人(ひと)はさいわいである。[詩篇 137:8]
(파괴자인 바빌론 딸아, 네가 우리에게 한 짓을 너에게 복수하는 사람은 복이 있다.) [시편 137:8]

あなたのみどりごを取(と)って岩(いわ)になげうつ者(もの)はさいわいである。[詩篇 137:9]
(네 젖먹이를 들어, 바위에 팽개치는 사람은 복이 있다.) [시편 137:9]

ヤコブの神(かみ)をおのが助(たす)けとし、その望(のぞ)みをおのが神(かみ)、主(しゅ)におく人(ひと)はさいわいである。[詩篇 146:5]
(야곱의 하나님을 자기의 도움으로 삼고 그 희망을 자기의 하나님, 주님께 두는 사람은 복이 있다.) [시편 146:5]

知恵(ちえ)を求(もと)めて得(え)る人(ひと)、悟(さと)りを得(え)る人(ひと)はさいわいである。[箴言 3:13]
(지혜를 찾아 얻는 사람, 깨달음을 얻는 사람은 복이 있다.) [잠언 3:13]

知恵(ちえ)は、これを捕(とら)える者(もの)には命(いのち)の木(き)である、これをしっかり捕(とら)える人(ひと)はさいわいである。[箴言 3:18]
(지혜는 이것을 잡는 사람에게는 생명의 나무이다. 이것을 꽉 붙잡는 사람은 복이 있다.) [잠언 3:18]

それゆえ、子供(こども)らよ、今(いま)わたしの言(い)うことを聞(き)け、わたしの道(みち)を守(まも)る者(もの)はさいわいである。[箴言 8:32]
(그러므로 아이들아, 지금 내가 하는 말을 들어라. 내 길을 지키는 사람은 복이 있다.) [잠언 8:32]

わたしの言(い)うことを聞(き)き、日々(ひび)わたしの門(もん)のかたわらでうかがい、わたしの戸口(とぐち)の柱(はしら)のわきで待(ま)つ人(ひと)はさいわいである。[箴言 8:34]
(내가 하는 말을 듣고, 날마다 내 문 옆에서 살피고, 내 문기둥 옆에서 기다리는 사람은 복이 있다.) [잠언 8:34]

隣(とな)り人(びと)を卑(いや)しめる者(もの)は罪(つみ)びとである、貧(まず)しい人(ひと)をあわれむ者(もの)はさいわいである。[箴言 14:21]
(이웃을 멸시하는 사람은 죄를 짓는 사람이지만, 가난한 사람에게 은혜를 베푸는 사람은 복이 있는 사람이다.) [잠언 14:21]

慎(つつし)んで、み言葉(ことば)をおこなう者(もの)は栄(さか)える、主(しゅ)に寄(よ)り頼(たの)む者(もの)はさいわいである。[箴言 16:20]
(조심하고, 주님의 말씀을 행하는 사람은 번성한다. 주님께 의지하고 청하는 사람은 복이 있다.) [잠언 16:20]

欠(か)けた所(ところ)なく、正(ただ)しく歩(あゆ)む人(ひと)——その後(の

ち)の子孫(しそん)はさいわいである。[箴言 20:7]
(이지러지진 곳이 없고, 바르게 걷는 사람 —— 그 이후의 자손은 복이 있다.) [잠언 20:7]

常(つね)に主(しゅ)を恐(おそ)れる人(ひと)はさいわいである、心(こころ)をかたくなにする者(もの)は災(わざわい)に陥(おちい)る。[箴言 28:14]
(항상 주를 두려워하는 사람은 복이 있다. 마음을 완고하게 하는 사람은 재앙에 빠진다.) [잠언 28:14]

預言(よげん)がなければ民(たみ)はわがままにふるまう、しかし律法(りっぽう)を守(まも)る者(もの)はさいわいである。[箴言 29:18]
(예언이 없으면 백성들은 제멋대로 행동한다. 그러나 율법을 지키는 사람은 복이 있다.) [잠언 29:18]

正(ただ)しい人(ひと)に言(い)え、彼(かれ)らはさいわいであると。彼(かれ)らはその行(おこな)いの実(み)を食(た)べるからである。[イザヤ書 3:10]
(의로운 사람에게 말하라, 그들에게는 복이 있다고. 그들은 그 행의 열매를 먹기 때문이다.) [이사야 3:10]

それゆえ、主(しゅ)は待(ま)っていて、あなたがたに恵(めぐみ)を施(ほどこ)される。それゆえ、主(しゅ)は立(た)ちあがって、あなたがたをあわれまれる。主(しゅ)は公平(こうへい)の神(かみ)でいらせられる。すべて主(しゅ)を待(ま)ち望(のぞ)む者(もの)はさいわいである。[イザヤ書 30:18]
(그러므로 주께서는 기다리고 있으면서, 너희에게 은혜를 베푸신다. 그러므로 주께서는 일어나서 너희를 불쌍히 여기신다. 주께서는 공평의 하나님이시다. 주님을 손꼽아 기다리는 사람은 모두 복이 있다.) [이사야 30:18]

安息日(あんそくにち)を守(まも)って、これを汚(けが)さず、その手(て)をおさえて、悪(あ)しき事(こと)をせず、このように行(おこな)う人(ひと)、これを堅(かた)く守(まも)る人(ひと)の子(こ)はさいわいである」。[イザヤ書 56:2]
(안식일을 지키고, 이것을 더럽히지 않고 그 손을 누르고, 악한 일을 하지 않고,

이와 같이 행하는 사람, 이것을 굳게 지키는 사람은 복이 있다.") [이사야 56:2]

つるぎで殺(ころ)される者(もの)は、飢(う)えて死(し)ぬ者(もの)よりもさいわいである。彼(かれ)らは田畑(たはた)の産物(さんぶつ)の欠乏(けつぼう)によって、刺(さ)された者(もの)のように衰(おとろ)え行(い)くからである。 [哀歌 4:9]

(칼로 죽음을 당하는 사람은, 굶주림으로 죽은 사람들보다 복이 있다. 그들은 논밭의 산물이 결핍해서, 찔린 사람처럼 쇠약해지기 때문이다.) [예레미야애가 4:9]

본 절의 이 부분에 관해 타 번역본에서는 다음과 같이 묘사하고 있다.

[例] 幸福(こうふく)なる哉(かな)、この書(しょ)の預言(よげん)の言(ことば)を守(まも)る者(もの)！」[塚本訳1963]

(행복하구나, 이 책에 적힌 예언의 말씀을 지키는 사람들!")

この書(しょ)の預言(よげん)のことばを堅(かた)く守(まも)る者(もの)は、幸(さいわ)いである。」[新改訳1970]

(이 책에 적힌 예언의 말씀을 굳게 지키는 사람들은 복이 있다.")

さいわいなのはこの書(しょ)の預言(よげん)のことばを守(まも)るもの」と。[前田訳1978]

(복이 있는 것은, 이 책에 적힌 예언의 말씀을 지키는 사람들." 라고)

この書(しょ)の預言(よげん)の言葉(ことば)を守(まも)る者(もの)は幸(さいわ)いである」。[フランシスコ会訳1984]

(이 책에 적힌 예언의 말씀을 지키는 사람들은 복이 있다.")

この書物(しょもつ)の預言(よげん)の言葉(ことば)を守(まも)る者(もの)は、幸(さいわ)いである。」[新共同訳1987]

(이 책에 적힌 예언의 말씀을 굳게 지키는 사람들은 복이 있다.")

この書(しょ)[に含まれた]預言(よげん)の言葉(ことば)を守(まも)る人(ひと)は幸(さいわ)いである」。[岩波翻訳委員会訳1995]
(이 책[에 포함된] 예언의 말씀을 지키는 사람은 복이 있다.")

ヨハネの黙示 22：8 － 22：9
ヨハネ天使(てんし)を拝(はい)せんとす
요한, 천사를 예배하려고 하다

> [1]これらのことを見聞(みき)きした者(もの)は、このヨハネである。わたしが見聞(みき)きした時(とき)、[2]それらのことを示(しめ)してくれた御使(みつかい)の足(あし)もとにひれ伏(ふ)して拝(はい)そうとすると、[ヨハネの黙示録 22:8]
>
> (이런 일들을 보고 들은 사람은 바로 나 요한이다. 내가 보고 들었을 때, 그런 일들을 보여 준 천사 발밑에 넙죽 엎드려서 배례하려고 하였더니,) [22:8]

[1]これらのことを見聞(みき)きした者(もの)は、このヨハネである。: 이런 일들을 보고 들은 사람은 바로 나 요한이다.

「見聞(みき)きした」는 「見聞(みき)きする」의 과거형이다. 「見聞(みき)きする」는 복합명사 「見聞(みき)き」에 형식동사 「する」가 붙어 동사화한 말로 「× 見聞(みき)く」의 형태의 복합동사는 존재하지 않는다. 즉, 〈「× 見聞(みき)く → 見聞(みき)き」+「する」〉와 같은 파생 과정이 있는 것이 아니라, 〈「見(み)+聞(き)き」[복합명사]+「する」〉와 같은 구조를 취하는 동사이다.

그리고 이 부분을 타 번역본에서는 다음과 같이 전개되고 있다.

[例] これらのことを聞(き)きまた見(み)たのはわたしヨハネである。[塚本訳 1963]

(이런 일들을 듣고 또 본 것은 나 요한이다.)

これらのことを聞(き)き、また見(み)たのは私(わたし)ヨハネである。[新改訳1970]

(이런 일들을 듣고 또 본 것은 나 요한이다.)

わたしヨハネは、これらを<u>聞(き)</u>き、また<u>見(み)</u>たとき、[前田訳1978]
(나 요한은 이런 일들을 듣고 또 보았을 때,)

これらのことを<u>聞(き)</u>き、また<u>見(み)</u>たのは、わたしヨハネである。[フランシスコ会訳1984]
(이런 일들을 듣고 또 본 것은 나 요한이다.)

わたしは、これらのことを<u>聞(き)</u>き、また<u>見(み)</u>たヨハネである。[新共同訳1987]
(나는 이런 일들을 듣고 또 본 요한이다.)

これらのことを<u>聞(き)</u>きまた<u>見(み)</u>たのは、この私(わたし)ヨハネである。[岩波翻訳委員会訳1995]
(이런 일들을 듣고 또 본 것은 바로 나 요한이다.)

「[売(う)り+買(か)い ; 복합명사]+する」와 「[居眠(いねむ)り](복합동사의 연용형)+する」

1. 「[売(う)り+買(か)い ; 복합명사]+する」유형

「売(う)り買(か)いする」; 매매하다. 사고팔다. 장사하다. 복합명사 「売(う)り買(か)い」에 형식동사 「する」가 붙어 동사화한 말로 「× 売(う)り買(か)う」의 형태의 복합동사는 존재하지 않는다. 즉, 〈「× 売(う)り買(か)う → 売(う)り買(か)い」+「する」〉와 같은 파생 과정이 있는 것이 아니라, 〈「売(う)り+買(か)い」[복합명사]+「する」〉와 같은 구조를 취하는 동사이다.

[例] でも、目(め)に見(み)えないものを売(う)り買(か)いするのはいろいろ面倒(めんどう)なことが起(お)こります。
(하지만 눈에 보이지 않는 것을 매매하는 것은 여러 가지로 귀찮은 일이 생깁니다.)

「出入(でい)りする」는 〈「× 出入(でい)う → 出入(でい)り」+「する」〉와 같은 파생 과정이 있는 것이 아니라, 〈「出(で)+入(い)り」[복합명사]+「する」〉와 같은 구조를 취하는 동사이다.

[例] FBI捜査官(そうさかん)として、私(わたし)たちはバッジを見(み)せるだけで国内(こくない)のどこの刑務所(けいむしょ)にも出入(でい)りすることができる。
(FBI 수사관으로서 우리들은 배지를 보이기만 하면 국내의 어느 형무소에도 출입할 수 있다.)

「出稼(でかせ)ぎする」는 〈「× 出稼(でかせ)ぐ → 出稼(でかせ)ぎ」+「する」〉와 같은 파생 과정이 있는 것이 아니라, 〈「出(で)+稼(かせ)ぎ」[복합명사]+「する」〉와 같은 구조를 취하는 동사이다.

[例] 前述(ぜんじゅつ)した三〇年代(さんじゅうねんだい)前半(ぜんはん)の「燃料(ねんりょう)革命(かくめい)」によって、薪炭(しんたん)生産(せいさん)による現金(げんきん)収入(しゅうにゅう)の確保(かくほ)が困難(こんなん)となり、三十五年(さんじゅうごねん)以降(いこう)、主(しゅ)として関東(かんとう)方面(ほうめん)へ出稼(でかせ)ぎする者(もの)が急増(きゅうぞう)した。
(전술한 30년대 전반의 "연료 혁명"에 의해 신탄(薪炭) 생산에 의한 현금 수입 확보가 곤란해져서 35년 이후, 주로 간토 방면으로 타지에 나가서 돈을 버는 사람들이 급증했다.)

「駆(か)け引(ひ)きする」는 〈「× 駆(か)け引(ひ)く → 駆(か)け引(ひ)き」+「する」〉와 같은 파생 과정이 있는 것이 아니라, 〈「駆(か)け+引(ひ)き」[복합명사]+「する」〉와 같은 구조를 취하는 동사이다.

[例] 彼(かれ)は外国(がいこく)の人々(ひとびと)とうまく駆(か)け引(ひ)きする術(すべ)を知(し)っているし、破壊(はかい)を行(おこな)っている人(ひと)の立場(たちば)にも理解(りかい)を示(しめ)す。
(그는 외국 사람들과 잘 흥정하는 방법도 알고 있었고, 파괴를 행하고 있는 사람의 입장에도 이해를 보인다.)

「取引(とりひき)する ; 거래하다」도 복합명사「取引(とりひき)」에「する」가 후접해서 동사화한 말로「× 取(と)り引(ひ)く」와 같은 복합동사는 없다.

[例] たとえば、潜在的(せんざいてき)顧客(こきゃく)は、経営難(けいえいなん)の企業(きぎょう)と取(と)り引(ひ)きすることに気(き)が進(すす)まない。
(예를 들어 잠재적 고객은 경영난의 기업과 거래하는 것에 마음이 내키지 않는다.)

「読(よ)み書(か)きする ; 읽고 쓰다」도 복합명사「読(よ)み書(か)き」에「する」가 후접해서 동사화한 말로「× 読(よ)み書(か)く」라는 복합동사는 존재하지 않는다.

[例] たとえ、専門家(せんもんか)であったとしても、たとえば、日本人(にほんじん)で日本語(にほんご)を読(よ)み書(か)きする読者(どくしゃ)に物語(ものがたり)を語(かた)るとなれば、日本語(にほんご)を使(つか)うしかありません。
(설령, 전문가였다고 하더라도 예를 들어 일본인으로 일본어를 읽고 쓰는 독자에게 이야기를 말하게 되면 일본어를 사용할 수밖에 없다.)

2. 「[居眠(いねむ)り](복합동사의 연용형)+する」유형

한편, 「居眠(いねむ)る ; 앉아서 졸다」와 같은 복합동사의 경우에는 동사의 연용형을 전성명사로 만들어 이것에 다시 형식동사 「する」를 후접시켜 「[居眠(いねむ)り](동사의 연용형)+する」와 같은 「する동사」로도 사용할 수 있다.

[例] 壁(かべ)を背(せ)にして居眠(いねむ)る。
　　(벽을 등으로 해서 앉아서 졸다.)

　　妻(つま)がクラシックに目(め)がなくて、ぼくはどうせ居眠(いねむ)りするつもりで出(で)かけて行(い)ったんです。
　　(집사람이 클래식에는 안목이 없어 나는 어차피 앉아서 졸 생각으로 나갔습니다.)

「取消(とりけ)す ; 취소하다」와 같은 복합동사의 경우에도 동사의 연용형을 전성명사로 만들어 이것에 다시 형식동사 「する」를 후접시켜 「[取消(とりけ)し](동사의 연용형)+する」와 같이 「する동사」로도 사용할 수 있다.

[例] 危険(きけん)の予防(よぼう)のため必要(ひつよう)があると認(みと)める時(とき)は、その許可(きょか)を取消(とりけ)すことができる。
　　(위험 예방을 위해 필요가 있다고 인정될 때는 그 허가를 취소할 수 있다.)

　　この場合(ばあい)は労働(ろうどう)契約(けいやく)が成立(せいりつ)したとみなされますので、会社(かいしゃ)の都合(つごう)で取消(とりけ)しする場合(ばあい)には、相応(そうおう)の補償(ほしょう)が必要(ひつよう)です。
　　(이 경우에는 노동 계약이 성립되었다고 간주되기 때문에 회사 사정에 따라 취소할 경우에는 상당하는 보상이 필요합니다.)

「支払(しはら)う ; 지불하다」와 같은 복합동사의 경우에도 동사의 연용형을 전성명사로 만들어 이것에 다시 형식동사「する」를 후접시켜「[支払(しはら)い](동사의 연용형)+する」와 같이「する동사」로도 사용할 수 있다.

[例] 同(どう)機構(きこう)は、会社(かいしゃ)に代(か)わって退職金(たいしょくきん)を支払(しはら)う団体(だんたい)です。
(동 기구는 회사를 대신하여 퇴직금을 지불하는 단체입니다.)

年末(ねんまつ)、銀行(ぎんこう)はいつまで営業(えいぎょう)してますか? 支払(しはら)いするの忘(わす)れてました。
(연말에 은행은 언제까지 영업합니까? 돈 내는 것을 잊고 있었습니다.)

「取(と)り扱(あつか)う ; 취급하다」와 같은 복합동사의 경우에도 동사의 연용형을 전성명사로 만들어 이것에 다시 형식동사「する」를 후접시켜「[取(と)り扱(あつか)い](동사의 연용형)+する」와 같이「する동사」로도 사용할 수 있다.

[例] 比較的(ひかくてき)軽微(けいび)な交通(こうつう)違反(いはん)を行政(ぎょうせい)処分(しょぶん)によって取(と)り扱(あつか)うために、いくつかの制度(せいど)が設(もう)けられています。
(비교적 경미한 교통 위반을 행정처분에 의해 취급하기 위해 몇 가지 제도가 설치되어 있습니다.)

四年前(よねんまえ)に情報(じょうほう)公開(こうかい)制度(せいど)ができて、慎重(しんちょう)に取(と)り扱(あつか)いするようになり、私(わたくし)への[偽造(ぎぞう)]依頼(いらい)もなくなりました。
(4년 전에 정보 공개 제도가 생겨 신중하게 취급함에 따라 사적인[위조의] 의뢰도 없어졌습니다.)

「付(つ)き合(あ)う ; 사귀다」와 같은 복합동사의 경우에도 동사의 연용형을 전성명사로 만들어 이것에 다시 형식동사 「する」를 후접시켜 「[付(つ)き合(あ)い(동사의 연용형)+する」와 같이 「する동사」로도 사용할 수 있다.

[例] 仕事(しごと)に没頭(ぼっとう)したいと思(おも)っている以上(いじょう)に、魅力的(みりょくてき)[好(この)みの]な女(おんな)だったら、付(つ)き合(あ)うよ。
(일에 몰두하고 싶다고 생각하고 있는 이상으로 매력적인[취향의] 여자라면, 사귈 거야.)

私(わたし)は今(いま)、すごく遠(とお)くに住(す)んでいる方(かた)とお付(つ)き合(あ)いしているんですが、いい年(とし)なので結婚(けっこん)の事(こと)も考(かんが)えてしまいます。
(저는 지금 무척 먼 곳에 살고 있는 분과 교재하고 있습니다만, 나이도 괜찮아서 결혼까지 생각하게 됩니다.)

「引(ひ)っ越(こ)す ; 이사하다」와 같은 복합동사의 경우에도 동사의 연용형을 전성명사로 만들어 이것에 다시 형식동사 「する」를 후접시켜 「[引(ひ)っ越(こ)し(동사의 연용형)+する」와 같이 「する동사」로도 사용할 수 있다.

[例] そこで母親(ははおや)は市場(いちば)の近(ちか)くに引(ひ)っ越(こ)すことにした。ところが今度(こんど)は商売(しょうばい)の真似(まね)ばかりするので、学校(がっこう)の近(ちか)くに引(ひ)っ越(こ)した。
(그래서 어머니는 시장 근처에 이사 가기로 했다. 그런데 이번에는 장사하는 흉내만 내서 학교 근처로 이사했다.)

アパートを引(ひ)っ越(こ)しすることになったんですが、入居(にゅうきょ)した時(とき)に自分(じぶん)で取(と)りつけたエアコンをそのアパートに

置(お)いて行(い)こうと思(おも)います。
(집을 이사하게 되었습니다만, 입주할 때 제가 달은 에어컨을 그 집에 두고 가려고 생각합니다.)20)

[2] それらのことを示(しめ)してくれた御使(みつかい)の足(あし)もとにひれ伏(ふ)して拝(はい)そうとすると、: 그런 일들을 보여 준 천사 발밑에 넙죽 엎드려서 배례하려고 하였더니,

「示(しめ)してくれた」는 「示(しめ)す」에 수수표현 「~てくれる」의 과거인 「~てくれた」가 접속된 것이다. 구어역 성서에서 「示(しめ)してくれる」의 예를 들면 다음과 같다.

[例] 神(かみ)は不義(ふぎ)なかたではないから、あなたがたの働(はたら)きや、あなたがたがかつて聖徒(せいと)に仕(つか)え、今(いま)もなお仕(つか)えて、御名(みな)のために示(しめ)してくれた愛(あい)を、お忘(わす)れになることはない。[ヘブル人への手紙 6:10]
(하나님께서는 불의하신 분이 아니기 때문에, 여러분의 행위나 여러분이 이전에 성도를 섬겼고, 지금도 여전히 섬기고 있고, 하나님의 이름을 위하여 보여 준 사랑을 잊어버리지 않으신다.) [히브리서 6:10]

あなたの民(たみ)の人々(ひとびと)があなたに向(む)かって、『これはなんのことであるか、われわれに示(しめ)してくれないか』と言(い)う時(とき)は、[エゼキエル書 37:18]
(네 백성의 사람들이 너를 향해, '이것은 무슨 일인지 우리에게 알려 주지 않겠느냐?'고 할 때는,) [에스겔 37:18]

---

20) 개정판 현대일본어문법연구2 2. 고유어의 「する」동사화에서 인용하여 일부 수정함.

> 彼(かれ)は言(い)った、「そのようなことをしてはいけない。[1]わたしは、あなたや、あなたの兄弟(きょうだい)である預言者(よげんしゃ)たちや、この書(しょ)の言葉(ことば)を守(まも)る者(もの)たちと、同(おな)じ僕(しもべ)仲間(なかま)である。[2]ただ神(かみ)だけを拝(はい)しなさい」。[ヨハネの黙示録 22:9]
> (그는 말했다. "그와 같은 일을 해서는 안 된다. 나는 너나 네 형제인 예언자들이나 이 책의 말씀을 지키는 사람들과 같은 종의 동료이다. 오로지 하나님에게만 배례하라.") [22:9]

[フランシスコ会聖書研究所(1984)『新約聖書』サンパウロ. p. 969 주(22-9)]에 의하면, 다음의 성구가 본 절과 관계있다고 설명하고 있다.

[例] ペテロがいよいよ到着(とうちゃく)すると、コルネリオは出迎(でむか)えて、彼(かれ)の足(あし)もとにひれ伏(ふ)して拝(はい)した。[使徒行伝 10:25]
(베드로가 이윽고 도착하자, 고넬료가 맞이하며 베드로 발밑에 넙죽 엎드려서 배례했다.) [사도행전 10:25]

するとペテロは、彼(かれ)を引(ひ)き起(おこ)して言(い)った、「お立(た)ちなさい。わたしも同(おな)じ人間(にんげん)です」。[使徒行伝 10:26]
(그러자 베드로는 그를 다시 일으켜 세우고 말했다. "일어나십시오. 저도 같은 사람입니다.") [사도행전 10:26]

[1] わたしは、あなたや、あなたの兄弟(きょうだい)である預言者(よげんしゃ)たちや、この書(しょ)の言葉(ことば)を守(まも)る者(もの)たちと、同(おな)じ僕(しもべ)仲間(なかま)である。[2]ただ神(かみ)だけを拝(はい)しなさい。: 나는 너나 네 형제인 예언자들이나 이 책의 말씀을 지키는 사람들과 같은 종의 동료이다.

상기 문장에서는 「[あなた]や、[あなたの兄弟(きょうだい)である預言者(よげんしゃ)たち]や、[この書(しょ)の言葉(ことば)を守(まも)る者(もの)たちと、」와 같이

명사 성분을 나열의 「~や」와 공동격조사 「~と」로 연결하여 쓰고 있다.
이에 대해 타 번역본에서는 다음과 같이 묘사하고 있다.

[例] 私(わたし)はお前(まえ)や、お前(まえ)の兄弟(きょうだい)である預言者達(よげんしゃたち)や、この書(しょ)の言(ことば)を守(まも)っている人達(ひとたち)の同輩(どうはい)である。[塚本訳1963]
(나는 너나 네 형제인 예언자들이나 이 책의 말씀을 지키는 사람들의 동료이다.)

私(わたし)は、あなたや、あなたの兄弟(きょうだい)である預言者(よげんしゃ)たちや、この書(しょ)のことばを堅(かた)く守(まも)る人々と同(おな)じしもべです。[新改訳1970]
(나는 너나 네 형제인 예언자들이나 이 책의 말씀을 굳게 지키는 사람들과 같은 종입니다.)

わたしはあなたやあなたの兄弟(きょうだい)である預言者(よげんしゃ)ら、この書(しょ)のことばを守(まも)る人々と同(おな)じ仲間(なかま)の僕(しもべ)である。[前田訳1978]
(나는 너나 네 형제인 예언자들이나 이 책의 말씀을 지키는 같은 동료의 종이다.)

わたしも、あなたやあなたの兄弟(きょうだい)である預言者(よげんしゃ)たち、また、この書(しょ)の言葉(ことば)を守(まも)る人々(ひとびと)と同(おな)じく、僕(しもべ)仲間(なかま)にすぎない。[フランシスコ会訳1984]
(나도 너나 네 형제인 예언자들 또 이 책의 말씀을 지키는 사람들과 마찬가지로 종의 동료에 지나지 않는다.)

わたしは、あなたや、あなたの兄弟(きょうだい)である預言者(よげんしゃ)たちや、この書物(しょもつ)の言葉(ことば)を守(まも)っている人(ひと)たちと共(とも)に、仕(つか)える者(もの)である。[新共同訳1987]
(나는 너나 네 형제인 예언자들이나, 이 책의 말씀을 지키는 사람들과 함께 섬기는 사람이다.)

私(わたし)はあなたや、あなたの兄弟(きょうだい)である預言者(よげんしゃ)たちや、この書(しょ)に書(か)かれた言葉(ことば)を守(まも)っている者(もの)たちと同(おな)じ、〔神(かみ)に仕(つか)える〕僕(しもべ)仲間(なかま)なのだ。[岩波翻訳委員会訳1995]
(나는 너나 네 형제인 예언자들이나, 이 책에 쓰인 말씀을 지키는 사람들과 같은 〔하나님을 섬기는〕종의 동료인 것이다.)

[2] ただ神(かみ)だけを拝(はい)しなさい。: 오로지 하나님에게만 배례하라."
「ただ [只·唯]」는 명사적 용법과 부사적 용법이 있는데,「ただ神(かみ)だけを拝(はい)しなさい」와 같이 부사로 쓰일 경우,「오직, 그저, 오로지」의 뜻을 나타낸다.

[例] するとイエスは彼(かれ)に言(い)われた、「サタンよ、退(しりぞ)け。『主(しゅ)なるあなたの神(かみ)を拝(はい)し、ただ神(かみ)にのみ仕(つか)えよ』と書(か)いてある」。[マタイによる福音書 4:10]
(그러자 예수께서는 그에게 말씀하셨다. "사탄아, 물러가라. '주이신 너의 하나님께 경배하고, 오직 하나님만을 섬겨라' 고 쓰여 있다.") [마태복음 4:10]

あなたがたの言葉(ことば)は、ただ、しかり、しかり、否(いな)、否(いな)、であるべきだ。それ以上(いじょう)に出(で)ることは、悪(あく)から来(く)るのである。[マタイによる福音書 5:37]
(너희 말은 오직 '예' '예', '아니오' '아니오'이어야 한다. 더 이상 나오는 것은 악에서 나오는 것이다.) [마태복음 5:37]

わたしにむかって『主(しゅ)よ、主(しゅ)よ』と言(い)う者(もの)が、みな天国(てんごく)にはいるのではなく、ただ、天(てん)にいますわが父(ちち)の御旨(みむね)を行(おこな)う者(もの)だけが、はいるのである。[マタイによる福音書 7:21]

(나를 향해 '주님, 주님' 라고 말하는 사람이 모두 하늘나라에 들어가는 것이 아니라, 오직 하늘에 계신 내 아버지의 뜻을 행하는 사람만이 들어가는 것이다.) [마태복음 7:21]

わたしが言(い)ったのは、パンについてではないことを、どうして悟(さと)らないのか。ただ、パリサイ人(びと)とサドカイ人(びと)とのパン種(だね)を警戒(けいかい)しなさい」。[マタイによる福音書 16:11]
(내가 말한 것은, 빵에 관해서가 아닌 것을, 어찌 깨닫지 못하느냐? 오로지 바리새파 사람들과 사두개파 사람들의 빵 누룩을 경계하라.") [마태복음 16:11]

その日(ひ)、その時(とき)は、だれも知(し)らない。天(てん)の御使(みつかい)たちも、また子(こ)も知(し)らない、ただ父(ちち)だけが知(し)っておられる。[マタイによる福音書 24:36]
(그 날, 그 때는, 아무도 모른다. 하늘의 천사들도, 또 아들도 모른다. 오직 아버지만이 알고 계신다.) [마태복음 24:36]

イエスはその話(はな)している言葉(ことば)を聞(き)き流(なが)して、会堂司(かいどうづかさ)に言(い)われた、「恐(おそ)れることはない。ただ信(しん)じなさい」。[マルコによる福音書 5:36]
(예수께서는 그가 하는 말을 귀담아 듣지 않고, 회당장에게 말씀하셨다. "무서워하지 마라. 다만 믿기만 해라.") [마가복음 5:36]

しかし、わたしの右(みぎ)、左(ひだり)に座(すわ)らせることは、わたしのすることではなく、ただ備(そな)えられている人々(ひとびと)だけに許(ゆる)されることである」。[マルコによる福音書 10:40]
(그러나 내 오른쪽, 왼쪽에 앉히는 것은 내가 하는 일이 아니고 다만 준비되어 있는 사람들에게만 허락되는 것이다.") [마가복음 10:40]

その日(ひ)、その時(とき)は、だれも知(し)らない。天(てん)にいる御使(みつかい)たちも、また子(こ)も知(し)らない、ただ父(ちち)だけが知(し)っておられる。[マルコによる福音書 13:32]

(그 날, 그 때는 아무도 모른다. 하늘에 있는 천사들도 또 아들도 모른다. 오직 아버지만이 아신다.) [마가복음 13:32]

イエスは答(こた)えて言(い)われた、「『主(しゅ)なるあなたの神(かみ)を拝(はい)し、ただ神(かみ)にのみ仕(つか)えよ』と書(か)いてある」。[ルカによる福音書 4:8]
(예수께서 대답하며 말씀하셨다. "'주이신 너의 하나님께 경배하고, 오직 하나님만을 섬겨라'라고 쓰여 있다.") [누가복음 4:8]

エリヤはそのうちのだれにもつかわされないで、ただシドンのサレプタにいるひとりのやもめにだけつかわされた。[ルカによる福音書 4:26]
(엘리야는 그 중의 누구에게도 보내지 않으시고, 오직 시돈의 사렙다에 있는 한 과부에게만 보내셨다.) [누가복음 4:26]

また預言者(よげんしゃ)エリシャの時代(じだい)に、イスラエルには多(おお)くのらい病人(びょうにん)がいたのに、そのうちのひとりもきよめられないで、ただシリヤのナアマンだけがきよめられた」。[ルカによる福音書 4:27]
(또 예언자 엘리사 시대에 이스라엘에는 많은 나병 환자가 있었는데, 그들 중의 한 사람도 깨끗함을 받지 못하고, 오직 시리아의 나아만만이 깨끗함을 받았다.") [누가복음 4:27]

イエスは、だれにも話(はな)さないようにと彼(かれ)に言(い)い聞(き)かせ、「ただ行(い)って自分(じぶん)のからだを祭司(さいし)に見(み)せ、それからあなたのきよめのため、モーセが命(めい)じたとおりのささげ物(もの)をして、人々(ひとびと)に証明(しょうめい)しなさい」とお命(めい)じになった。[ルカによる福音書 5:14]
(예수께서는 아무에게도 말하지 말라고 그에게 훈계하고, "다만, 가서 네 몸을 제사장에게 보이고, 그리고 네 정결을 위해, 모세가 명한 대로 예물을 드리고, 사람들에게 증명하라." 고 명하셨다.) [누가복음 5:14]

しかしイエスはこれを聞(き)いて会堂司(かいどうづかさ)にむかって言(い)われた、「恐(おそ)れることはない。ただ信(しん)じなさい。娘(むすめ)は助(たす)かるのだ」。[ルカによる福音書 8:50]
(그러나 예수께서는 이것을 들고, 회당장을 향해 말씀하셨다. "두려워하지 말라. 오직 믿어라. 딸은 살아난다.) [누가복음 8:50]

ただ、御国(みくに)を求(もと)めなさい。そうすれば、これらのものは添(そ)えて与(あた)えられるであろう。[ルカによる福音書 12:31]
(오로지 하늘나라를 구하라. 그렇게 하면, 이런 것들은 더하여 주실 것이다.) [누가복음 12:31]

彼(かれ)は光(ひかり)ではなく、ただ、光(ひかり)について証(あか)しをするために来(き)たのである。[ヨハネによる福音書 1:8]
(그는 빛이 아니라, 단지 빛에 관해 증언을 하기 위해 온 것이다.) [요한복음 1:8]

そこでイエスは言(い)われた、「あなたがたが(ひと)の子(こ)を上(あ)げてしまった後(のち)はじめて、わたしがそういう者(もの)であること、また、わたしは自分(じぶん)からは何(なに)もせず、ただ父(ちち)が教(おし)えて下(くだ)さったままを話(はな)していたことが、わかってくるであろう。[ヨハネによる福音書 8:28]
(그러자 예수께서 말씀하셨다. "너희가 인자를 들어 올려 버린 후에 비로소 내가 그런 사람인 것과, 또 나는 내 스스로는 아무것도 하지 않고 오직 아버지께서 가르쳐 주신 대로 이야기하고 있던 것을 알게 될 것이다.) [요한복음 8:28]

ゆえに、それは人間(にんげん)の意志(いし)や努力(どりょく)によるのではなく、ただ神(かみ)のあわれみによるのである。[ローマ人への手紙 9:16]
(그러므로 그것은 사람의 의지나 노력에 의한 것이 아니라, 오직 하나님의 자비에 의한 것이다.) [로마서 9:16]

兄弟(きょうだい)たちよ。あなたがたが召(め)されたのは、実(じつ)に、自由(じゆう)を得(え)るためである。ただ、その自由(じゆう)を、肉(にく)の働(は

たら)く機会(きかい)としないで、愛(あい)をもって互(たが)いに仕(つか)えなさい。[ガラテヤ人への手紙 5:13]
(형제들이여. 하나님께서 여러분을 부르신 것은, 실은, 자유를 얻기 위해서이다. 오로지 그 자유를 육체가 작용하는 기회로 삼지 말고, 사랑으로 서로 섬겨라.) [갈라디아서 5:13]

割礼(かつれい)のあるなしは問題(もんだい)ではなく、<u>ただ</u>、新(あたら)しく造(つく)られることこそ、重要(じゅうよう)なのである。[ガラテヤ人への手紙 6:15]
(할례가 있고 없음은 문제가 아니고, 오직 새롭게 창조되는 것이야말로 중요한 것이다.) [갈라디아서 6:15]

<u>ただ</u>、あなたがたはキリストの福音(ふくいん)にふさわしく生活(せいかつ)しなさい。そして、わたしが行(い)ってあなたがたに会(あ)うにしても、離(はな)れているにしても、あなたがたが一(ひと)つの霊(れい)によって堅(かた)く立(た)ち、一(ひと)つ心(こころ)になって福音(ふくいん)の信仰(しんこう)のために力(ちから)を合(あ)わせて戦(たたか)い、[ピリピ人への手紙 1:27]
(오로지 여러분은 그리스도의 복음에 맞게 생활하라. 그리고 내가 가서 여러분을 만나더라도, 떠나 있더라도, 여러분이 하나의 영에 의해 굳게 서서, 마음을 하나로 해서 복음의 믿음을 위해 힘을 합하여 싸우고,) [빌립보서 1:27]

何事(なにごと)も思(おも)い煩(わずら)ってはならない。<u>ただ</u>、事(こと)ごとに、感謝(かんしゃ)をもって祈(いのり)と願(ねが)いとをささげ、あなたがたの求(もと)めるところを神(かみ)に申(もう)し上(あ)げるがよい。[ピリピ人への手紙 4:6]
(아무것도 고민해서는 안 된다. 오직 매사에 감사로 기도와 간구를 드리고, 여러분이 구하는 것을 하나님께 말씀드려라.) [빌립보서 4:6]

<u>ただ</u>、疑(うたが)わないで、信仰(しんこう)をもって願(ねが)い求(もと)めな

さい。疑(うたが)う人(ひと)は、風(かぜ)の吹(ふ)くままに揺(ゆ)れ動(うご)く海(うみ)の波(なみ)に似(に)ている。[ヤコブの手紙 1:6]
(오직 의심하지 않고, 믿음으로 간구해라. 의심하는 사람은 바람이 부는 대로 흔들리는 바다의 물결과 같다.) [야고보서 1:6]

ヨハネの黙示 22：10 - 22：15
天使(てんし)の命令(めいれい)とイエスの拘束(こうそく)
천사의 명령과 예수의 구속

> またわたしに言(い)った、「[1]この書(しょ)の預言(よげん)の言葉(ことば)を封(ふう)じてはならない。時(とき)が近(ちか)づいているからである。[ヨハネの黙示録 22:10]
> (또 내게 말했다, "이 책에 적힌 예언의 말씀을 봉해서는 안 된다. 때가 가까이 왔기 때문이다.) [22:10]

[1] この書(しょ)の預言(よげん)の言葉(ことば)を封(ふう)じてはならない。： 이 책에 적힌 예언의 말씀을 봉해서는 안 된다.

일본어의 금지표현을 나타내는 형식에는 크게 「~てはならない・~てはいけない・~てはだめだ・~ては困(こま)る」 계열이 있다.

본 절의 「預言(よげん)の言葉(ことば)を封(ふう)じてはならない」의 「~てはならない」는 의무나 책임에서 비춰보아 그렇게 하지 않는 것이 당연하다고 여겨지는 사항을 나타낼 때 쓴다. 따라서 특정 상대에 대해 어떤 행위를 금지시키는 경우보다는, 일반론으로서 그와 같은 행위는 무슨 일이 있어도 허용되지 않는다고 하는 경우에 많이 쓴다. 「~てはならない」의 축약형은 「~ちゃならない」이고, 정중체는 「~てはなりません」「~ちゃなりません」이다. 문어적 혹은 속어적 말씨로는 「~てはならぬ」(보통체) 「~てはならん」(보통체), 「~てはならんです」(정중체)가 있고, 축약형으로는 「~ちゃならぬ」(보통체) 「~ちゃならん」(보통체), 「~ちゃならんです」(정중체)가 있다.[21]

---

21) [マルコによる福音書 2:24]의 설명에서 인용.

[例] 嘘(うそ)を言(い)ってはならない。
(거짓말을 해서는 안 된다.)

代議士(だいぎし)が賄賂(わいろ)なんかを受(う)け取(と)ってはならない。
(국회의원이 뇌물 같은 것을 받아서는 안 된다.)

一度(いちど)や二度(にど)の失敗(しっぱい)で諦(あきら)めてはならない。
(한 두 번의 실패로 포기해서는 안 된다.)

警察(けいさつ)が來(く)るまで、誰(だれ)もここに入(はい)ってはならないそうだ。
(경찰이 올 때까지 아무도 이곳에 들어가서는 안 된다고 한다.)

この掲示板(けいじばん)には無断(むだん)で張(は)り紙(がみ)をはってはなりません。
(이 게시판에는 무단으로 벽보를 붙여서는 안 됩니다.)

ここで見(み)たり聞(き)いたりしたことは決(けっ)して話(はな)してはならないと言(い)われた。
(여기에서 보거나 들은 것은 결코 말해서는 안 된다고 했다.)

田中君(たなかくん)、ぬれた手(て)でスイッチにさわっちゃなりませんよ。
(다나카 군, 젖은 손으로 스위치를 만지면 안 돼요.)

易(やさ)しい問題(もんだい)だといって、{油断(ゆだん)しては / 油断しちゃ}なりません。
(쉬운 문제라고 해서 방심해서는 안 됩니다.)[22]

그럼, 구어역 신약성서에서 나오는 「~てならない」의 예를 들면 다음과 같다.

---

22) 李成圭・權善和(2006e)『현대일본어 문법연구Ⅳ』시간의물레. pp. 90-91에서 인용.

[例] イエスは彼(かれ)に言(い)われた、「『主(しゅ)なるあなたの神(かみ)を試(こころ)みてはならない』とまた書(か)いてある」。[マタイによる福音書 4:7]
(예수께서는 그에게(악마에게) 말씀하셨다. "'주이신 너의 하나님을 시험해서는 안 된다.' 고 또 쓰여 있다.") [마태복음 4:7]

わたしが律法(りっぽう)や預言者(よげんしゃ)を廃(はい)するためにきた、と思(おも)ってはならない。廃(はい)するためではなく、成就(じょうじゅ)するためにきたのである。[マタイによる福音書 5:17]
(내가 율법이나 예언자들을 폐하기 위해 왔다, 고 생각해서는 안 된다. 폐하기 위해서가 아니라, 성취하기 위해 온 것이다.) [마태복음 5:17]

しかし、わたしはあなたがたに言(い)う。いっさい誓(ちか)ってはならない。天(てん)をさして誓(ちか)うな。そこは神(かみ)の御座(みざ)であるから。[マタイによる福音書 5:34]
(그러나 나는 너희에게 말한다. 일절 맹세해서는 안 된다. 하늘을 가리키고 맹세하지 마라. 거기는 하나님의 보좌이기 때문이다.) [마태복음 5:34]

あなたがたは自分(じぶん)のために、虫(むし)が食(く)い、さびがつき、また、盗人(ぬすびと)らが押(お)し入(い)って盗(ぬす)み出(だ)すような地上(ちじょう)に、宝(たから)をたくわえてはならない。[マタイによる福音書 6:19]
(너희는 자신을 위해, 벌레가 먹고, 녹이 슬고, 또 도둑들이 억지로 들어와서, 훔쳐 나오는, 그런 지상에 보물을 쌓아 두어서는 안 된다.) [마태복음 6:19]

パリサイ人(びと)たちがこれを見(み)て、イエスに言(い)った、「ごらんなさい、あなたの弟子(でし)たちが、安息日(あんそくにち)にしてはならないことをしています」。[マタイによる福音書 12:2]
(바리새파 사람들이 이것을 보고 예수에게 말하였다. "보십시오, 당신의 제자들이 안식일에 해서는 안 되는 일을 하고 있습니다.") [마태복음 12:2]

一同(いちどう)が山(やま)を下(くだ)って来(く)るとき、イエスは「人(ひと)

の子(こ)が死人(しにん)の中(なか)からよみがえるまでは、いま見(み)たことをだれにも話(はな)してはならない」と、彼(かれ)らに命(めい)じられた。[マタイによる福音書 17:9]
(그들이 산을 내려올 때, 예수께서는 "인자가 죽은 사람들 가운데서 살아날 때까지는, 지금 본 것을 아무에게도 이야기해서는 안 된다." 고 그들에게 명하셨다.) [마태복음 17:9]

彼(かれ)らはもはや、ふたりではなく一体(いったい)である。だから、神(かみ)が合(あ)わせられたものを、人(ひと)は離(はな)してはならない」。[マタイによる福音書 19:6]
(그들은 더 이상 둘이 아니라, 한 몸이다. 따라서 하나님이 합하신 것을 사람은 갈라놓아서는 안 된다.") [마태복음 19:6]

するとイエスは言(い)われた、「幼(おさ)な子(ご)らをそのままにしておきなさい。わたしのところに来(く)るのをとめてはならない。天国(てんごく)はこのような者(もの)の国(くに)である」。[マタイによる福音書 19:14]
(그러자 예수께서는 말씀하셨다. "어린이들을 그대로 내 버려두어라. 내게 오는 것을 막아서는 안 된다. 하늘나라는 이런 사람들의 나라이다.") [마태복음 19:14]

しかし、あなたがたは先生(せんせい)と呼(よ)ばれてはならない。あなたがたの先生(せんせい)は、ただひとりであって、あなたがたはみな兄弟(きょうだい)なのだから。[マタイによる福音書 23:8]
(그러나 너희는 선생이라고 불려서는 안 된다. 너희의 선생은 오직 한 사람이고, 너희는 모두 형제이니까.) [마태복음 23:8]

また、あなたがたは教師(きょうし)と呼(よ)ばれてはならない。あなたがたの教師(きょうし)はただひとり、すなわち、キリストである。[マタイによる福音書 23:10]
(또 너희는 교사라고 불려서는 안 된다. 너희 교사는 오직 한 사람, 즉 그리스도이다.) [마태복음 23:10]

偽善(ぎぜん)な律法(りっぽう)学者(がくしゃ)、パリサイ人(びと)たちよ。あなたがたは、わざわいである。はっか、いのんど、クミンなどの薬味(やくみ)の十分(じゅうぶん)の一(いち)を宮(みや)に納(おさ)めておりながら、律法(りっぽう)の中(なか)でもっと重要(じゅうよう)な、公平(こうへい)とあわれみと忠実(ちゅうじつ)とを見(み)のがしている。それもしなければならないが、これも見(み)のがしてはならない。[マタイによる福音書 23:23]
(위선의 율법학자들, 바리새파 사람들아. 너희는 재앙이다. 박하, 회향, 커민[cumin] 등의 약품의 십일조를 성전에 바치고 있으면서도, 율법 중에서도 가장 중요한, 공평과 자비와 충실을 놓치고 있다. 그것도 하지 않으면 안 되지만, 이것도 놓쳐서는 안 된다.) [마태복음 23:23]

一同(いちどう)が山(やま)を下(くだ)って来(く)るとき、イエスは「人(ひと)の子(こ)が死人(しにん)の中(なか)から甦(よみがえ)るまでは、いま見(み)たことをだれにも話(はな)してはならない」と、彼(かれ)らに命(めい)じられた。[マルコによる福音書 9:9]
(일행이 산에서 내려올 때, 예수께서는 "인자가 죽은 자 가운데서 부활할 때까지는 지금 본 것을 누구에게도 이야기해서는 안 된다" 고 그들에게 명하셨다.) [마가복음 9:9]

だから、神(かみ)が合(あ)わせられたものを、人(ひと)は離(はな)してはならない」。[マルコによる福音書 10:9]
(따라서 하나님께서 합하신 것을 사람이 떼어놓아서는 안 된다.") [마가복음 10:9]

それを見(み)てイエスは憤(いきどお)り、彼(かれ)らに言(い)われた、「幼子(おさなご)らをわたしの所(ところ)に来(く)るままにしておきなさい。止(と)めてはならない。神(かみ)の国(くに)はこのような者(もの)の国(くに)である。[マルコによる福音書 10:14]
(그것을 보고 예수께서는 노해서 그들에게 말씀하셨다. "어린이들을 내게 오도록 내버려두어라. 막아서는 안 된다. 하나님의 나라는 이와 같은 사람의 나라이다.) [마가복음 10:14]

しかし、あなたがたの間(あいだ)では、そうであってはならない。かえって、あなたがたの間(あいだ)で偉(えら)くなりたいと思(おも)う者(もの)は、仕(つか)える人(ひと)となり、[マルコによる福音書 10:43]
(그러나 너희 사이에서는 그래서는 안 된다. 오히려 너희 사이에서 높은 사람이 되고 싶다고 생각하는 사람은 섬기는 사람이 되고,) [마가복음 10:43]

彼(かれ)らは来(き)てイエスに言(い)った、「先生(せんせい)、わたしたちはあなたが真実(しんじつ)な方(かた)で、だれをも、憚(はばか)らないことを知(し)っています。あなたは人(ひと)に分(わ)け隔(へだ)てをなさらないで、真理(しんり)に基(もとづ)いて神(かみ)の道(みち)を教(おし)えてくださいます。ところで、カイザルに税金(ぜいきん)を納(おさ)めてよいでしょうか、いけないでしょうか。納(おさ)めるべきでしょうか、納(おさ)めてはならないのでしょうか」。[マルコによる福音書 12:14]
(그들은 와서 예수에게 말했다. "선생님, 저희는 선생님이 진실한 분이고 아무도 꺼려하지 않는 것을 알고 있습니다. 선생님은 사람에 차별을 두시지 않고, 진리에 입각하여 하나님의 길을 가르쳐 주십니다. 그런데 로마 황제에게 세금을 바쳐도 좋을까요? 안 되는 것일까요? 바쳐야 할까요? 바쳐서는 안 되는 것일까요?") [마가복음 12:14]

しかし、無(な)くてならぬものは多(おお)くはない。いや、一(ひと)つだけである。マリヤはその良(よ)い方(ほう)を選(えら)んだのだ。そしてそれは、彼女(かのじょ)から取(と)り去(さ)ってはならないものである」。[ルカによる福音書 10:42]
(그러나 없어도 안 되는 것은 많지 않다. 아니, 하나뿐이다. 마리아는 그 좋은 것을 택한 것이다. 그리고 그것은 그녀로부터 빼앗아서는 안 되는 것이다.") [누가복음 10:42]

するとイエスは幼(おさ)な子(こ)らを呼(よ)び寄(よ)せて言(い)われた、「幼(おさ)な子(こ)らをわたしのところに来(く)るままにしておきなさい、止(と)めてはならない。神(かみ)の国(くに)はこのような者(もの)の国(くに)で

ある。[ルカによる福音書 18:16]
(그러자 예수께서는 어린이들을 가까이 불러들여 말씀하셨다. "어린이들이 내게 오는 대로 내버려 두어라. 막아서는 안 된다. 하나님의 나라는 이런 사람의 나라이다.) [누가복음 18:16]

しかし、あなたがたは、そうであってはならない。かえって、あなたがたの中(なか)でいちばん偉(えら)い人(ひと)はいちばん若(わか)い者(もの)のように、指導(しどう)する人(ひと)は仕(つか)える者(もの)のようになるべきである。[口語訳 / ルカによる福音書 22:26]
(그러나 너희는 그래서는 안 된다. 너희 중에서 가장 위대한 사람은 가장 젊은 사람과 같이, 지도하는 사람은 섬기는 사람과 같이 되어야 한다.) [누가복음 22:26]

言(い)った、「あの名(な)を使(つか)って教(おし)えてはならないと、きびしく命(めい)じておいたではないか。それなのに、なんという事(こと)だ。エルサレム中(じゅう)にあなたがたの教(おしえ)を、はんらんさせている。あなたがたは確(たし)かに、あの人(ひと)の血(ち)の責任(せきにん)をわたしたちに負(お)わせようと、たくらんでいるのだ」。[使徒行伝 5:28]
(말했다. "그 이름을 써서 가르쳐서는 안 된다고, 엄중히 명령해 두지 않았느냐? 그런데 대체 무슨 일이냐. 온 예루살렘에 그대들의 가르침을 퍼뜨리고 있다. 그대들은 확실히 그 사람의 피에 대한 책임을 우리에게 씌우려고 획책하고 있다.") [사도행전 5:28]

すると、声(こえ)が二度目(にどめ)にかかってきた、「神(かみ)がきよめたものを、清(きよ)くないなどと言(い)ってはならない」。[使徒行伝 10:15]
(그러자 음성이 두 번째로 들려 왔다. "하나님께서 깨끗하게 한 것을 깨끗하지 않다는 등 말해서는 안 된다.") [사도행전 10:15]

ペテロは彼(かれ)らに言(い)った、「あなたがたが知(し)っているとおり、ユダヤ人(じん)が他国(たこく)の人(ひと)と交際(こうさい)したり、出入(でい)りしたりすることは、禁(きん)じられています。ところが、神(かみ)は、どんな人間(にんげん)をも清(きよ)くないとか、汚(けが)れているとか言(い)っ

てはならないと、わたしにお示(しめ)しになりました。[使徒行伝 10:28]
(베드로는 그들에게 말했다. "너희가 알고 있는 바와 같이 유대인이 다른 나라 사람과 교제하거나 왕래하거나 하는 것은 금지되어 있습니다. 그런데 하나님께서는 어떤 사람도 깨끗하지 않다든가 정결하지 않다든가 말해서는 안 된다고 내게 보여 주셨습니다.) [사도행전 10:28]

すると、二度目(にどめ)に天(てん)から声(こえ)がかかってきた、『神(かみ)がきよめたものを、清(きよ)くないなどと言(い)ってはならない』。[使徒行伝 11:9]
(그러자 두 번째로 하늘에서 음성이 들려 왔다 '하나님께서 깨끗하게 한 것을 깨끗하지 않다는 등 말해서는 안 된다.') [사도행전 11:9]

わたしたちローマ人(じん)が、採用(さいよう)も実行(じっこう)もしてはならない風習(ふうしゅう)を宣伝(せんでん)しているのです」。[使徒行伝 16:21]
(우리 로마인이 채택도 실행도 해서는 안 되는 풍습을 선전하고 있습니다.") [사도행전 16:21]

これは否定(ひてい)のできない事実(じじつ)であるから、諸君(しょくん)はよろしく静(しず)かにしているべきで、乱暴(らんぼう)な行動(こうどう)は、いっさいしてはならない。[使徒行伝 19:36]
(이것은 부정할 수 없는 사실이니, 제군은 조용히 하고 있어야 하며, 난폭한 행동을 해서는 절대 안 된다.) [사도행전 19:36]

また、あなたがたの肢体(したい)を不義(ふぎ)の武器(ぶき)として罪(つみ)にささげてはならない。むしろ、死人(しにん)の中(なか)から生(い)かされた者(もの)として、自分(じぶん)自身(じしん)を神(かみ)にささげ、自分(じぶん)の肢体(したい)を義(ぎ)の武器(ぶき)として神(かみ)にささげるがよい。[ローマ人への手紙 6:13]
(또 여러분의 지체를 불의의 무기로서 죄에 바쳐서는 안 된다. 오히려 죽은 사람들 가운데서 살아난 사람으로서, 자기 자신을 하나님께 바치고, 자기의 지체를 의의

무기로서 하나님께 바쳐라.) [로마서 6:13]

あなたはその枝(えだ)に対(たい)して誇(ほこ)ってはならない。たとえ誇(ほこ)るとしても、あなたが根(ね)をささえているのではなく、根(ね)があなたをささえているのである。[ローマ人への手紙 11:18]
(너는 그 가지에 대해 우쭐대서는 안 된다. 설령 우쭐댈지라도, 네가 뿌리를 지탱하는 것이 아니라, 뿌리가 너를 지탱하고 있는 것이다.) [로마서 11:18]

あなたがたは、この世(よ)と妥協(だきょう)してはならない。むしろ、心(こころ)を新(あら)たにすることによって、造(つく)りかえられ、何(なに)が神(かみ)の御旨(みむね)であるか、何(なに)が善(ぜん)であって、神(かみ)に喜(よろこ)ばれ、かつ全(まった)きことであるかを、わきまえ知(し)るべきである。[ローマ人への手紙 12:2]
(여러분은 이 세상과 타협해서는 안 된다. 오히려 마음을 새롭게 함으로써 다시 만들어져서, 무엇이 하나님의 뜻인지, 무엇이 선이고 하나님께서 기뻐하시고 또한 완전한지를 분별하고 알아야 한다.) [로마서 12:2]

あなたがたを迫害(はくがい)する者(もの)を祝福(しゅくふく)しなさい。祝福(しゅくふく)して、のろってはならない。[ローマ人への手紙 12:14]
(여러분을 박해하는 사람들을 축복하라. 축복하고, 저주해서는 안 된다.) [로마서 12:14]

あなたがたは、主(しゅ)イエス・キリストを着(き)なさい。肉(にく)の欲(よく)を満(み)たすことに心(こころ)を向(む)けてはならない。[ローマ人への手紙 13:14]
(여러분은 주 예수 그리스도를 입어라. 육욕을 채우는 것에 마음을 두어서는 안 된다.) [로마서 13:14]

食(た)べる者(もの)は食(た)べない者(もの)を軽(かろ)んじてはならず、食(た)べない者(もの)も食(た)べる者(もの)をさばいてはならない。神(かみ)は彼(かれ)を受(う)けいれて下(くだ)さったのであるから。[ローマ人への手紙 14:3]

(먹는 이는 먹지 않는 이를 경시해서는 안 되고, 먹지 않는 이는 먹는 이를 심판해서는 안 된다. 하나님께서는 그를 받아들여 주셨기에.) [로마서 14:3]

もし食物(しょくもつ)のゆえに兄弟(きょうだい)を苦(くる)しめるなら、あなたは、もはや愛(あい)によって歩(ある)いているのではない。あなたの食物(しょくもつ)によって、兄弟(きょうだい)を滅(ほろ)ぼしてはならない。キリストは彼(かれ)のためにも、死(し)なれたのである。[ローマ人への手紙 14:15]
(만일 음식 때문에 형제를 괴롭힌다면, 너는 더 이상 사랑으로 살고 있는 것이 아니다. 너의 음식에 의해 형제를 멸망시켜서는 안 된다. 그리스도께서는 그를 위해서도 죽으신 것이다.) [로마서 14:15]

食物(しょくもつ)のことで、神(かみ)のみわざを破壊(はかい)してはならない。すべての物(もの)はきよい。ただ、それを食(た)べて人(ひと)をつまずかせる者(もの)には、悪(あく)となる。[ローマ人への手紙 14:20]
(음식 때문에 하나님의 일을 파괴해서는 안 된다. 모든 것은 깨끗하다. 다만 그것을 먹고, 남을 걸어 넘어뜨리게 하는 사람에게는 악이 된다.) [로마서 14:20]

わたしたち強(つよ)い者(もの)は、強(つよ)くない者(もの)たちの弱(よわ)さをになうべきであって、自分(じぶん)だけを喜(よろこ)ばせることをしてはならない。[ローマ人への手紙 15:1]
(우리 (믿음이) 강한 사람은, 강하지 않은 사람들의 약점을 짊어져야 하며, 자기만을 기뻐하게 하는 짓을 해서는 안 된다.) [로마서 15:1]

だれも自分(じぶん)を欺(あざむ)いてはならない。もしあなたがたのうちに、自分(じぶん)がこの世(よ)の知者(ちしゃ)だと思(おも)う人(ひと)がいるなら、その人(ひと)は知者(ちしゃ)になるために愚(おろ)かになるがよい。[コリント人への第一の手紙 3:18]
(아무도 자기를 속여서는 안 된다. 만일 여러분 중에 자신이 이 세상의 지혜 있는 사람이라고 생각하는 사람이 있다면, 그 사람은 지혜 있는 사람이 되기 위하여 어리석게 되어라.) [고린도전서 3:18]

(しかし、万一(まんいち)別(わか)れているなら、結婚(けっこん)しないでいるか、それとも夫(おっと)と和解(わかい)するかしなさい)。また夫(おっと)も妻(つま)と離婚(りこん)してはならない。[コリント人への第一の手紙 7:11]

((그러나 만일 헤어졌다면, 결혼하지 않고 있거나, 그렇지 않으면 남편과 화해해거나 하라). 그리고 남편도 아내와 이혼해서는 안 된다.) [고린도전서 7:11]

すなわち、モーセの律法(りっぽう)に、「穀物(こくもつ)をこなしている牛(うし)に、くつこをかけてはならない」と書(か)いてある。神(かみ)は、牛(うし)のことを心(こころ)にかけておられるのだろうか。[コリント人への第一の手紙 9:9]

(즉 모세의 율법에, "곡물을 잘게 부수는(타작 일을 하는) 소에게 부리망을 씌워서는 안 된다." 고 쓰여 있다. 하나님께서는 소를 마음에 두고 계신 것일까?) [고린도전서 9:9]

だから、彼(かれ)らの中(なか)のある者(もの)たちのように、偶像(ぐうぞう)礼拝者(れいはいしゃ)になってはならない。すなわち、「民(たみ)は座(ざ)して飲(の)み食(く)いをし、また立(た)って踊(おど)り戯(たわむ)れた」と書(か)いてある。[コリント人への第一の手紙 10:7]

(따라서 그들 중의 어떤 이들과 같이, 우상 숭배자가 되어서는 안 된다. 즉 "백성들이 앉아서 먹고 마시며, 또 일어서서 춤을 추며 놀았다."라고 쓰여 있다.) [고린도전서 10:7]

また、ある者(もの)たちがしたように、わたしたちは不品行(ふひんこう)をしてはならない。不品行(ふひんこう)をしたため倒(たお)された者(もの)が、一日(にち)に二万三千人(にまんさんぜんにん)もあった。[コリント人への第一の手紙 10:8]

(또 어떤 이들이 한 것처럼, 우리는 간음을 해서는 안 된다. 간음을 했기 때문에 쓰러진 사람이 하루에 이만 삼천 명이나 있었다.) [고린도전서 10:8]

また、ある者(もの)たちがしたように、わたしたちは主(しゅ)を試(こころ)みてはならない。主(しゅ)を試(こころ)みた者(もの)は、へびに殺(ころ)された。[コリント人への第一の手紙 10:9]
(또 어떤 이들이 한 것처럼, 우리는 주님을(그리스도를) 시험해서는 안 된다. 주님을 시험하는 자는 뱀한테 물려서 죽었다.) [고린도전서 10:9]

また、ある者(もの)たちがつぶやいたように、つぶやいてはならない。つぶやいた者(もの)は、「死(し)の使(つかい)」に滅(ほろ)ぼされた。[コリント人への第一の手紙 10:10]
(또 어떤 이들이 불평한 것과 같이 불평해서는 안 된다. 불평하는 이는 "죽음의 사자"에 의해 멸망을 당하였다.) [고린도전서 10:10]

わたしの兄弟(きょうだい)たちよ。このようなわけだから、預言(よげん)することを熱心(ねっしん)に求(もと)めなさい。また、異言(いげん)を語(かた)ることを妨(さまた)げてはならない。[コリント人への第一の手紙 14:39]
(나의 형제들아. 이와 같은 연유로, 예언하는 것을 열심히 구하라. 그리고 방언을 말하는 것을 방해해서는 안 된다.) [고린도전서 14:39]

わたしたちはまた、神(かみ)と共(とも)に働(はたら)く者(もの)として、あなたがたに勧(すす)める。神(かみ)の恵(めぐ)みをいたずらに受(う)けてはならない。[コリント人への第二の手紙 6:1]
(우리는 또 하나님과 함께 일하는 사람으로서 여러분에게 권한다. 하나님의 은혜를 헛되이 받아서는 안 된다.) [고린도후서 6:1]

だから、「彼(かれ)らの間(あいだ)から出(で)て行(い)き、彼(かれ)らと分離(ぶんり)せよ、と主(しゅ)は言(い)われる。そして、汚(けが)れたものに触(ふれ)てはならない。触(ふれ)なければ、わたしはあなたがたを受(う)けいれよう。[コリント人への第二の手紙 6:17]
(그러므로 "그들 사이에서 나가서, 그들과 분리하라, 고 주님께서 말씀하신다. 부정한 것에 손을 대서는 안 된다. 손을 대지 않으면, 나는 너희를 받아들이겠다.) [고린도후서 6:17]

パラダイスに引(ひ)き上(あ)げられ、そして口(くち)に言(い)い表(あら)わせない、人間(にんげん)が語(かた)ってはならない言葉(ことば)を聞(き)いたのを、わたしは知(し)っている。[コリント人への第二の手紙 12:4]
(낙원에 이끌려 올라가서, 그리고 말로 다 표현할 수도 없는, 사람이 말해서는 안 되는 말씀을 들은 것을, 나는 알고 있다.) [고린도후서 12:4]

しかし、聖書(せいしょ)はなんと言(い)っているか。「女(おんな)奴隷(どれい)とその子(こ)とを追(お)い出(だ)せ。女(おんな)奴隷(どれい)の子(こ)は、自由(じゆう)の女(おんな)の子(こ)と共(とも)に相続(そうぞく)をしてはならない」とある。[ガラテヤ人への手紙 4:30]
(그러나 성경은 무엇이라고 하느냐? "여자 노예와 그 아들을 내쫓아라. 여자 노예의 아들은, 자유인의 여자의 아들과 함께 상속을 받아서는 안 된다.") 고 나와 있다.) [갈라디아서 4:30]

自由(じゆう)を得(え)させるために、キリストはわたしたちを解放(かいほう)して下(くだ)さったのである。だから、堅(かた)く立(た)って、二度(にど)と奴隷(どれい)のくびきにつながれてはならない。[ガラテヤ人への手紙 5:1]
(자유를 얻게 하기 위해, 그리스도께서는 우리를 해방시켜 주셨다. 그러므로 굳게 서서, 두 번 다시 노예의 멍에에 묶여서는 안 된다.) [갈라디아서 5:1]

互(たがい)にいどみ合(あ)い、互(たがい)にねたみ合(あ)って、虚栄(きょえい)に生(い)きてはならない。[ガラテヤ人への手紙 5:26]
(서로 싸움을 걸거나, 서로 질투하거나, 허영에 들뜨며 살아서는 안 된다.) [갈라디아서 5:26]

わたしたちは、善(ぜん)を行(おこな)うことに、うみ疲(つか)れてはならない。たゆまないでいると、時(とき)が来(く)れば刈(か)り取(と)るようになる。[ガラテヤ人への手紙 6:9]
(우리는 선을 행하는 것에 싫증이 나서 피로를 느껴서는 안 된다. 방심하고 있지 않다가, 때가 오면 수확하게 된다.) [갈라디아서 6:9]

そこで、わたしは主(しゅ)にあっておごそかに勧(すす)める。あなたがたは今後(こんご)、異邦人(いほうじん)がむなしい心(こころ)で歩(ある)いているように歩(ある)いてはならない。[エペソ人への手紙 4:17]
(그래서 나는 주님 안에서 엄숙히 권하다. 여러분은 이제부터 이방인이 허망한 생각으로 지내고 있는 것 같이 살아가서는 안 된다.) [에베소서 4:17]

怒(いか)ることがあっても、罪(つみ)を犯(おか)してはならない。憤(いきどお)ったままで、日(ひ)が暮(く)れるようであってはならない。[エペソ人への手紙 4:26]
(화가 날 일이 있어도, 죄는 범해서는 안 된다. 노한 채로 해가 지는 것처럼 해서는 안 된다.) [에베소서 4:26]

また、不品行(ふひんこう)といろいろな汚(けが)れや貪欲(どんよく)などを、聖徒(せいと)にふさわしく、あなたがたの間(あいだ)では、口(くち)にすることさえしてはならない。[エペソ人への手紙 5:3]
(또 품행이 나쁜 것과 여러 가지 더러운 행위나 탐욕 등을, 성도에게 합당하게, 여러분 사이에서는 입에 담는 것조차 해서는 안 된다.) [에베소서 5:3]

主人(しゅじん)たる者(もの)よ。僕(しもべ)たちに対(たい)して、同様(どうよう)にしなさい。おどすことを、してはならない。あなたがたが知(し)っているとおり、彼(かれ)らとあなたがたとの主(しゅ)は天(てん)にいますのであり、かつ人(ひと)をかたより見(み)ることをなさらないのである。[エペソ人への手紙 6:9]
(주인이신 여러분, 종들에 대해 똑같이 하라. 위협하는 것을 해서는 안 된다. 여러분이 알고 있는 대로, 그들과 여러분의 주님은 하늘에 계시고, 또한 사람을 편파적으로 보는 것을 하시지 않기 때문이다.) [에베소서 6:9]

何事(なにごと)も思(おも)い煩(わずら)ってはならない。ただ、事(こと)ごとに、感謝(かんしゃ)をもって祈(いのり)と願(ねが)いとをささげ、あなたがたの求(もと)めるところを神(かみ)に申(もう)し上(あ)げるがよい。[ピリピ

人への手紙 4:6]
(아무것도 고민해서는 안 된다. 오직 매사 감사하는 마음으로 기도와 간구를 드리고, 여러분이 구하는 것을 하나님께 말씀드려라.) [빌립보서 4:6]

だから、あなたがたは、食物(しょくもつ)と飲(の)み物(もの)とにつき、あるいは祭(まつり)や新月(しんげつ)や安息日(あんそくにち)などについて、だれにも批評(ひひょう)されてはならない。[コロサイ人への手紙 2:16]
(그러므로 여러분은, 먹는 것과 마시는 것에 관해, 혹은 명절이나 초승달 축제나 안식일 등에 관해, 누구에게도 비평받아서는 안 된다.) [골로새서 2:16]

あなたがたは、わざとらしい謙(けん)そんと天使(てんし)礼拝(れいはい)とにおぼれている人々(ひとびと)から、いろいろと悪評(あくひょう)されてはならない。彼(かれ)らは幻(まぼろし)を見(み)たことを重(おも)んじ、肉(にく)の思(おも)いによっていたずらに誇(ほこ)るだけで、[コロサイ人への手紙 2:18]
(너희는 꾸민 것 같은 겸손과 천사 숭배에 빠져 있는 사람들로부터 여러 가지 악평을 받아서는 안 된다. 그들은 환상을 본 것을 중시하고, 육신의 생각으로 헛되이 뽐낼 뿐으로,) [골로새서 2:18]

あなたがたは上(うえ)にあるものを思(おも)うべきであって、地上(ちじょう)のものに心(こころ)を引(ひ)かれてはならない。[コロサイ人への手紙 3:2]
(여러분은 위에 있는 것을 생각해야 하며, 지상의 것에 마음을 끌려서는 안 된다.) [골로새서 3:2]

互(たがい)にうそを言(い)ってはならない。あなたがたは、古(ふる)き人(ひと)をその行(おこな)いと一緒(いっしょ)に脱(ぬ)ぎ捨(す)て、[コロサイ人への手紙 3:9]
(서로 거짓말을 해서는 안 된다. 여러분은 옛 사람을 그 행실과 함께 벗어 버리고,) [골로새서 3:9]

また、このようなことで兄弟(きょうだい)を踏(ふ)みつけたり、だましたりしてはならない。前(まえ)にもあなたがたにきびしく警告(けいこく)しておいたように、主(しゅ)はこれらすべてのことについて、報(むく)いをなさるからである。[テサロニケ人への第一の手紙 4:6]
(또 이와 같은 일로 형제를 짓밟거나 속이거나 해서는 안 된다. 전에도 엄중히 경고해 둔 바와 같이, 주님께서는 이런 모든 일에 관해 징벌을 하시기 때문이다.) [데살로니가전서 4:6]

御霊(みたま)を消(け)してはいけない。[テサロニケ人への第一の手紙 5:19]
(성령을 꺼서는 안 된다.) [데살로니가전서 5:19]

預言(よげん)を軽(かろ)んじてはならない。[テサロニケ人への第一の手紙 5:20]
(예언을 경시해서는 안 된다.) [데살로니가전서 5:20]

だれがどんな事(こと)をしても、それにだまされてはならない。まず背教(はいきょう)のことが起(おこ)り、不法(ふほう)の者(もの)、すなわち、滅(ほろ)びの子(こ)が現(あらわ)れるにちがいない。[テサロニケ人への第二の手紙 2:3]
(누가 어떤 일을 해도, 그것에 속아서는 안 된다. 또 배교하는 일이 생기고, 불법을 행하는 사람 즉 멸망의 자식이 틀림없이 나타날 것이다.) [데살로니가후서 2:3]

また、あなたがたの所(ところ)にいた時(とき)に、「働(はたら)こうとしない者(もの)は、食(た)べることもしてはならない」と命(めい)じておいた。[テサロニケ人への第二の手紙 3:10]
(또 여러분과 함께 있을 때, "일하지 않는 사람은 먹는 것도 해서는 안 된다." 고 명령했다.) [데살로니가후서 3:10]

あなたは、年(とし)が若(わか)いために人(ひと)に軽(かろ)んじられてはならない。むしろ、言葉(ことば)にも、行状(ぎょうじょう)にも、愛(あい)にも、信仰(しんこう)にも、純潔(じゅんけつ)にも、信者(しんじゃ)の模範(もはん)

になりなさい。[テモテへの第一の手紙 4:12]

(그대는, 나이가 젊다고 해서 남에게 경시당해서는 안 된다. 도리어 말에도, 행실에도, 사랑에도, 믿음에도, 순결에도, 신자의 모범이 되어라.) [디모데전서 4:12]

長老(ちょうろう)の按手(あんしゅ)を受(う)けた時(とき)、預言(よげん)によってあなたに与(あた)えられて内(うち)に持(も)っている恵(めぐ)みの賜物(たまもの)を、<u>軽視(けいし)してはならない</u>。[テモテへの第一の手紙 4:14]

(장로들의 안수를 받을 때, 예언으로 그대가 받아 안에 가지고 있는 은혜의 선물을 경시해서는 안 된다.) [디모데전서 4:14]

その上(うえ)、彼女(かのじょ)たちはなまけていて、家々(いえいえ)を遊(あそ)び歩(ある)くことをおぼえ、なまけるばかりか、むだごとをしゃべって、いたずらに動(うご)きまわり、<u>口(くち)にしてはならない</u>ことを言(い)う。[テモテへの第一の手紙 5:13]

(게다가 그녀들은 게을러서, 이집 저집 놀러다니는 것을 익히고, 게으름 피울 뿐만 아니라 수다를 떨고, 쓸데없이 여기저기 돌아다니며 말해서는 안 되는 것을 말한다.) [디모데전서 5:13]

聖書(せいしょ)は、「穀物(こくもつ)をこなしている牛(うし)に、<u>くつこをかけてはならない</u>」また「働(はたら)き人(びと)がその報酬(ほうしゅう)を受(う)けるのは当然(とうぜん)である」と言(い)っている。[テモテへの第一の手紙 5:18]

(성서는, "곡물을 잘게 부수고 있는 소에게, 부리망을 씌워서는 안 된다." 또 "일하는 사람이 그 보수를 받는 것은 당연하다." 고 말한다.) [디모데전서 5:18]

長老(ちょうろう)に対(たい)する訴訟(そしょう)は、ふたりか三人(さんにん)の証人(しょうにん)がない場合(ばあい)には、<u>受理(じゅり)してはならない</u>。[テモテへの第一の手紙 5:19]

(장로에 대한 소송은, 두 사람이나 세 사람의 증인이 없을 경우에는, 수리해서는 안 된다.) [디모데전서 5:19]

わたしは、神(かみ)とキリスト・イエスと選(えら)ばれた御使(みつかい)たちとの前(まえ)で、おごそかにあなたに命(めい)じる。これらのことを偏見(へんけん)なしに守(まも)り、何事(なにごと)についても、不公平(ふこうへい)な仕方(しかた)をしてはならない。[テモテへの第一の手紙 5:21]
(나는 하나님과 그리스도 예수와 택하심을 받은 천사들 앞에서, 엄숙히 그대들에게 명한다. 이런 것들을 편견 없이 지키고, 어떤 일에 관해서도, 불공평한 방식으로 처리해서는 안 된다.) [디모데전서 5:21]

軽々(かるがる)しく人(ひと)に手(て)をおいてはならない。また、ほかの人(ひと)の罪(つみ)に加(くわ)わってはいけない。自分(じぶん)をきよく守(まも)りなさい。[テモテへの第一の手紙 5:22]
(경솔하게 남에게 안수해서는 안 된다. 또 다른 사람의 죄에 끼어들어서는 안 된다. 자기를 깨끗하게 지켜라.) [디모데전서 5:22]

信者(しんじゃ)である主人(しゅじん)を持(も)っている者(もの)たちは、その主人(しゅじん)が兄弟(きょうだい)であるというので軽視(けいし)してはならない。むしろ、ますます励(はげ)んで仕(つか)えるべきである。その益(えき)を受(う)ける主人(しゅじん)は、信者(しんじゃ)であり愛(あい)されている人(ひと)だからである。あなたは、これらの事(こと)を教(おし)えかつ勧(すす)めなさい。[テモテへの第一の手紙 6:2]
(신자인 주인을 가지고 있는 사람들은, 그 주인이 형제라고 해서 경시해서는 안 된다. 오히려 더욱 더 힘써서 섬겨야 한다. 그 이익을 받는 주인은 신자이며 사랑을 받고 있는 사람들이기 때문이다. 그대는 이런 것들을 가르치고 또한 권하라.) [디모데전서 6:2]

だから、あなたは、わたしたちの主(しゅ)のあかしをすることや、わたしが主(しゅ)の囚人(しゅうじん)であることを、決(けっ)して恥(は)ずかしく思(おも)ってはならない。むしろ、神(かみ)の力(ちから)にささえられて、福音(ふくいん)のために、わたしと苦(くる)しみを共(とも)にしてほしい。[テモテへの第二の手紙 1:8]

(그러므로 그대는, 우리 주님의 증언을 하는 것이나, 내가 주님의 수인(죄수)인 것을, 결코 부끄럽게 생각해서는 안 된다. 도리어 하나님의 능력을 힘입어, 복음을 위하여 나와 고난을 함께 해 주기를 바란다.) [디모데후서 1:8]

主(しゅ)の僕(しもべ)たる者(もの)は争(あらそ)ってはならない。だれに対(たい)しても親切(しんせつ)であって、よく教(おし)え、よく忍(しの)び、[テモテへの第二の手紙 2:24]
(주님의 종인 자는 다투어서는 안 된다. 누구에 대해서도 친절하고, 잘 가르치고, 잘 참고,) [디모데후서 2:24]

長老(ちょうろう)は、責(せ)められる点(てん)がなく、ひとりの妻(つま)の夫(おっと)であって、その子(こ)たちも不品行(ふひんこう)のうわさをたてられず、親不孝(おやふこう)をしない信者(しんじゃ)でなくてはならない。[テトスへの手紙 1:6]
(장로는 책망을 받을 만한 점이 없고, 한 아내의 남편이고, 그 자녀도 음탕하다는 소문을 내지 않고, 부모에게 불효를 행하지 않는 신자이어야 한다.) [디도서 1:6]

彼(かれ)らの口(くち)を封(ふう)ずべきである。彼(かれ)らは恥(は)ずべき利(り)のために、教(おし)えてはならないことを教(おし)えて、数々(かずかず)の家庭(かてい)を破壊(はかい)してしまっている。[テトスへの手紙 1:11]
(그들의 입을 봉해야 한다. 그들은 부끄러이 여겨야 할 이익을 위해, 가르쳐서는 안 되는 것을 가르치면서, 모든 가정을 파괴하고 말았다.) [디도서 1:11]

あなたは、権威(けんい)をもってこれらのことを語(かた)り、勧(すす)め、また責(せ)めなさい。だれにも軽(かろ)んじられてはならない。[テトスへの手紙 2:15]
(그대는 권위를 가지고 이것들을 말하고, 권하고 또한 책망하라. 누구에게도 업신을 받아서는 안 된다.) [디도서 2:15]

また子(こ)たちに対(たい)するように、あなたがたに語(かた)られたこの勧(すす)めの言葉(ことば)を忘(わす)れている、「わたしの子(こ)よ、主(しゅ)の

訓練(くんれん)を軽(かろ)んじてはいけない。主(しゅ)に責(せ)められるとき、弱(よわ)り果(は)ててはならない。[ヘブル人への手紙 12:5]
(또 자녀들에 대하듯이, 여러분에게 말한 이 권면의 말씀을 잊고 있다. "나의 자녀들아, 주님의 훈련을 경시해서는 안 된다. 주님에게 책망을 받을 때, 낙심해서는 안 된다.) [히브리서 12:5]

旅人(たびびと)をもてなすことを忘(わす)れてはならない。このようにして、ある人々(ひとびと)は、気(き)づかないで御使(みつかい)たちをもてなした。[ヘブル人への手紙 13:2]
(나그네를 대접하는 것을 잊어서는 안 된다. 어떤 이들은 알아차리지 못하고, 천사들을 대접하였다.) [히브리서 13:2]

すべての人(ひと)は、結婚(けっこん)を重(おも)んずべきである。また寝床(ねどこ)を汚(けが)してはならない。神(かみ)は、不品行(ふひんこう)な者(もの)や姦淫(かんいん)をする者(もの)をさばかれる。[ヘブル人への手紙 13:4]
(모든 사람은, 결혼을 중시해야 한다. 또 잠자리를 더럽혀서는 안 된다. 하나님께서는 품행이 나쁜 자나 간음하는 자를 심판하신다.) [히브리서 13:4]

さまざまな違(ちが)った教(おしえ)によって、迷(まよ)わされてはならない。食物(しょくもつ)によらず、恵(めぐ)みによって、心(こころ)を強(つよ)くするがよい。食物(しょくもつ)によって歩(ある)いた者(もの)は、益(えき)を得(え)ることがなかった。[ヘブル人への手紙 13:9]
(갖가지 다른 가르침에 의해 미혹당해서는 안 된다. 음식에 의하지 않고, 은혜에 의하지 않고, 마음을 강하게 하라. 음식에 따라 지내던 사람은 유익함을 얻지 못하였다.) [히브리서 13:9]

だれでも誘惑(ゆうわく)に会(あ)う場合(ばあい)、「この誘惑(ゆうわく)は、神(かみ)からきたものだ」と言(い)ってはならない。神(かみ)は悪(あく)の誘惑(ゆうわく)に陥(おちい)るようなかたではなく、また自(みずか)ら進(す

す)んで人(ひと)を誘惑(ゆうわく)することもなさらない。[ヤコブの手紙 1:13]
(누구든지 유혹을 당할 경우, "이 유혹은 하나님으로부터 온 것이다." 라고 말해서는 안 된다. 하나님께서는 악의 유혹에 빠지는 그런 분이 아니고, 또 직접 자진해서 사람을 유혹하는 일도 하시지 않는다.) [야고보서 1:13]

わたしの兄弟(きょうだい)たちよ。わたしたちの栄光(えいこう)の主(しゅ)イエス・キリストへの信仰(しんこう)を守(まも)るのに、分(わ)け隔(へだ)てをしてはならない。[ヤコブの手紙 2:1]
(나의 형제들아. 우리의 영광의 주 예수 그리스도에 대한 믿음을 지키고 있는데, 사람을 차별해서는 안 된다.) [야고보서 2:1]

しかし、もしあなたがたの心(こころ)の中(なか)に、苦々(にがにが)しいねたみや党派心(とうはしん)をいだいているのなら、誇(ほこ)り高(たか)ぶってはならない。また、真理(しんり)にそむいて偽(いつわ)ってはならない。[ヤコブの手紙 3:14]
(그러나 만일 여러분의 마음속에 대단히 불쾌한 질투심이나 당파심을 가지고 있다면, 지독한 시기심과 파당심이 있거든, 뽐내고 우쭐대서는 안 된다.) [야고보서 3:14]

兄弟(きょうだい)たちよ。互(たがい)に悪口(わるぐち)を言(い)い合(あ)ってはならない。兄弟(きょうだい)の悪口(わるぐち)を言(い)ったり、自分(じぶん)の兄弟(きょうだい)をさばいたりする者(もの)は、律法(りっぽう)をそしり、律法(りっぽう)をさばくやからである。もしあなたが律法(りっぽう)をさばくなら、律法(りっぽう)の実行(じっこう)者(もの)ではなくて、その審判者(しんぱんしゃ)なのである。[ヤコブの手紙 4:11]
(형제들아. 서로 욕을 해서는 안 된다. 형제의 욕을 하거나 자기 형제를 심판하거나 하는 사람은, 율법을 비방하고 율법을 심판하는 패거리이다. 만일 그대가 율법을 심판한다면, 율법을 실행하는 사람이 아니라, 그 심판자인 것이다.) [야고보서 4:11]

兄弟(きょうだい)たちよ。互(たが)いに不平(ふへい)を言(い)い合(あ)ってはならない。さばきを受(う)けるかも知(し)れないから。見(み)よ、さばき主(しゅ)が、すでに戸口(とぐち)に立(た)っておられる。[ヤコブの手紙 5:9]
(형제들아. 서로 불평을 해서는 안 된다. 심판을 받을지도 모르니까. 보아라! 심판의 주께서 이미 문 앞에 서 계신다.) [야고보서 5:9]

さて、わたしの兄弟(きょうだい)たちよ、何(なに)はともあれ、誓(ちか)いをしてはならない。天(てん)をさしても、地(ち)をさしても、あるいは、そのほかのどんな誓(ちか)いによっても、いっさい誓(ちか)ってはならない。むしろ、「しかり」を「しかり」とし、「否(いな)」を「否(いな)」としなさい。そうしないと、あなたがたは、さばきを受(う)けることになる。[ヤコブの手紙 5:12]
(그런데, 나의 형제들아. 여하튼 맹세를 해서는 안 된다. 하늘을 가리켜도, 땅을 가리켜도, 혹은 그 밖의 어떤 맹세에 의해서도, 일체 맹세해서는 안 된다. 오히려 "예"라고 할 경우에는 오직 "예"라고 하고, "아니오"라고 해야 할 경우에는 오직 "아니오"라고 하라. 그렇게 하지 않으면, 여러분은 심판을 받게 된다.) [야고보서 5:12]

しかし、万一(まんいち)義(ぎ)のために苦(くる)しむようなことがあっても、あなたがたはさいわいである。彼(かれ)らを恐(おそ)れたり、心(こころ)を乱(みだ)したりしてはならない。[ペテロの第一の手紙 3:14]
(그러나 만일 의를 위해 고생하는 그런 일이 있어도, 여러분은 복이 있다. 그들을 두려워하거나 마음을 어지럽히거나 해서는 안 된다.) [베드로전서 3:14]

愛(あい)する者(もの)たちよ。この一事(いちじ)を忘(わす)れてはならない。主(しゅ)にあっては、一日(いちにち)は千年(せんねん)のようであり、千年(せんねん)は一日(いちにち)のようである。[ペテロの第二の手紙 3:8]
(사랑하는 사람들아. 여러분, 이 한 가지 일은 잊어서는 안 된다. 주님 안에서는 하루가 천 년과 같고, 천 년이 하루와 같다.) [베드로후서 3:8]

子(こ)たちよ。だれにも惑(まど)わされてはならない。彼(かれ)が義人(ぎじん)であると同様(どうよう)に、義(ぎ)を行(おこな)う者(もの)は義人(ぎじ

ん)である。[ヨハネの第一の手紙 3:7]
(어린 자녀들아. 누구에게도 미혹당해서는 안 된다. 그가 의인인 것과 마찬가지로, 의를 행하는 사람은 의인이다.) [요한일서 3:7]

あなたの受(う)けようとする苦(くる)しみを恐(おそ)れてはならない。見(み)よ、悪魔(あくま)が、あなたがたのうちのある者(もの)をためすために、獄(ごく)に入(い)れようとしている。あなたがたは十日(とおか)の間(あいだ)、苦難(くなん)にあうであろう。死(し)に至(いた)るまで忠実(ちゅうじつ)であれ。そうすれば、いのちの冠(かんむり)を与(あた)えよう。[ヨハネの黙示録 2:10]
(네가 받으려고 하는 고통을 두려워해서는 안 된다. 보아라! 악마가 너희 중의 어떤 사람을 시험하기 위해 감옥에 집어넣으려고 한다. 너희는 열흘 동안 고난을 당할 것이다. 죽을 때까지 충실해라. 그러면 생명의 면류관을 주겠다.) [요한묵시록 2:10]

「わたしたちの神(かみ)の僕(しもべ)らの額(ひたい)に、わたしたちが印(いん)を押(お)してしまうまでは、<u>地(ち)と海(うみ)と木(き)とをそこなってはならない</u>」。[ヨハネの黙示録 7:3]
("우리 하나님의 종들의 이마에 우리가 도장을 다 찍을 때까지는 땅과 바다와 나무를 해쳐서는 안 된다.") [요한묵시록 7:3]

彼(かれ)らは、地(ち)の草(くさ)やすべての青草(あおくさ)、またすべての<u>木(き)をそこなってはならない</u>が、額(ひたい)に神(かみ)の印(いん)がない人(ひと)たちには害(がい)を加(くわ)えてもよいと、言(い)い渡(わた)された。[ヨハネの黙示録 9:4]
(그들은 땅의 풀이랑 모든 푸성귀, 또 모든 나무를 해해서는 안 되지만, 이마에 하나님의 도장이 없는 사람들에게는 해를 가해도 된다는 명을 받았다.) [요한묵시록 9:4]

聖所(せいじょ)の外(そと)の庭(にわ)はそのままにしておきなさい。それを<u>測(はか)ってはならない</u>。そこは異邦人(いほうじん)に与(あた)えられた所

(ところ)だから。彼(かれ)らは、四十二(よんじゅうに)か月(げつ)の間(あいだ)この聖(せい)なる都(みやこ)を踏(ふ)みにじるであろう。[ヨハネの黙示録 11:2]

(성전의 바깥뜰은 그대로 내버려 두어라. 그것을 측량해서는 안 된다. 거기는 이방인에게 주어진 곳이니까. 그들은 42개월 동안 이 거룩한 도읍을 짓밟을 것이다.) [요한묵시록 11:2]

[1]不義(ふぎ)な者(もの)はさらに不義(ふぎ)を行(おこな)い、汚(けが)れた者(もの)はさらに汚(けが)れたことを行(おこな)い、[2]義(ぎ)なる者(もの)はさらに義(ぎ)を行(おこな)い、[3]聖(せい)なる者(もの)はさらに聖(せい)なることを行(おこな)うままにさせよ」。[ヨハネの黙示録 22:11]
(불의를 행하는 자는 더욱더 불의를 행하고, 더러운 자는 더욱더 더러운 짓을 하고, 의로운 사람은 더욱더 의를 행하고, 거룩한 사람은 더욱더 거룩한 일을 행하는 대로 내버려 두어라.") [22:11]

본 절에서는 「[~行(おこな)い、~行(おこな)い、~行(おこな)い、行(おこな)うままにさせよ」와 같이 4개 동작에 관해, 동일 동사「行(おこな)う」의 연용 중지법을 이용하여 중문 형식으로 표현하고 있다.

[フランシスコ会聖書研究所(1984)『新約聖書』サンパウロ. p. 969 주(22-10)]에 따르면, 본 절과 표현 형식에 관해서는 [다니엘 12:10], [에스겔 3:27]을 참조하라고 나와 있고, 이 말에 의해, 종말 때에는 더 이상 속죄할 기회가 없는 것을 나타낸다고 한다(마태복음 25:10, 누가복음 13:25 참조).

[例] 多(おお)くの者(もの)は、自分(じぶん)を清(きよ)め、自分(じぶん)を白(しろ)くし、かつ練(ね)られるでしょう。しかし、悪(わる)い者(もの)は悪(わる)い

事(こと)をおこない、ひとりも悟(さと)ることはないが、賢(かしこ)い者(もの)は悟(さと)るでしょう。[ダニエル書 12:10]
(많은 사람은 자신을 깨끗하게 하고, 자신을 희게 하고, 또한 단련될 것이다. 그러나 악한 사람들은 악한 일을 행하고, 한 사람도 깨닫지 못하지만, 현명한 사람들은 깨닫게 될 것입니다.) [다니엘 12:10]

しかし、わたしがあなたと語(かた)るときは、あなたの口(くち)を開(ひら)く。あなたは彼(かれ)らに『主(しゅ)なる神(かみ)はこう言(い)われる』と言(い)わなければならない。聞(き)く者(もの)は聞(き)くがよい、拒(こば)む者(もの)は拒(こば)むがよい。彼(かれ)らは反逆(はんぎゃく)の家(いえ)だからである。[エゼキエル書 3:27]
(그러나 내가 너와 이야기할 때는, 너의 입을 열겠다. 너는 그들에게 '주이신 하나님께서는 이렇게 말씀하신다.' 하고 말해야 한다. 들을 사람은 들어라. 거부하는 사람은 거부하라. 그들은 반역의 집안이기 때문이다.) [에스겔 3:27]

[1] 不義(ふぎ)な者(もの)はさらに不義(ふぎ)を行(おこな)い、: 불의를 행하는 자는 더욱더 불의를 행하고,

「不義(ふぎ)な者(もの)」의 「不義(ふぎ)な」는 형용동사 「不義(ふぎ)だ」가 연체형으로 쓰인 예이고, 「不義(ふぎ)を」의 「不義(ふぎ)」는 명사로 쓰인 예이다. 「不義(ふぎ)」에 관해서는 사전류에서는 명사적 용법만 제시되고 있고 ①「불의」②「남녀 간의 부정한 행위, 부정한 정교(情交), 밀통, 간통」의 의미를 부여하고 있다.

그런데 본 절에서의 용법을 통해 「不義(ふぎ)」는 일본어에서 형용동사성과 명사성을 겸비한 어류로 인정해야 한다.

I. 「不義(ふぎ)~」: 명사적 용법

[例] 彼(かれ)は不義(ふぎ)の報酬(ほうしゅう)で、ある地所(じしょ)を手(て)に入

(い)れたが、そこへまっさかさまに落(お)ちて、腹(はら)がまん中(なか)から引(ひ)き裂(さ)け、はらわたがみな流(なが)れ出(で)てしまった。[使徒行伝 1:18]
(그는 불의한 보수로 어떤 땅을 입수했지만, 거기에 곤두박이쳐서, 배가 한 가운데에서 갈라지고, 창자가 모두 흘러나와 버렸다.) [사도행전 1:18]

おまえには、まだ苦(にが)い胆汁(たんじゅう)があり、不義(ふぎ)のなわ目(め)がからみついている。それが、わたしにわかっている」。[使徒行伝 8:23]
(너에게는 아직도 쓴 담즙이 있고, 불의의 새끼줄의 매듭이 휘감기고 있다. 그것을 나는 알고 있다.") [사도행전 8:23]

神(かみ)の怒(いか)りは、不義(ふぎ)をもって真理(しんり)をはばもうとする人間(にんげん)のあらゆる不信心(ふしんじん)と不義(ふぎ)とに対(たい)して、天(てん)から啓示(けいじ)される。[ローマ人への手紙 1:18]
(하나님의 진노는 불의로써 진리를 저지하려고 하는 사람의 모든 불신심과 불의에 대해, 하늘로부터 계시된다.) [로마서 1:18]

すなわち、彼(かれ)らは、あらゆる不義(ふぎ)と悪(あく)と貪欲(どんよく)と悪意(あくい)とにあふれ、ねたみと殺意(さつい)と争(あらそ)いと詐欺(さぎ)と悪念(あくねん)とに満(み)ち、また、ざん言(げん)する者(もの)、[ローマ人への手紙 1:29]
(즉, 그들은 모든 불의와 악행과 탐욕과 악의로 가득 차서 넘치고, 시기와 살의와 분쟁과 사기와 적의로 가득 차 있고 또 남을 중상 모략하는 사람들,) [로마서 1:29]

他方(たほう)では、党派心(とうはしん)をいだき、真理(しんり)に従(したが)わないで不義(ふぎ)に従(したが)う人(ひと)に、怒(いか)りと激(はげ)しい憤(いきどお)りとが加(くわ)えられる〉。[ローマ人への手紙 2:8]
(한편으로는 당파심을 품고, 진리를 따르지 않고, 불의를 따르는 사람에게 진노와 격한 분노가 가해진다.) [로마서 2:8]

しかし、もしわたしたちの不義(ふぎ)が、神(かみ)の義(ぎ)を明(あき)らかに

するとしたら、なんと言(い)うべきか。怒(いか)りを下(くだ)す神(かみ)は、不義(ふぎ)であると言(い)うのか (これは人間的(にんげんてき)な言(い)い方(かた)ではある)。[ローマ人への手紙 3:5]
(그러나 만일 우리의 불의가 하나님의 의를 분명히 한다고 하면, 무엇이라고 말해야 할까? 진노를 내리는 하나님께서는 불의라고 말하는 것인가? (이것은 사람들이 말하는 방식이지만,)) [로마서 3:5]

また、あなたがたの肢体(したい)を不義(ふぎ)の武器(ぶき)として罪(つみ)にささげてはならない。むしろ、死人(しにん)の中(なか)から生(い)かされた者(もの)として、自分(じぶん)自身(じしん)を神(かみ)にささげ、自分(じぶん)の肢体(したい)を義(ぎ)の武器(ぶき)として神(かみ)にささげるがよい。[ローマ人への手紙 6:13]
(또 여러분의 지체를 불의의 무기로서 죄에 바쳐서는 안 된다. 오히려 죽은 사람들 가운데서 살아난 사람으로서, 자기 자신을 하나님께 바치고, 자기 지체를 의의 무기로 하나님께 바쳐라.) [로마서 6:13]

そもそも、互(たが)いに訴(うった)え合(あ)うこと自体(じたい)が、すでにあなたがたの敗北(はいぼく)なのだ。なぜ、むしろ不義(ふぎ)を受(う)けないのか。なぜ、むしろだまされていないのか。[コリント人への第一の手紙 6:7]
(원래, 서로 소송을 제기하는 것 자체가 벌써 여러분의 패배인 것이다. 왜 차라리 불의를 받지 않는가? 왜 차라리 속고 있지 않는가?) [고린도전서 6:7]

しかるに、あなたがたは不義(ふぎ)を働(はたら)き、だまし取(と)り、しかも兄弟(きょうだい)に対(たい)してそうしているのである。[コリント人への第一の手紙 6:8]
(그런데 여러분은 불의를 행하고, 속여서 빼앗고, 게다가 형제들에 대해 그렇게 하고 있는 것이다.) [고린도전서 6:8]

不義(ふぎ)を喜(よろこ)ばないで真理(しんり)を喜(よろこ)ぶ。[コリント人への第一の手紙 13:6]
((사랑은) 불의를 기뻐하지 않으며, 진리를 기뻐한다.) [고린도전서 13:6]

不信者(ふしんじゃ)と、つり合(あ)わないくびきを共(とも)にするな。義(ぎ)と不義(ふぎ)となんの係(かか)わりがあるか。光(ひかり)とやみとなんの交(まじ)わりがあるか。[コリント人への第二の手紙 6:14]
(불신자와 균형이 잡히지 않는 멍에를 함께 메지 마라. 정의와 불의가 무슨 관련이 있느냐? 빛과 어둠이 무슨 교섭이 있느냐?) [고린도후서 6:14]

どうか、わたしたちに心(こころ)を開(ひら)いてほしい。わたしたちは、だれにも不義(ふぎ)をしたことがなく、だれをも破滅(はめつ)におとしいれたことがなく、だれからもだまし取(と)ったことがない。[コリント人への第二の手紙 7:2]
(아무쪼록 우리에게 마음을 열어 주셨으면 한다. 우리는 누구에게도 불의를 당한 적이 없고, 아무도 파멸에 떨어뜨린 적이 없고, 누구에게서도 속여서 빼앗은 적이 없다.) [고린도후서 7:2]

だから、わたしがあなたがたに書(か)きおくったのは、不義(ふぎ)をした人(ひと)のためでも、不義(ふぎ)を受(う)けた人(ひと)のためでもなく、わたしたちに対(たい)するあなたがたの熱情(ねつじょう)が、神(かみ)の前(まえ)にあなたがたの間(あいだ)で明(あき)らかになるためである。[コリント人への第二の手紙 7:12]
(그러므로 내가 여러분에게 써서 보낸 것은, 불의를 행한 사람 때문도, 불의를 당한 사람 때문이 아니라, 우리에 대한 여러분의 열정이 하나님 앞에 여러분 사이에서 분명하게 되기 위해서이다.) [고린도후서 7:12]

いったい、あなたがたが他(た)の教会(きょうかい)よりも劣(おと)っている点(てん)は何(なに)か。ただ、このわたしがあなたがたに負担(ふたん)をかけなかったことだけではないか。この不義(ふぎ)は、どうか、ゆるしてもらいたい。[コリント人への第二の手紙 12:13]
(도대체 여러분이 다른 교회들보다도 못한 점은 무엇인가? 다만 바로 내가 여러분에게 부담을 끼치지 않았던 것뿐은 아닌가? 이 불의는 부디 용서해 주었으면 한다.) [고린도후서 12:13]

また、あらゆる不義(ふぎ)の惑(まど)わしとを、滅(ほろ)ぶべき者(もの)どもに対(たい)して行(おこな)うためである。彼(かれ)らが滅(ほろ)びるのは、自分(じぶん)らの救(すく)いとなるべき真理(しんり)に対(たい)する愛(あい)を受(う)けいれなかった報(むく)いである。[テサロニケ人への第二の手紙 2:10]
(또한 모든 불의한 속임수를 멸망 받아야 마땅한 자들에 대해 행하기 위해서이다. 그들이 멸망하는 것은 자기들의 구원이 되는 진리에 대한 사람을 받아들이지 않았던 응보이다.) [데살로니가후서 2:10]

こうして、真理(しんり)を信(しん)じないで不義(ふぎ)を喜(よろこ)んでいたすべての人(ひと)を、さばくのである。[テサロニケ人への第二の手紙 2:12]
(이렇게 해서 진리를 믿지 않고 불의를 기뻐한 모든 사람들을, 심판하는 것이다.) [데살로니가후서 2:12]

しかし、神(かみ)のゆるがない土台(どだい)はすえられていて、それに次(つぎ)の句(く)が証印(しょういん)として、しるされている。「主(しゅ)は自分(じぶん)の者(もの)たちを知(し)る」。また「主(しゅ)の名(な)を呼(よ)ぶ者(もの)は、すべて不義(ふぎ)から離(はな)れよ」。[テモテへの第二の手紙 2:19]
(그러나 하나님의 흔들리지 않는 토대는 자리 잡고 있어, 그것에 다음의 구가 증인(證印)으로서 기록되어 있다. "주께서는 자기에게 속한 사람들을 안다." 또 "주님의 이름을 부르는 사람은 모두 불의에서 떠나라.") [디모데후서 2:19]

わたしは、彼(かれ)らの不義(ふぎ)をあわれみ、もはや、彼(かれ)らの罪(つみ)を思(おも)い出(だ)すことはしない」。[ヘブル人への手紙 8:12]
(나는 그들의 불의를 불쌍히 여기고, 더 이상 그들의 죄를 상기하지 않겠다.") [히브리서 8:12]

舌(した)は火(ひ)である。不義(ふぎ)の世界(せかい)である。舌(した)は、わたしたちの器官(きかん)の一(ひと)つとしてそなえられたものであるが、全

身(ぜんしん)を汚(けが)し、生存(せいぞん)の車輪(しゃりん)を燃(も)やし、自(みずか)らは地獄(じごく)の火(ひ)で焼(や)かれる。[ヤコブの手紙 3:6]
(혀는 불이다. 불의의 세계이다. 혀는 우리 기관의 하나로서 준비된 것이지만, 전신을 더럽히고, 생존의 수레바퀴를 태우고, 스스로는 지옥 불에 탈 것이다.) [야고보서 3:6]

これらの者(もの)は、捕(とら)えられ、ほふられるために生(う)まれてきた、分別(ふんべつ)のない動物(どうぶつ)のようなもので、自分(じぶん)が知(し)りもしないことをそしり、その不義(ふぎ)の報(むく)いとして罰(ばつ)を受(う)け、必(かなら)ず滅(ほろ)ぼされてしまうのである。[ペテロの第二の手紙 2:12]
(이런 사람들은, 잡혀서 도살되기 위해 태어난, 분별이 없는 동물과 같아서, 자기가 알지도 못하는 일을 비방하고, 그 불의의 응보로서 벌을 받고, 반드시 멸망을 당할 것이다.) [베드로후서 2:12]

もし、わたしたちが自分(じぶん)の罪(つみ)を告白(こくはく)するならば、神(かみ)は真実(しんじつ)で正(ただ)しいかたであるから、その罪(つみ)をゆるし、すべての不義(ふぎ)からわたしたちをきよめて下(くだ)さる。[ヨハネの第一の手紙 1:9]
(만일 우리가 자기 죄를 고백한다면, 하나님께서는 진실하고 의로운 분이기 때문에 그 죄를 용서하고, 모든 불의에서 우리를 깨끗하게 해주실 것이다.) [요한일서 1:9]

不義(ふぎ)はすべて、罪(つみ)である。しかし、死(し)に至(いた)ることのない罪(つみ)もある。[ヨハネの第一の手紙 5:17]
(불의는 모두 죄이다. 그러나 죽음에 이르지 않는 죄도 있다.) [요한일서 5:17]

彼女(かのじょ)の罪(つみ)は積(つも)り積(つ)って天(てん)に達(たっ)しており、神(かみ)はその不義(ふぎ)の行(おこな)いを覚(おぼ)えておられる。[ヨハネの黙示録 18:5]
(그녀의 죄는 쌓이고 쌓여 하늘에 닿았고, 하나님께서는 그 불의의 행위를 기억하고 계신다.) [요한묵시록 18:5]

II. 「不義(ふぎ)な~」: 형용동사적 용법

[例] すると、彼(かれ)らに答(こた)えて言(い)われた、「邪悪(じゃあく)で不義(ふぎ)な時代(じだい)は、しるしを求(もと)める。しかし、預言者(よげんしゃ)ヨナのしるしのほかには、なんのしるしも与(あた)えられないであろう。[マタイによる福音書 12:39]
(그러자 (예수께서) 그들에게 대답하며 말씀하셨다. "사악하고 음란한 시대는 표적을 구한다. 그러나 예언자 요나의 표적 이외에는 아무런 표적도 받지 못할 것이다.) [마태복음 12:39]

邪悪(じゃあく)で不義(ふぎ)な時代(じだい)は、しるしを求(もと)める。しかし、ヨナのしるしのほかには、なんのしるしも与(あた)えられないであろう」。そして、イエスは彼(かれ)らをあとに残(のこ)して立(た)ち去(さ)られた。[マタイによる福音書 16:4]
(사악하고 음란한 시대는 표적을 구한다. 그러나 요나의 표적 이외에는, 아무런 표적도 받지 못할 것이다." 그리고 예수께서는 그들을 뒤에 남겨 두고 떠나가셨다.) [마태복음 16:4]

そこで主(しゅ)は言(い)われた、「この不義(ふぎ)な裁判官(さいばんかん)の言(い)っていることを聞(き)いたか。[ルカによる福音書 18:6]
(그래서 주께서 말씀하셨다. "이 불의한 재판관이 말하는 것을 들었느냐?) [누가복음 18:6]

神(かみ)は不義(ふぎ)なかたではないから、あなたがたの働(はたら)きや、あなたがたがかつて聖徒(せいと)に仕(つか)え、今(いま)もなお仕(つか)えて、御名(みな)のために示(しめ)してくれた愛(あい)を、お忘(わす)れになることはない。[ヘブル人への手紙 6:10]
(하나님께서는 불의하신 분이 아니기 때문에, 여러분의 행위나 여러분이 전에 성도를 섬기고, 지금도 여전히 섬기고 있고, 하나님의 이름을 위하여 보여 준 사랑을 잊어버리지 않으신다.) [히브리서 6:10]

こういうわけで、主(しゅ)は、信心(しんじん)深(ぶか)い者(もの)を試錬(しれん)の中(なか)から救(すく)い出(だ)し、また、不義(ふぎ)な者(もの)ども、[ペテロの第二の手紙 2:9]
(이런 연유로, 주께서는 경건한 사람을 시련 안에서 구해 내고, 또 불의한 사람들을,) [베드로후서 2:9]

その中(なか)にいます主(しゅ)は義(ぎ)であって、不義(ふぎ)を行(おこな)われない。朝(あさ)ごとにその公義(こうぎ)を現(あらわ)して、誤(あやま)ることがない。しかし不義(ふぎ)な者(もの)は恥(はじ)を知(し)らない。[ゼパニヤ書 3:5]
(그 안에 계신 주께서는 의로워서, 불의를 행하지 않으신다. 아침마다 그 공의를 나타내고, 정도(正道)에서 벗어나지 않는다. 그러나 불의한 사람은 부끄러움을 모른다.) [스바냐 3:5]

III.「不義(ふぎ)なる~」: 형용동사적 용법

「不義(ふぎ)なる[23]」는 형용동사적 용법의 연체형「不義(ふぎ)な」의 문어적 말씨로,「不義(ふぎ)なる者(もの)」는「의롭지 않은 사람」을, 그 반대인「義(ぎ)なる者(もの)」는「정의를 중시하는 사람」또는「의로운 사람」을 의미한다.

[例] キリストも、あなたがたを神(かみ)に近(ちか)づけようとして、自(みずか)らは義(ぎ)なるかたであるのに、不義(ふぎ)なる人々(ひとびと)のために、ひとたび罪(つみ)のゆえに死(し)なれた。ただし、肉(にく)においては殺(ころ)されたが、霊(れい)においては生(い)かされたのである。[ペテロの第一の手紙 3:18]

---

23) 《격조사「に」+ラ変動詞「あり」의 음변화(音変化)》로 만들어진「なり[조동사]」는 [なら|なり・に|なり|なる|なれ|なれ] 와 같이 활용하며, 체언 및 체언에 준하는 것, 활용어의 연체형(連体形), 형용동사의 어간, 조사「と」「て」「ば」등에 접속한다. 연체형「なる」는 室町時代(むろまちじだい)에「な」가 되어 현대어(口語 ; 구어) 조동사「だ」의 연체형에, 미연형(未然形)「なら」는 마찬가지로 가정형(仮定形)에 사용되게 되었다.

(그리스도께서도 여러분을 하나님께 가까이 하려고 하여, 자신은 의로운 분인데, 불의한 사람들을 위해, 한 번 죄 때문에 죽으셨다. 다만 육에서는 죽임을 당했지만, 영에서는 살리심을 받은 것이다.) [베드로전서 3:18]

どうか、わたしの敵(てき)は悪人(あくにん)のようになり、わたしに逆(さか)らう者(もの)は<u>不義(ふぎ)なる者(もの)</u>のようになるように。[ヨブ記 27:7]

(부디 내 적들은 악인처럼 되고, 나에게 거역하는 자는 불의한 사람처럼 되기를 바란다.) [욥기 27:7]

<u>不義(ふぎ)なる者(もの)</u>には災(わざわい)が下(くだ)らないであろうか。悪(あく)をなす者(もの)には災難(さいなん)が臨(のぞ)まないであろうか。[ヨブ記 31:3]

(불의한 자에게는 재앙이 내려오지 않을까? 악을 행하는 자에게는 재난이 닥치지 않을까?) [욥기 31:3]

[2] 義(ぎ)なる者(もの)はさらに義(ぎ)を行(おこな)い、: 의로운 사람은 더욱더 의를 행하고,

「義(ぎ)なる」는 문어의 형용동사 「義(ぎ)なり」의 연체형으로 본 절의 「義(ぎ)なる者(もの)」는 「정의를 중시하는 사람」 또는 「올바른 사람」을 의미한다. 그리고 「義(ぎ)を行(おこな)い、」의 「義(ぎ)」는 명사적 용법으로 쓰인 것으로 「의, 바른 도리」의 뜻을 나타낸다. 이런 점에서 「義(ぎ)」도 「不義(ふぎ)」와 마찬가지로 형용동사성과 명사성을 겸비한 한어(漢語) 어기로 인정된다.

I. 「義(ぎ)~」: 명사적 용법

[例] <u>義(ぎ)に飢(う)えかわいている人(ひと)たち</u>は、さいわいである、彼(かれ)らは飽(あ)き足(た)りるようになるであろう。[マタイによる福音書 5:6]

(의에 굶주리고 목마른 사람들은 복이 있다. 그들이 만족하게 될 것이다.) [마태복음 5:6]

義(ぎ)のために迫害(はくがい)されてきた人(ひと)たちは、さいわいである、天国(てんごく)は彼(かれ)らのものである。[マタイによる福音書 5:10]
(의를 위해 박해를 받아온 사람들은 복이 있다. 하늘나라는 그들의 것이다.) [마태복음 5:10]

わたしは言(い)っておく。あなたがたの義(ぎ)が律法(りっぽう)学者(がくしゃ)やパリサイ人(びと)の義(ぎ)にまさっていなければ、決(けっ)して天国(てんごく)に、はいることはできない。[マタイによる福音書 5:20]
(나는 말해 두겠다. 너희의 의가 율법학자들과 바리새파 사람들의 의보다 낫지 않으면, 결코 하늘나라에 들어갈 수 없다.) [마태복음 5:20]

自分(じぶん)の義(ぎ)を、見(み)られるために人(ひと)の前(まえ)で行(おこな)わないように、注意(ちゅうい)しなさい。もし、そうしないと、天(てん)にいますあなたがたの父(ちち)から報(むく)いを受(う)けることがないであろう。[マタイによる福音書 6:1]
(자기의 의를 남에게 보이기 위해 사람들 앞에서 행하지 않도록 조심하라. 만일 그렇지 않으면, 하늘에 계신 너희 아버지에게서 상을 받지 못할 것이다.) [마태복음 6:1]

まず神(かみ)の国(くに)と神(かみ)の義(ぎ)とを求(もと)めなさい。そうすれば、これらのものは、すべて添(そ)えて与(あた)えられるであろう。[マタイによる福音書 6:33]
(먼저 하나님의 나라와 하나님의 의를 구하여라. 그리하면 이런 것들은 모두 더하여 주실 것이다.) [마태복음 6:33]

というのは、ヨハネがあなたがたのところにきて、義(ぎ)の道(みち)を説(と)いたのに、あなたがたは彼(かれ)を信(しん)じなかった。ところが、取税人(しゅぜいにん)や遊女(ゆうじょ)は彼(かれ)を信(しん)じた。あなたがた

はそれを見(み)たのに、あとになっても、心(こころ)をいれ変(か)えて彼(か
れ)を信(しん)じようとしなかった。[マタイによる福音書 21:32]
(그 이유는, 요한이 너희에게 와서, 의의 길을 설명했는데, 너희는 그를 믿지 않았
다. 그러나 세리나 유녀들은 그를 믿었다. 너희는 그것을 보았는데도, 나중이 되어
서도 마음을 고쳐먹고 그를 믿으려고 하지 않았다.) [마태복음 21:32]

しかし、あなた方(がた)パリサイ人(びと)は、わざわいである。はっか、うん
香(こう)、あらゆる野菜(やさい)などの十分(じゅうぶん)の一(いち)を宮(み
や)に納(おさ)めておりながら、義(ぎ)と神(かみ)に対(たい)する愛(あい)と
をなおざりにしている。それもなおざりにはできないが、これは行(おこな)
わねばならない。[ルカによる福音書 11:42]
(그러나, 너희 바리새파 사람들은 화가 있을 것이다. 박하, 운향, 온갖 야채 등의
십일조를 성전에 바치고 있으면서도, 의와 하나님에 대한 사랑은 등한시한다. 그
것도 등한시할 수는 없지만, 이것은 행해야 한다.) [누가복음 11:42]

あなたがたに言(い)っておく。神(かみ)に義(ぎ)とされて自分(じぶん)の家
(いえ)に帰(かえ)ったのは、この取税人(しゅぜいにん)であって、あのパリ
サイ人(びと)ではなかった。おおよそ、自分(じぶん)を高(たか)くする者(も
の)は低(ひく)くされ、自分(じぶん)を低(ひく)くする者(もの)は高(たか)く
されるであろう」。[ルカによる福音書 18:14]
(너희에게 말해 둔다. 하나님께 의로 인정받아, 자기 집에 돌아간 것은, 이 세리이
고, 저 바리새파 사람이 아니었다. 대체로 자기를 높이는 사람은 낮아지고, 자기를
낮추는 사람은 높아질 것이다.") [누가복음 18:14]

それが来(き)たら、罪(つみ)と義(ぎ)と裁(さば)きとについて、世(よ)の人(ひ
と)の目(め)を開(ひら)くであろう。[ヨハネによる福音書 16:8]
(그것[보혜사]이 오면, 죄와 의와 심판에 관해, 세상 사람이 알게 될 것이다.) [요한
복음 16:8]

義(ぎ)についてと言(い)ったのは、わたしが父(ちち)のみもとに行(い)き、あ
なたがたは、もはやわたしを見(み)なくなるからである。[ヨハネによる福

音書 16:10]
(의에 관해서라고 말한 것은, 내가 아버지께 가서, 너희는 더 이상 나를 보지 못하게 되기 때문이다.) [요한복음 16:10]

神(かみ)を敬(うやま)い義(ぎ)を行(おこな)う者(もの)はどの国民(こくみん)でも受(う)けいれて下(くだ)さることが、ほんとうによくわかってきました。[使徒行伝 10:35]
(하나님을 공경하고 의를 행하는 사람은, 어느 백성이라도 받아들여 주시는 것을 정말 잘 알게 되었습니다.) [사도행전 10:35]

だから、兄弟(きょうだい)たちよ、この事(こと)を承知(しょうち)しておくがよい。すなわち、このイエスによる罪(つみ)のゆるしの福音(ふくいん)が、今(いま)やあなたがたに宣(の)べ伝(つた)えられている。そして、モーセの律法(りっぽう)では義(ぎ)とされることができなかったすべての事(こと)についても、[使徒行伝 13:38]
(그러므로 형제들아, 이 일을 알아 두어라. 즉 이 예수에 의한, 죄의 용서의 복음이 이제 곧 여러분에게 선포된다. 그리고 모세의 율법에서는 의로 될 수 없었던 모든 일에 관해서도,) [사도행전 13:38]

信(しん)じる者(もの)はもれなく、イエスによって義(ぎ)とされるのである。[使徒行伝 13:39]
(믿는 사람은 빠짐없이 예수에 의해 의로 되는 것이다.) [사도행전 13:39]

神(かみ)は、義(ぎ)をもってこの世界(せかい)をさばくためその日(ひ)を定(さだ)め、お選(えら)びになったかたによってそれをなし遂(と)げようとされている。すなわち、このかたを死人(しにん)の中(なか)からよみがえらせ、その確証(かくしょう)をすべての人(ひと)に示(しめ)されたのである」。[使徒行伝 17:31]
(하나님께서는 의로써 이 세계를 심판하기 위해 그 날을 정하고, 선택하신 분에 의해 그것을 완수하려고 하신다. 즉 이 분을 죽은 사람들 가운데서 살려서, 그 확증을 모든 사람에게 보이신 것이다.") [사도행전 17:31]

神(かみ)の義(ぎ)は、その福音(ふくいん)の中(なか)に啓示(けいじ)され、信仰(しんこう)に始(はじ)まり信仰(しんこう)に至(いた)らせる。これは、「信仰(しんこう)による義人(ぎじん)は生(い)きる」と書(か)いてあるとおりである。[ローマ人への手紙 1:17]
(하나님의 의가 그 복음 안에 계시되어, 믿음으로 시작해서 믿음에 이르게 한다. 이것은 "믿음에 의한 의인은 살 것이다." 라고 쓰여 있는 대로이다.) [로마서 1:17]

断(だん)じてそうではない。あらゆる人(ひと)を偽(いつわ)り者(もの)としても、神(かみ)を真実(しんじつ)なものとすべきである。それは、「あなたが言葉(ことば)を述(の)べるときは、義(ぎ)とせられ、あなたがさばきを受(う)けるとき、勝利(しょうり)を得(え)るため」と書(か)いてあるとおりである。[ローマ人への手紙 3:4]
(절대로 그렇지 않다. 모든 사람은 거짓말쟁이라고 하더라도, 하나님을 진실한 것으로 해야 한다. 그것은 "주께서 말씀하실 때는, 의가 되고, 주께서 심판을 받을 때, 승리를 얻기 위해서" 라고 쓰여 있는 대로이다.) [로마서 3:4]

しかし、もしわたしたちの不義(ふぎ)が、神(かみ)の義(ぎ)を明(あき)らかにするとしたら、なんと言(い)うべきか。怒(いか)りを下(くだ)す神(かみ)は、不義(ふぎ)であると言(い)うのか (これは人間的(にんげんてき)な言(い)い方(かた)ではある) 。[ローマ人への手紙 3:5]
(그러나 만일 우리의 불의가 하나님의 의를 분명하게 한다면, 무엇이라고 말해야 하는가? 진노를 내리는 하나님께서는 불의하다고 말하는가? (이것은 사람들이 말하는 방식이지만).) [로마서 3:5]

なぜなら、律法(りっぽう)を行(おこな)うことによっては、すべての人間(にんげん)は神(かみ)の前(まえ)に義(ぎ)とせられないからである。律法(りっぽう)によっては、罪(つみ)の自覚(じかく)が生(しょう)じるのみである。[ローマ人への手紙 3:20]
(왜냐하면, 율법을 행함에 따라서는, 모든 사람들은 하나님 앞에 의로 인정받지 않기 때문이다. 율법으로는 죄의 자각이 생길 뿐이다.) [로마서 3:20]

しかし今(いま)や、神(かみ)の義(ぎ)が、律法(りっぽう)とは別(べつ)に、しかも律法(りっぽう)と預言者(よげんしゃ)とによってあかしされて、現(あらわ)された。[ローマ人への手紙 3:21]
(그러나 이제는 하나님의 의가 율법과는 별도로, 게다가 율법과 예언자에 의해 증언되어 나타났다.) [로마서 3:21]

それは、イエス・キリストを信(しん)じる信仰(しんこう)による神(かみ)の義(ぎ)であって、すべて信(しん)じる人(ひと)に与(あた)えられるものである。そこにはなんらの差別(さべつ)もない。[ローマ人への手紙 3:22]
(그것은 예수 그리스도를 믿는 믿음에 의한, 하나님의 의로, 믿는 사람 모두에게 주어진 것이다. 거기에는 아무런 차별도 없다.) [로마서 3:22]

彼(かれ)らは、価(あたい)なしに、神(かみ)の恵(めぐ)みにより、キリスト・イエスによるあがないによって義(ぎ)とされるのである。[ローマ人への手紙 3:24]
(그들은 값없이 하나님의 은혜로, 그리스도 예수에 의한, 속량에 의해, 의로 되는 것이다.) [로마서 3:24]

神(かみ)はこのキリストを立(た)てて、その血(ち)による、信仰(しんこう)をもって受(う)くべきあがないの供(そな)え物(もの)とされた。それは神(かみ)の義(ぎ)を示(しめ)すためであった。すなわち、今(いま)までに犯(おか)された罪(つみ)を、神(かみ)は忍耐(にんたい)をもって見(み)のがしておられたが、[ローマ人への手紙 3:25]
(하나님께서는 이 예수를 세워, 그 피에 의한, 믿음으로 받아야 할 속죄 제물로 하셨다. 그것은 하나님의 의를 보이기 위해서이었다. 즉 이제까지 지은 죄를 하나님께서는 인내심으로 눈감아 주고 계셨지만,) [로마서 3:25]

それは、今(いま)の時(とき)に、神(かみ)の義(ぎ)を示(しめ)すためであった。こうして、神(かみ)みずからが義(ぎ)となり、さらに、イエスを信(しん)じる者(もの)を義(ぎ)とされるのである。[ローマ人への手紙 3:26]

(그것은 지금 시기에, 하나님의 의를 보여주기 위해서이었다. 이렇게 해서 하나님께서 직접 의가 되고, 또한 예수를 믿는 사람을 의로 하시는 것이다.) [로마서 3:26]

わたしたちは、こう思(おも)う。人(ひと)が義(ぎ)とされるのは、律法(りっぽう)の行(おこな)いによるのではなく、信仰(しんこう)によるのである。[ローマ人への手紙 3:28]
(우리는 이렇게 생각한다. 사람이 의가 되는 것은, 율법의 행위에 의한 것이 아니라, 믿음에 의한 것이다.) [로마서 3:28]

まことに、神(かみ)は唯一(ゆいいつ)であって、割礼(かつれい)のある者(もの)を信仰(しんこう)によって義(ぎ)とし、また、無割礼(むかつれい)の者(もの)をも信仰(しんこう)のゆえに義(ぎ)とされるのである。[ローマ人への手紙 3:30]
(참으로 하나님께서는 유일하고, 할례가 있는 사람을 믿음에 의해 의로 삼고, 또 할례가 없는 사람도 믿음으로 의로 삼으신 것이다.) [로마서 3:30]

もしアブラハムが、その行(おこな)いによって義(ぎ)とされたのであれば、彼(かれ)は誇(ほこ)ることができよう。しかし、神(かみ)のみまえでは、できない。[ローマ人への手紙 4:2]
(만일 아브라함이 그 행위에 의해, 의로 된 것이라면, 그는 자랑할 수 있을 것이다. 그러나 하나님 앞에서는 자랑할 수 없다.) [로마서 4:2]

なぜなら、聖書(せいしょ)はなんと言(い)っているか、「アブラハムは神(かみ)を信(しん)じた。それによって、彼(かれ)は義(ぎ)と認(みと)められた」とある。[ローマ人への手紙 4:3]
(왜냐하면, 성서는 무엇이라고 하느냐? "아브라함은 하나님을 믿었다. 그것에 의해 그는 의로 인정되었다." 라고 되어 있다.) [로마서 4:3]

しかし、働(はたら)きはなくても、不信心(ふしんじん)な者(もの)を義(ぎ)とするかたを信(しん)じる人(ひと)は、その信仰(しんこう)が義(ぎ)と認(みと)められるのである。[ローマ人への手紙 4:5]

(그러나 공로는 없더라도, 경건하지 못한 사람을 의로 하는 분을 믿는 사람은, 그 믿음이 의로 인정되는 것이다.) [로마서 4:5]

ダビデもまた、行(おこな)いがなくても神(かみ)に義(ぎ)と認(みと)められた人(ひと)の幸福(こうふく)について、次(つぎ)のように言(い)っている、[ローマ人への手紙 4:6]

(다윗도 또, 한 일이 없어도 하나님으로부터 의로 인정받은 사람의 행복에 관해 다음과 같이 말하고 있다.) [로마서 4:6]

さて、この幸福(こうふく)は、割礼(かつれい)の者(もの)だけが受(う)けるのか。それとも、無割礼(むかつれい)の者(もの)にも及(およ)ぶのか。わたしたちは言(い)う、「アブラハムには、その信仰(しんこう)が義(ぎ)と認(みと)められた」のである。[ローマ人への手紙 4:9]

(그런데 이 행복은 할례를 받은 사람만이 받는 것인가? 그렇지 않으면 할례를 받지 않은 사람에게도 미치는 것인가? 우리는 말한다, "아브라함에게는 그 믿음으로 의라고 인정된" 것이다.) [로마서 4:9]

そして、アブラハムは割礼(かつれい)というしるしを受(う)けたが、それは、無割礼(むかつれい)のままで信仰(しんこう)によって受(う)けた義(ぎ)の証印(しょういん)であって、彼(かれ)が、無割礼(むかつれい)のままで信(しん)じて義(ぎ)とされるに至(いた)るすべての人(ひと)の父(ちち)となり、[ローマ人への手紙 4:11]

(그리고 아브라함은 할례라는 징표를 받았는데, 그것은 할례를 받지 않은 채로, 믿음으로 받은 의의 증인이고, 그가 할례를 받지 않는 채로, 믿고 의가 되게 이르는 모든 사람의 조상이 되고,) [로마서 4:11]

なぜなら、世界(せかい)を相続(そうぞく)させるとの約束(やくそく)が、アブラハムとその子孫(しそん)とに対(たい)してなされたのは、律法(りっぽう)によるのではなく、信仰(しんこう)の義(ぎ)によるからである。[ローマ人への手紙 4:13]

(왜냐하면 세계를 상속시키겠다는 약속이, 아브라함과 그 자손에 대해 이루어진

것은, 율법에 의한 것이 아니라, 믿음의 의에 의하기 때문이다.) [로마서 4:13]

だから、彼(かれ)は<u>義(ぎ)と認(みと)められた</u>のである。[ローマ人への手紙 4:22]

(따라서 그는 (하나님께서는) 의로 인정하신 것이다.) [로마서 4:22]

しかし「<u>義(ぎ)と認(みと)められた</u>」と書(か)いてあるのは、アブラハムのためだけではなく、[ローマ人への手紙 4:23]

(그러나 "의로 인정받았다." 라고 쓰여 있는 것은, 아브라함을 위해서만 아니고,) [로마서 4:23]

わたしたちのためでもあって、わたしたちの主(しゅ)イエスを死人(しにん)の中(なか)からよみがえらせたかたを信(しん)じるわたしたちも、<u>義(ぎ)と認(みと)められる</u>〈受動〉のである。[ローマ人への手紙 4:24]

(우리를 위해서이기도 하며, 우리 주 예수를 죽은 사람들 가운데서 살리신 분을 믿는 우리들도, 의라고 인정받는 것이다.) [로마서 4:24]

主(しゅ)は、わたしたちの罪過(ざいか)のために死(し)に渡(わた)され、わたしたちが<u>義(ぎ)とされる</u>ために、よみがえらされたのである。[ローマ人への手紙 4:25]

(주께서는(예수께서는) 우리의 죄과 때문에 죽임을 당하고, 우리가 의로 되기 위해서 살아나신 것이다.) [로마서 4:25]

このように、わたしたちは、信仰(しんこう)によって<u>義(ぎ)とされた</u>のだから、わたしたちの主(しゅ)イエス・キリストにより、神(かみ)に対(たい)して平和(へいわ)を得(え)ている。[ローマ人への手紙 5:1]

(이와 같이 우리는 믿음으로 의로 되었으니까, 우리 주 예수 그리스도에 의해, 하나님에 대해 평화를 얻고 있다.) [로마서 5:1]

わたしたちは、キリストの血(ち)によって今(いま)は<u>義(ぎ)とされている</u>のだから、なおさら、彼(かれ)によって神(かみ)の怒(いか)りから救(すく)われ

るであろう。[ローマ人への手紙 5:9]
(우리는 그리스도의 피로 이제는 의로 되었으니까, 하물며 그(그리스도)에 의해 하나님의 진노에서 구원을 받을 것이다.) [로마서 5:9]

かつ、この賜物(たまもの)は、ひとりの犯(おか)した罪(つみ)の結果(けっか)とは異(こと)なっている。なぜなら、さばきの場合(ばあい)は、ひとりの罪過(ざいか)から、罪(つみ)に定(さだ)めることになったが、恵(めぐ)みの場合(ばあい)には、多(おお)くの人(ひと)の罪過(ざいか)から、義(ぎ)とする結果(けっか)になるからである。[ローマ人への手紙 5:16]
(또한 (하나님께서 주시는) 이 선물은 한 사람이 저질은 범죄의 결과와는 다르다. 왜냐하면 심판의 경우는, 한 사람의 죄과에서 유죄가 되었지만, 은혜의 경우에는, 많은 사람의 범죄로부터 의로 하는 결과가 되기 때문이다.) [로마서 5:16]

もし、ひとりの罪過(ざいか)によって、そのひとりをとおして死(し)が支配(しはい)するに至(いた)ったとすれば、まして、あふれるばかりの恵(めぐ)みと義(ぎ)の賜物(たまもの)とを受(う)けている者(もの)たちは、ひとりのイエス・キリストをとおし、いのちにあって、さらに力強(ちからづよ)く支配(しはい)するはずではないか。[ローマ人への手紙 5:17]
(만일 (아담) 한 사람의 죄과에 의해, 그 한 사람을 통해 죽음이 지배하게 되었다고 하면, 하물며 금세라도 넘칠 것 같은 은혜와 의의 선물을 받는 사람들은, 한 사람의 예수 그리스도를 통해, 생명으로 더욱 강력하게 지배할 것이 아니냐?) [로마서 5:17]

それは、罪(つみ)が死(し)によって支配(しはい)するに至(いた)ったように、恵(めぐ)みもまた義(ぎ)によって支配(しはい)し、わたしたちの主(しゅ)イエス・キリストにより、永遠(えいえん)のいのちを得(え)させるためである。[ローマ人への手紙 5:21]
(그것은 죄가 죽음으로 지배하게 된 것처럼, 은혜도 또한 의로 지배하면서, 우리 주 예수 그리스도에 의해 영원한 생명을 얻게 하기 위해서이다.) [로마서 5:21]

また、あなたがたの肢体(したい)を不義(ふぎ)の武器(ぶき)として罪(つみ)

にささげてはならない。むしろ、死人(しにん)の中(なか)から生(い)かされた者(もの)として、自分(じぶん)自身(じしん)を神(かみ)にささげ、自分(じぶん)の肢体(したい)を義(ぎ)の武器(ぶき)として神(かみ)にささげるがよい。[ローマ人への手紙 6:13]
(또 여러분의 지체를 불의의 무기로 죄에 바쳐서는 안 된다. 오히려 죽은 사람들 가운데서 살아난 사람으로서, 자기 자신을 하나님께 바치고, 자신의 지체를 의의 무기로서 하나님께 바쳐라.) [로마서 6:13]

あなたがたは知(し)らないのか。あなたがた自身(じしん)が、だれかの僕(しもべ)になって服従(ふくじゅう)するなら、あなたがたは自分(じぶん)の服従(ふくじゅう)するその者(もの)の僕(しもべ)であって、死(し)に至(いた)る罪(つみ)の僕(しもべ)ともなり、あるいは、義(ぎ)にいたる従順(じゅうじゅん)の僕(しもべ)ともなるのである。[ローマ人への手紙 6:16]
(여러분은 모르느냐? 여러분 자신이 누군가의 종이 되어 복종한다면, 여러분은 자신이 복종하는 그 사람의 종이고, 죽음에 이르는 죄의 종도 되고, 혹은 의에 이르는 순종의 종도 되는 것이다.) [로마서 6:16]

罪(つみ)から解放(かいほう)され、義(ぎ)の僕(しもべ)となった。[ローマ人への手紙 6:18]
(죄에서 해방되어 의의 종이 되었다.) [로마서 6:18]

わたしは人間的(にんげんてき)な言(い)い方(かた)をするが、それは、あなたがたの肉(にく)の弱(よわ)さのゆえである。あなたがたは、かつて自分(じぶん)の肢体(したい)を汚(けが)れと不法(ふほう)との僕(しもべ)としてささげて不法(ふほう)に陥(おちい)ったように、今(いま)や自分(じぶん)の肢体(したい)を義(ぎ)の僕(しもべ)としてささげて、きよくならねばならない。[ローマ人への手紙 6:19]
(나는 사람의 방식으로 말을 하는데, 그것은 여러분의 육체가 약하기 때문이다. 여러분은 전에는 자기 지체를 더러움과 불법의 종으로 바쳐서 불법에 빠진 것처럼, 이제는 자기 지체를 의의 종으로 바쳐서 깨끗해지지 않으면 안 된다.) [로마서 6:19]

あなたがたが罪(つみ)の僕(しもべ)であった時(とき)は、義(ぎ)とは縁(えん)のない者(もの)であった。[ローマ人への手紙 6:20]
(여러분이 죄의 종이었을 때는, 의와는 인연이 없는 사람이었다.) [로마서 6:20]

もし、キリストがあなたがたの内(うち)におられるなら、からだは罪(つみ)のゆえに死(し)んでいても、霊(れい)は義(ぎ)のゆえに生(い)きているのである。[ローマ人への手紙 8:10]
(만일 그리스도께서 여러분 안에 계신다면, 몸은 죄 때문에 죽어 있어도, 영은 의 때문에 살아 있는 것이다.) [로마서 8:10]

そして、あらかじめ定(さだ)めた者(もの)たちを更(さら)に召(め)し、召(め)した者(もの)たちを更(さら)に義(ぎ)とし、義(ぎ)とした者(もの)たちには、更(さら)に栄光(えいこう)を与(あた)えて下(くだ)さったのである。[ローマ人への手紙 8:30]
(그리고 (하나님께서는) 미리 정한 사람들을 더 부르시고, 부르신 사람들을 더욱 의롭게 하고, 의롭게 한 사람에게는 또한 영광을 주신 것이다.) [로마서 8:30]

だれが、神(かみ)の選(えら)ばれた者(もの)たちを訴(うった)えるのか。神(かみ)は彼(かれ)らを義(ぎ)とされるのである。[ローマ人への手紙 8:33]
(누가 하나님께서 택하신 사람들을 고소하겠느냐? 하나님께서는 그들을 의로 삼은 것이다.) [로마서 8:33]

では、わたしたちはなんと言(い)おうか。義(ぎ)を追(お)い求(もと)めなかった異邦人(いほうじん)は、義(ぎ)、すなわち、信仰(しんこう)による義(ぎ)を得(え)た。[ローマ人への手紙 9:30]
(그러면 우리는 무엇이라고 말할까? 의를 추구하지 않았던 이방인은 의, 즉 믿음에 의한 의를 얻었다.) [로마서 9:30]

しかし、義(ぎ)の律法(りっぽう)を追(お)い求(もと)めていたイスラエルは、その律法(りっぽう)に達(たっ)しなかった。[ローマ人への手紙 9:31]
(그러나 의의 율법을 추구하고 있었던 이스라엘은, 그 율법에 이르지 못하였다.)

[로마서 9:31]

なぜなら、彼(かれ)らは神(かみ)の義(ぎ)を知(し)らないで、自分(じぶん)の義(ぎ)を立(た)てようと努(つと)め、神(かみ)の義(ぎ)に従(したが)わなかったからである。[ローマ人への手紙 10:3]
(왜냐하면 그들은 하나님의 의를 모르고, 자신의 의를 세우려고 힘쓰면서, 하나님의 의에는 따르지 않았기 때문이다.) [로마서 10:3]

キリストは、すべて信(しん)じる者(もの)に義(ぎ)を得(え)させるために、律法(りっぽう)の終(おわ)りとなられたのである。[ローマ人への手紙 10:4]
(그리스도께서는 믿는 사람을 모두 의를 얻게 하기 위해서, 율법의 끝마침이 되신 것이다.) [로마서 10:4]

モーセは、律法(りっぽう)による義(ぎ)を行(おこな)う人(ひと)は、その義(ぎ)によって生(い)きる、と書(か)いている。[ローマ人への手紙 10:5]
(모세는 율법에 의한 의를 행하는 사람은 그 의에 의해 살 것이다, 라고 쓰고 있다.) [로마서 10:5]

しかし、信仰(しんこう)による義(ぎ)は、こう言(い)っている、「あなたは心(こころ)のうちで、だれが天(てん)に上(のぼ)るであろうかと言(い)うな」。それは、キリストを引(ひ)き降(お)ろすことである。[ローマ人への手紙 10:6]
(그러나 믿음에 의한 의는 이렇게 말합니다. "너는 마음속에서 누가 하늘에 올라갈 것이냐 하고 말하지 마라. (그것은 그리스도를 끌어내리는 것이다.)) [로마서 10:6]

なぜなら、人(ひと)は心(こころ)に信(しん)じて義(ぎ)とされ、口(くち)で告白(こくはく)して救(すく)われる〈受動〉からである。[ローマ人への手紙 10:10]
(왜냐하면, 사람은 마음으로 믿어서 의가 되고, 입으로 고백해서 구원을 받기 때문이다.) [로마서 10:10]

神(かみ)の国(くに)は飲食(いんしょく)ではなく、義(ぎ)と、平和(へいわ)と、聖霊(せいれい)における喜(よろこ)びとである。[ローマ人への手紙 14:17]
(하나님의 나라는 먹는 것과 마시는 것이 아니라, 의와, 평화와, 성령에 있어서의 기쁨이다.) [로마서 14:17]

あなたがたがキリスト・イエスにあるのは、神(かみ)によるのである。キリストは神(かみ)に立(た)てられて、わたしたちの知恵(ちえ)となり、義(ぎ)と聖(せい)とあがないとになられたのである。[コリント人への第一の手紙 1:30]
(여러분이 그리스도 예수 안에 있는 것은, 하나님에 의한 것이다. 하나님께서는 그리스도를 세워, 우리의 지혜가 되고, 의로움과 거룩하심과 구속이 되신 것이다.) [고린도전서 1:30]

わたしは自(みずか)ら省(かえり)みて、なんらやましいことはないが、それで義(ぎ)とされているわけではない。わたしをさばくかたは、主(しゅ)である。[コリント人への第一の手紙 4:4]
(나는 스스로 돌이켜보아, 아무런 양심에 거리끼는 것이 없는데, 그래서 의로 된 것은 아니다. 나를 심판하는 분은 주님이다.) [고린도전서 4:4]

あなたがたの中(なか)には、以前(いぜん)はそんな人(ひと)もいた。しかし、あなたがたは、主(しゅ)イエス・キリストの名(な)によって、またわたしたちの神(かみ)の霊(れい)によって、洗(あら)われ、きよめられ、義(ぎ)とされた〈受動〉のである。[コリント人への第一の手紙 6:11]
(여러분 중에는 이전에는 그런 사람도 있었다. 그러나 여러분은 주 예수 그리스도의 이름에 의해, 또 우리 하나님의 성령에 의해, 씻기고, 거룩하게 되어, 의로 된 것이다.) [고린도전서 6:11]

もし罪(つみ)を宣告(せんこく)する務(つとめ)が栄光(えいこう)あるものだとすれば、義(ぎ)を宣告(せんこく)する務(つとめ)は、はるかに栄光(えいこう)に満(み)ちたものである。[コリント人への第二の手紙 3:9]
(만일 죄를 선고하는 직분이 영광이 있는 것이라고 하면, 의를 선고하는 직분은 훨씬 영광에 가득 찬 것이다.) [고린도후서 3:9]

神(かみ)はわたしたちの罪(つみ)のために、罪(つみ)を知(し)らないかたを罪(つみ)とされた。それは、わたしたちが、彼(かれ)にあって<u>神(かみ)の義(ぎ)</u>となるためなのである。[コリント人への第二の手紙 5:21]
(하나님께서는 우리 죄를 위해서, 죄를 모르는 분을 죄로 하셨다. 그것은 우리가 그(그리스도) 안에서 하나님의 의가 되게 하기 위해서이다.) [고린도후서 5:21]

真理(しんり)の言葉(ことば)と神(かみ)の力(ちから)とにより、左右(さゆう)に持(も)っている<u>義(ぎ)の武器(ぶき)</u>により、[コリント人への第二の手紙 6:7]
(진리의 말씀과 하나님의 능력에 의해, 좌우에 가지고 있는 의의 무기에 의해,) [고린도후서 6:7]

不信者(ふしんじゃ)と、つり合(あ)わないくびきを共(とも)にするな。<u>義(ぎ)と不義(ふぎ)</u>となんの係(かか)わりがあるか。光(ひかり)とやみとなんの交(まじ)わりがあるか。[コリント人への第二の手紙 6:14]
(불신자와 균형이 잡히지 않는 멍에를 함께 메지 마라. 정의와 불의가 무슨 관련이 있느냐? 빛과 어둠이 무슨 교섭이 있느냐?) [고린도후서 6:14]

「彼(かれ)は貧(まず)しい人(ひと)たちに散(ち)らして与(あた)えた。<u>その義(ぎ)は永遠(えいえん)に続(つづ)くであろう</u>」と書(か)いてあるとおりである。[コリント人への第二の手紙 9:9]
("그는 가난한 사람들에게 흩뜨려서 주었다. 그의 의는 영원히 계속될 것이다." 라고 쓰여 있는 대로이다.) [고린도후서 9:9]

種(たね)まく人(ひと)に種(たね)と食(た)べるためのパンとを備(そな)えて下(くだ)さるかたは、あなたがたにも種(たね)を備(そな)え、それをふやし、そして<u>あなたがたの義(ぎ)の実(み)</u>を増(ま)して下(くだ)さるのである。[コリント人への第二の手紙 9:10]
(씨를 뿌리는 사람에게 씨와 먹기 위한 빵을 마련해 주시는 분은(하나님께서는), 여러분에게도 씨를 마련해 주고, 그것을 늘리고, 그리고 여러분의 의의 열매를 증가시켜 주신다.) [고린도후서 9:10]

だから、たといサタンの手下(てした)どもが、義(ぎ)の奉仕者(ほうししゃ)のように擬装(ぎそう)したとしても、不思議(ふしぎ)ではない。彼(かれ)らの最期(さいご)は、そのしわざに合(あ)ったものとなろう。[コリント人への第二の手紙 11:15]
(따라서 설령 사탄의 부하들이 의의 봉사자처럼 위장했다고 하더라도, 이상하지 않다. 그들의 마지막은 그 소행에 맞는 것이 될 것이다.) [고린도후서 11:15]

人(ひと)の義(ぎ)とされるのは律法(りっぽう)の行(おこな)いによるのではなく、ただキリスト・イエスを信(しん)じる信仰(しんこう)によることを認(みと)めて、わたしたちもキリスト・イエスを信(しん)じたのである。それは、律法(りっぽう)の行(おこな)いによるのではなく、キリストを信(しん)じる信仰(しんこう)によって義(ぎ)とされる〈受動〉ためである。なぜなら、律法(りっぽう)の行(おこな)いによっては、だれひとり義(ぎ)とされる〈受動〉ことがないからである。[ガラテヤ人への手紙 2:16]
(사람의 의가 되는 것은 율법의 행위에 의한 것이 아니고, 오직 그리스도 예수를 믿는 믿음에 의한 것을 인정하고, 우리도 그리스도 예수를 믿었던 것이다. 그것은 율법의 행위에 의한 것이 아니라, 그리스도를 믿는 믿음으로 의로 되기 때문이다. 왜냐하면 율법의 행위에 의해서는 어느 누구도 의가 되지 않기 때문이다.) [갈라디아서 2:16]

しかし、キリストにあって義(ぎ)とされることを求(もと)めることによって、わたしたち自身(じしん)が罪人(つみびと)であるとされるのなら、キリストは罪(つみ)に仕(つか)える者(もの)なのであろうか。断(だん)じてそうではない。[ガラテヤ人への手紙 2:17]
(그러나 그리스도 안에서 의가 되는 것을 구함으로써, 우리 자신이 죄인이라고 된다면, 그리스도는 죄를 섬기는 이일까? 결코 그렇지 않다.) [갈라디아서 2:17]

わたしは、神(かみ)の恵(めぐ)みを無(む)にはしない。もし、義(ぎ)が律法(りっぽう)によって得(え)られるとすれば、キリストの死(し)はむだであったことになる。[ガラテヤ人への手紙 2:21]

(나는 하나님의 은혜를 헛되게 하지 않겠다. 만일 의가 율법으로 얻어진다고 하면, 그리스도의 죽음은 헛된 것이 된다.) [갈라디아서 2:21]

このように、アブラハムは「神(かみ)を信(しん)じた。それによって、彼(かれ)は義(ぎ)と認(みと)められた」のである。[ガラテヤ人への手紙 3:6]
(이와 같이 아브라함은 "하나님을 믿었다. 그것에 의해, 그는 의로 인정된" 것이다.) [갈라디아서 3:6]

聖書(せいしょ)は、神(かみ)が異邦人(いほうじん)を信仰(しんこう)によって義(ぎ)とされることを、あらかじめ知(し)って、アブラハムに、「あなたによって、すべての国民(こくみん)は祝福(しゅくふく)されるであろう」との良(よ)い知(し)らせを、予告(よこく)したのである。[ガラテヤ人への手紙 3:8]
(성서는, 하나님께서 이방인을 믿음으로 의로 하시는 것을, 미리 알고, 아브라함에게 "너에 의해 모든 백성은 축복을 받을 것이다" 고 하는 좋은 소식을 예고하신 것이다.) [갈라디아서 3:8]

そこで、律法(りっぽう)によっては、神(かみ)のみまえに義(ぎ)とされる者(もの)はひとりもないことが、明(あき)らかである。なぜなら、「信仰(しんこう)による義人(ぎじん)は生(い)きる」からである。[ガラテヤ人への手紙 3:11]
(그래서 율법에 의해서는, 하나님 앞에 의가 되는 사람은 한 사람도 없는 것이, 분명하다. 왜냐하면, "믿음에 의한 의인은 살기" 때문이다.) [갈라디아서 3:11]

では、律法(りっぽう)は神(かみ)の約束(やくそく)と相(あい)いれないものか。断(だん)じてそうではない。もし人(ひと)を生(い)かす力(ちから)のある律法(りっぽう)が与(あた)えられていたとすれば、義(ぎ)はたしかに律法(りっぽう)によって実現(じつげん)されたであろう。[ガラテヤ人への手紙 3:21]
(그러면, 율법은 하나님의 약속과 양립하지 않는 것인가? 결코 그렇지 않다. 만일 사람을 살리는 힘이 있는 율법이 주어져 있었다고 하면, 의는 확실히 율법에 의해

실현되었을 것이다.) [갈라디아서 3:21]

このようにして律法(りっぽう)は、信仰(しんこう)によって義(ぎ)とされるために、わたしたちをキリストに連(つ)れて行(ゆ)く養育掛(よういくがかり)となったのである。[ガラテヤ人への手紙 3:24]
(이와 같이 해서 율법은, 믿음으로 의롭게 되기 위해, 우리를 그리스도께 데리고 가는 양육 담당이 된 것이다.) [갈라디아서 3:24]

律法(りっぽう)によって義(ぎ)とされようとするあなたがたは、キリストから離(はな)れてしまっている。恵(めぐ)みから落(お)ちている。[ガラテヤ人への手紙 5:4]
(율법으로 의가 되려고 하는 여러분은 그리스도에게서 끊어지고 말았다. 은혜에서 떨어져 있다.) [갈라디아서 5:4]

わたしたちは、御霊(みたま)の助(たす)けにより、信仰(しんこう)によって義(ぎ)とされる望(のぞ)みを強(つよ)くいだいている。[ガラテヤ人への手紙 5:5]
(우리는 성령의 도움에 의해, 믿음으로 의가 되는 소망을 강하게 가지고 있다.) [갈라디아서 5:5]

真(しん)の義(ぎ)と聖(せい)とをそなえた神(かみ)にかたどって造(つく)られた新(あたら)しき人(ひと)を着(き)るべきである。[エペソ人への手紙 4:24]
(참된 의로움과 거룩함을 구비한 하나님을 본받아 만들어진 새 사람을 입어야 한다.) [에베소서 4:24]

イエス・キリストによる義(ぎ)の実(み)に満(み)たされて、神(かみ)の栄光(えいこう)とほまれとをあらわすに至(いた)るように。[ピリピ人への手紙 1:11]
(예수 그리스도에 의한, 의의 열매가 가득차고, 하나님의 영광과 영예를 나타내게 되기를 기원합니다.) [빌립보서 1:11]

熱心(ねっしん)の点(てん)では教会(きょうかい)の迫害者(はくがいしゃ)、

律法(りっぽう)の義(ぎ)については落(お)ち度(ど)のない者(もの)である。
[ピリピ人への手紙 3:6]
(열심이라는 점에서는, 교회의 박해자, 율법의 의에 관해서는 잘못이 없는 사람이다.) [빌립보서 3:6]

律法(りっぽう)による自分(じぶん)の義(ぎ)ではなく、キリストを信(しん)じる信仰(しんこう)による義(ぎ)、すなわち、信仰(しんこう)に基(もとづ)く神(かみ)からの義(ぎ)を受(う)けて、キリストのうちに自分(じぶん)を見(み)いだすようになるためである。[ピリピ人への手紙 3:9]
(율법에 의한 스스로의 의가 아니라, 그리스도를 믿는 믿음에 의한 의, 즉 믿음에 근거한 하나님께로부터 오는 의를 받아, 그리스도 안에서 자신을 찾도록 되기 위해서이다.) [빌립보서 3:9]

確(たし)かに偉大(いだい)なのは、この信心(しんじん)の奥義(おうぎ)である、「キリストは肉(にく)において現(あらわ)れ、霊(れい)において義(ぎ)とせられ、御使(みつかい)たちに見(み)られ、諸国民(しょこくみん)の間(あいだ)に伝(つた)えられ、世界(せかい)の中(なか)で信(しん)じられ、栄光(えいこう)のうちに天(てん)に上(あ)げられた」。[テモテへの第一の手紙 3:16]
(확실히 위대한 것은, 이 경건의 오의이다, "그리스도께서는 육신에 있어서 나타나고, 성령에 있어서 의로 되고, 천사들에게 보이고, 여러 백성 사이에 전해지고, 세계 속에서 믿어지고, 영광 속에 하늘에 들려 올라갔다.") [디모데전서 3:16]

しかし、神(かみ)の人(ひと)よ。あなたはこれらの事(こと)を避(さ)けなさい。そして、義(ぎ)と信心(しんじん)と信仰(しんこう)と愛(あい)と忍耐(にんたい)と柔和(にゅうわ)とを追(お)い求(もと)めなさい。[テモテへの第一の手紙 6:11]
(그러나 하나님의 사람들아. 그대는 이런 것들을 피하라. 의와 경건과 믿음과 사랑과 인내와 온유를 추구하라.) [디모데전서 6:11]

そこで、あなたは若(わか)い時(とき)の情欲(じょうよく)を避(さ)けなさい。

そして、きよい心(こころ)をもって主(しゅ)を呼(よ)び求(もと)める人々(ひとびと)と共(とも)に、義(ぎ)と信仰(しんこう)と愛(あい)と平和(へいわ)とを追(お)い求(もと)めなさい。[テモテへの第二の手紙 2:22]
(그런 까닭에 그대는 젊을 때의 정욕을 피하라. 그리고 깨끗한 마음으로 주님을 갈구하는 사람들과 함께 의와 믿음과 사랑과 평화를 추구하라.) [디모데후서 2:22]

聖書(せいしょ)は、すべて神(かみ)の霊感(れいかん)を受(う)けて書(か)かれたものであって、人(ひと)を教(おし)え、戒(いまし)め、正(ただ)しくし、義(ぎ)に導(みちび)くのに有益(ゆうえき)である。[テモテへの第二の手紙 3:16]
(성서는 모두 하나님의 영감을 받아, 쓰인 것으로, 사람을 가르치고, 훈계하고, 바르게 하고, 의로 인도하는 데에 유익하다.) [디모데후서 3:16]

今(いま)や、義(ぎ)の冠(かんむり)がわたしを待(ま)っているばかりである。かの日(ひ)には、公平(こうへい)な審判者(しんぱんしゃ)である主(しゅ)が、それを授(さず)けて下(くだ)さるであろう。わたしばかりではなく、主(しゅ)の出現(しゅつげん)を心(こころ)から待(ま)ち望(のぞ)んでいたすべての人(ひと)にも授(さず)けて下(くだ)さるであろう。[テモテへの第二の手紙 4:8]
(이제는, 의의 월계관이 나를 기다리고 있을 뿐이다. 그 날에는 공평한 심판자인 주께서, 그것을 주실 것이다. 나뿐만 아니라 주의 출현을 마음으로부터 손꼽아 기다렸던, 모든 사람에게도 주실 것이다.) [디모데후서 4:8]

わたしたちの行(おこな)った義(ぎ)のわざによってではなく、ただ神(かみ)のあわれみによって、再生(さいせい)の洗(あら)いを受(う)け、聖霊(せいれい)により新(あら)たにされて、わたしたちは救(すく)われたのである。[テトスへの手紙 3:5]
(우리가 행한 의로운 행위에 의해서가 아니라, 오직 하나님의 자비심에 의해, 재생의 씻음을 받아, 성령에 의해 새롭게 되어, 우리는 구원을 받은 것이다.) [디도서 3:5]

これは、わたしたちが、キリストの恵(めぐ)みによって義(ぎ)とされ、永遠(えいえん)のいのちを望(のぞ)むことによって、御国(みくに)をつぐ者(もの)となるためである。[テトスへの手紙 3:7]
(이것은 우리가 그리스도의 은혜에 의해 의가 되고, 영원한 생명을 소망함으로써, 하늘나라를 상속하는 사람이 되기 위해서이다.) [디도서 3:7]

あなたは義(ぎ)を愛(あい)し、不法(ふほう)を憎(にく)まれた。それゆえに、神(かみ)、あなたの神(かみ)は、喜(よろこ)びのあぶらを、あなたの友(とも)に注(そそ)ぐよりも多(おお)く、あなたに注(そそ)がれた」と言(い)い、[ヘブル人への手紙 1:9]
(주님께서는 의를 사랑하고, 불법을 미워하셨다. 그러므로 하나님, 주님의 하나님께서는 (주님께) 즐거움의 기름을, 주님의 동료들에게 붓는 것보다도 많이 주님께 부으셨다." 고 하고,) [히브리서 1:9]

すべて乳(ちち)を飲(の)んでいる者(もの)は、幼(おさ)な子(ご)なのだから、義(ぎ)の言葉(ことば)を味(あじ)わうことができない。[ヘブル人への手紙 5:13]
(젖을 먹는 사람은 모두, 어린 아기이므로, 의의 말씀을 체험할 수 없다.) [히브리서 5:13]

それに対(たい)して、アブラハムは彼(かれ)にすべての物(もの)の十分(じゅうぶん)の一(いち)を分(わ)け与(あた)えたのである。その名(な)の意味(いみ)は、第一(だいいち)に義(ぎ)の王(おう)、次(つぎ)にまたサレムの王(おう)、すなわち平和(へいわ)の王(おう)である。[ヘブル人への手紙 7:2]
(그것에 대해 아브라함은 그에게 모든 것의 십분의 일을 나누어 주었다. 그 이름의 의미는, 첫째로, 정의의 왕, 다음으로 또 살렘 왕, 즉 평화의 왕이다.) [히브리서 7:2]

信仰(しんこう)によって、ノアはまだ見(み)ていない事(こと)がらについて御告((み)つ)げを受(う)け、恐(おそ)れかしこみつつ、その家族(かぞく)を救(すく)うために箱舟(はこぶね)を造(つく)り、その信仰(しんこう)によって

世(よ)の罪(つみ)をさばき、そして、信仰(しんこう)による義(ぎ)を受(う)け継(つ)ぐ者(もの)となった。[ヘブル人への手紙 11:7]
(믿음으로 노아는 아직 보지 않는 일들에 관해 하나님의 계시를 받아, 두려워하고 황송해하면서 그 가족을 구원하기 위해, 방주를 만들고, 그 믿음에 의해 세상의 죄를 심판하고, 그리고 믿음에 의한 의를 계승하는 사람이 되었다.) [히브리서 11:7]

彼(かれ)らは信仰(しんこう)によって、国々(くにぐに)を征服(せいふく)し、義(ぎ)を行(おこな)い、約束(やくそく)のものを受(う)け、ししの口(くち)をふさぎ、[ヘブル人への手紙 11:33]
(그들은 믿음으로 나라들을 정복하고, 의를 행하고, 약속된 것을 받고, 사자의 입을 막고,) [히브리서 11:33]

すべての訓練(くんれん)は、当座(とうざ)は、喜(よろこ)ばしいものとは思(おも)われず、むしろ悲(かな)しいものと思(おも)われる。しかし後(のち)になれば、それによって鍛え(きたえ)られる者(もの)に、平安(へいあん)な義(ぎ)の実(み)を結(むす)ばせるようになる。[ヘブル人への手紙 12:11]
(모든 훈련은 그 당장은 경사스러운 것이라고 생각되지 않고, 오히려 슬픈 것이라고 생각된다. 그러나 나중이 되면, 그것에 의해 단련을 받은 사람에게 편안한 의의 열매를 맺게 하게 된다.) [히브리서 12:11]

人(ひと)の怒(いか)りは、神(かみ)の義(ぎ)を全(まっと)うするものではないからである。[ヤコブの手紙 1:20]
(사람의 분노는, 하나님의 의를 완수하는 것이 아니기 때문이다.) [야고보서 1:20]

わたしたちの父祖(ふそ)アブラハムは、その子(こ)イサクを祭壇(さいだん)にささげた時(とき)、行(おこな)いによって義(ぎ)とされたのではなかったか。[ヤコブの手紙 2:21]
(우리 부조 아브라함은 그 아들, 이삭을 제단에 바쳤을 때, 행위에 의해 의롭게 된 것이 아니었더냐?) [야고보서 2:21]

こうして、「アブラハムは神(かみ)を信(しん)じた。それによって、彼(かれ)

は義(ぎ)と認(みと)められた」という聖書(せいしょ)の言葉(ことば)が成就(じょうじゅ)し、そして、彼(かれ)は「神(かみ)の友(とも)」と唱(とな)えられたのである。[ヤコブの手紙 2:23]
(이렇게 해서 "아브라함은 하나님을 믿었다. 그것에 의해 그는 의로 인정받았다."고 하는 성서의 말씀이 성취되고, 그리고 그는 "하나님의 벗"이라고 불렸다.) [야고보서 2:23]

これでわかるように、人(ひと)が義(ぎ)とされるのは、行(おこな)いによるのであって、信仰(しんこう)だけによるのではない。[ヤコブの手紙 2:24]
(이것으로 알 수 있는 것처럼, 사람이 의로 되는 것은, 행위에 의한 것으로, 믿음으로만 되는 것이 아니다.) [야고보서 2:24]

同(おな)じように、かの遊女(ゆうじょ)ラハブでさえも、使者(ししゃ)たちをもてなし、彼(かれ)らを別(べつ)な道(みち)から送(おく)り出(だ)した時(とき)、行(おこな)いによって義(ぎ)とされたではないか。[ヤコブの手紙 2:25]
(마찬가지로 그 유녀 라합마저도 사자를 접대하여, 그들을 다른 길을 통해 배웅했을 때, 행위에 의해 의롭게 된 것이 아니냐?) [야고보서 2:25]

義(ぎ)の実(み)は、平和(へいわ)を造(つく)り出(だ)す人(ひと)たちによって、平和(へいわ)のうちにまかれるものである。[ヤコブの手紙 3:18]
(의의 열매는, 평화를 만들어내는 사람들에 의해 평화 안에 뿌려지는 것이다.) [야고보서 3:18]

さらに、わたしたちが罪(つみ)に死(し)に、義(ぎ)に生(い)きるために、十字架(じゅうじか)にかかって、わたしたちの罪(つみ)をご自分(じぶん)の身(み)に負(お)われた。その傷(きず)によって、あなたがたは、いやされたのである。[ペテロの第一の手紙 2:24]
(또한 우리가 죄에 죽고, 의에 살기 위해, 십자가에 매달리고, 우리의 죄를 당신의 몸에 지셨다. 그 상처에 의해 여러분은 나은 것이다.) [베드로서 2:24]

しかし、万一(まんいち)義(ぎ)のために苦(くる)しむようなことがあっても、あなたがたはさいわいである。彼(かれ)らを恐(おそ)れたり、心(こころ)を乱(みだ)したりしてはならない。[ペテロの第一の手紙 3:14]
(그러나 만일 의를 위하여 고난을 받는 그런 일이 있어도, 여러분은 복이 있다. 그들을 무서워하거나 마음을 어지럽히거나 해서는 안 된다.) [베드로전서 3:14]

イエス・キリストの僕(しもべ)また使徒(しと)であるシメオン・ペテロから、わたしたちの神(かみ)と救主(すくいぬし)イエス・キリストとの義(ぎ)によって、わたしたちと同(おな)じ尊(たっと)い信仰(しんこう)を授(さず)かった人々(ひとびと)へ。[ペテロの第二の手紙 1:1]
(예수 그리스도의 종이며 사도인 시므온 베드로가, 우리 하나님과 구주 예수 그리스도의 의에 의해, 우리와 같은 귀한 믿음을 받은 이들에게 문안 인사합니다.) [베드로후서 1:1]

また、古(ふる)い世界(せかい)をそのままにしておかないで、その不信仰(ふしんこう)な世界(せかい)に洪水(こうずい)をきたらせ、ただ、義(ぎ)の宣伝者(せんでんしゃ)ノアたち八人(はちにん)の者(もの)だけを保護(ほご)された。[ペテロの第二の手紙 2:5]
(또 옛날 세계를 그대로 해 두지 않고, 그 불신앙의 세계에 홍수를 오게 해서, 오직 의의 선전자 노아들 여덟 사람만을 보호하셨다.) [베드로후서 2:5]

義(ぎ)の道(みち)を心得(こころえ)ていながら、自分(じぶん)に授(さず)けられた聖(せい)なる戒(いまし)めにそむくよりは、むしろ義(ぎ)の道(みち)を知(し)らなかった方(ほう)がよい。[ペテロの第二の手紙 2:21]
(의의 길을 알고 있으면서도 자기들이 받은 거룩한 계명에 거슬리는 것보다는, 차라리 의의 길을 알지 못한 편이 좋다.) [베드로후서 2:21]

しかし、わたしたちは、神(かみ)の約束(やくそく)に従(したが)って、義(ぎ)の住(す)む新(あたら)しい天(てん)と新(あたら)しい地(ち)とを待(ま)ち望(のぞ)んでいる。[ペテロの第二の手紙 3:13]

(그러나 우리는 하나님의 약속에 따라, 의가 사는 새 하늘과 새 땅을 손꼽아 기다리고 있다.) [베드로후서 3:13]

子(こ)たちよ。だれにも惑(まど)わされてはならない。彼(かれ)が義人(ぎじん)であると同様(どうよう)に、義(ぎ)を行(おこな)う者(もの)は義人(ぎじん)である。[ヨハネの第一の手紙 3:7]
(어린 자녀들아. 누구에게도 미혹을 당해서는 안 된다. 그가 의인인 것과 마찬가지로, 의를 행하는 사람은 의인이다.) [요한일서 3:7]

神(かみ)の子(こ)と悪魔(あくま)の子(こ)との区別(くべつ)は、これによって明(あき)らかである。すなわち、すべて義(ぎ)を行(おこな)わない者(もの)は、神(かみ)から出(で)た者(もの)ではない。兄弟(きょうだい)を愛(あい)さない者(もの)も、同様(どうよう)である。[ヨハネの第一の手紙 3:10]
(하나님의 자녀와 악마의 자녀의 구별은, 그것에 의해 명확하다. 즉 의를 행하지 않는 모든 사람은 하나님에게서 난 사람이 아니다. 형제를 사랑하지 않는 사람도 마찬가지이다.) [요한일서 3:10]

またわたしが見(み)ていると、天(てん)が開(ひら)かれ、見(み)よ、そこに白(しろ)い馬(うま)がいた。それに乗(の)っているかたは、「忠実(ちゅうじつ)で真実(しんじつ)な者(もの)」と呼(よ)ばれ、義(ぎ)によって裁(さば)き、また、戦(たたか)うかたである。[ヨハネの黙示録 19:11]
(그리고 내가 보고 있으니 하늘이 열리고, 보아라! 거기에 흰 말이 있었다. 그것을 타고 있는 분은 "충실하고 진실한 자"라고 불리고, 의로써 심판하고 또 싸우는 분이다.) [요한묵시록 19:11]

II. 「義(ぎ)なる~」: 형용동사적 용법

[例] なぜなら、律法(りっぽう)を聞(き)く者(もの)が、神(かみ)の前(まえ)に義(ぎ)なるものではなく、律法(りっぽう)を行(おこな)う者(もの)が、義(ぎ)とされるからである。[ローマ人への手紙 2:13]

(왜냐하면, 율법을 듣는 사람이 하나님 앞에 의로운 사람이 아니고, 율법을 행하는 사람이 의로 되기 때문이다.) [로마서 2:13]

このようなわけで、ひとりの罪過(ざいか)によってすべての人(ひと)が罪(つみ)に定(さだ)められたように、ひとりの義(ぎ)なる行為(こうい)によって、いのちを得(え)させる義(ぎ)がすべての人(ひと)に及(およ)ぶのである。[ローマ人への手紙 5:18]
(이와 같은 연유로, 한 사람의 죄과에 의해 모든 사람이 정죄된 것과 같이, 한 사람의 의로운 행위에 의해 생명을 얻게 하는 의가 모든 사람에게 미치는 것이다.) [로마서 5:18]

信仰(しんこう)によって、アベルはカインよりもまさったいけにえを神(かみ)にささげ、信仰(しんこう)によって義(ぎ)なる者(もの)と認(みと)められた。神(かみ)が、彼(かれ)の供(そな)え物(もの)をよしとされた(2)からである。彼(かれ)は死(し)んだが、信仰(しんこう)によって今(いま)もなお語(かた)っている。[ヘブル人への手紙 11:4]
(믿음으로 아벨은 가인보다도 더 나은 희생물을 하나님께 바치고, 믿음에 의해 의로운 사람이라고 인정받았다. 하나님께서 그의 제물을 좋다고 하셨기 때문이다. 그는 죽었지만, 믿음에 의해 지금도 여전히 말하고 있다.) [히브리서 11:4]

キリストも、あなたがたを神(かみ)に近(ちか)づけようとして、自(みずか)らは義(ぎ)なるかたであるのに、不義(ふぎ)なる人々(ひとびと)のために、ひとたび罪(つみ)のゆえに死(し)なれた。ただし、肉(にく)においては殺(ころ)されたが、霊(れい)においては生(い)かされたのである。[ペテロの第一の手紙 3:18]
(그리스도께서도 여러분을 하나님께 가까이 하려고 하여, 자신은 의로운 분인데, 불의한 사람들을 위해, 한 번 죄 때문에 죽으셨다. 다만 육에서는 죽임을 당했지만, 영에서는 살리심을 받은 것이다.) [베드로전서 3:18]

わたしの子(こ)たちよ。これらのことを書(か)きおくるのは、あなたがたが罪(つみ)を犯(おか)さないようになるためである。もし、罪(つみ)を犯(おか)

す者(もの)があれば、父(ちち)のみもとには、わたしたちのために助(たす)け主(ぬし)、すなわち、義(ぎ)なるイエス・キリストがおられる。[ヨハネの第一の手紙 2:1]
(나의 자녀들아. 이러한 것들을 써서 보내는 것은, 여러분이 죄를 짓지 않도록 되기 위해서이다. 만일 죄를 짓는 사람이 있으면, 아버지 앞에는 우리를 위해 구주, 즉 의로운 예수 그리스도가 계신다.) [요한일서 2:1]

彼(かれ)の義(ぎ)なるかたであることがわかれば、義(ぎ)を行(おこな)う者(もの)はみな彼(かれ)から生(うま)れたものであることを、知(し)るであろう。[ヨハネの第一の手紙 2:29]
(그가(하나님께서) 의로운 분인 것을 알면, 의를 행하는 사람은 모두 그에게서(하나님에게서) 태어난 것을 알 것이다.) [요한일서 2:29]

どうか悪(あ)しき者(もの)の悪(あく)を断(た)ち、正(ただ)しき者(もの)を堅(かた)く立(た)たせてください。義(ぎ)なる神(かみ)よ、あなたは人(ひと)の心(こころ)と思(おも)いとを調(しら)べられます。[詩篇 7:9]
(아무쪼록 악한 자의 악행을 끊고, 의로운 자를 굳건히 세워 주십시오. 의로운 하나님, 주님은 사람의 마음과 생각을 살피십니다.) [시편 7:9]

神(かみ)は義(ぎ)なるさばきびと、日(ひ)ごとに憤(いきどお)りを起(おこ)される神(かみ)である。[詩篇 7:11]
(하나님께서는 의로운 심판장, 날마다 분노를 일으키시는 하나님이다.) [시편 7:11]

あなたがたの言(い)い分(ぶん)を持(も)ってきて述(の)べよ。また共(とも)に相談(そうだん)せよ。この事(こと)をだれがいにしえから示(しめ)したか。だれが昔(むかし)から告(つ)げたか。わたし、すなわち主(しゅ)ではなかったか。わたしのほかに神(かみ)はない。わたしは義(ぎ)なる神(かみ)、救主(すくいぬし)であって、わたしのほかに神(かみ)はない。[イザヤ書 45:21]
(너희의 주장하는 싶은 말을 가지고 와서 진술하라. 또 함께 의논하라. 이 일을 누가 이전부터 보여주었는가? 누가 옛날부터 알렸는가? 나, 즉 주는 아니었다. 나 이외에 신은 없다. 나는 의로운 하나님, 구주이고, 나 이외에 신은 없다.) [이사야

45:21]

彼(かれ)は自分(じぶん)の魂(たましい)の苦(くる)しみにより光(ひかり)を見(み)て満足(まんぞく)する。義(ぎ)なるわがしもべはその知識(ちしき)によって、多(おお)くの人(ひと)を義(ぎ)とし、また彼(かれ)らの不義(ふぎ)を負(お)う。[イザヤ書 53:11]
(그는 자신의 영혼의 고난에 의해, 빛을 보고 만족한다. 의로운 내 종은 그 지식으로 많은 사람을 의로 하고, 또 그들의 불의를 짊어진다.) [이사야 53:11]

シオンの娘(むすめ)よ、大(おお)いに喜(よろこ)べ、エルサレムの娘(むすめ)よ、呼(よ)ばわれ。見(み)よ、あなたの王(おう)はあなたの所(ところ)に来(く)る。彼(かれ)は義(ぎ)なる者(もの)であって勝利(しょうり)を得(え)、柔和(にゅうわ)であって、ろばに乗(の)る。すなわち、ろばの子(こ)である子馬(こうま)に乗(の)る。[ゼカリヤ書 9:9]
(시온의 딸아, 크게 기뻐하라! 예루살렘의 딸아, 큰 소리로 불러라. 보아라! 너의 왕은 네게로 온다. 그는 의로운 이로 승리를 얻고, 온유하고, 나귀를 탄다. 즉 나귀 새끼인 어린 나귀를 탄다.) [스가랴 9:9]

[3] 聖(せい)なる者(もの)はさらに聖(せい)なることを行(おこな)うままにさせよ」: 거룩한 사람은 더욱더 거룩한 일을 행하는 대로 내버려 두어라."

「行(おこな)うままにさせよ」는 「行(おこな)う」에 「~まま[형식명사]+に[격조사]+する」가 접속한 것에 「する」의 사역형 「~させる」의 문장체 명령형인 「~させよ」가 후접된 것으로 「행하는 대로 내버려 두어라」의 뜻을 나타낸다.

이 부분을 타 번역본에서는 다음과 같이 기술하고 있다.

[例] 聖(きよ)い者(もの)はなおも聖(きよ)くして居(お)れ。」[塚本訳1963]
(신성한 사람은 더욱 더 신성하게 하고 있어라.")

聖徒(せいと)はなお聖徒(せいと)であれ」[前田訳1978]
(성도는 더욱 더 성도이어라.")

聖徒(せいと)はいよいよ聖(せい)なるものとされなさい。」[新改訳1970]
(성도는 더욱 더 거룩한 사람이 되어라.")

聖(せい)なる者(もの)はさらに聖(せい)なる者(もの)となれ」。[フランシスコ会訳1984]
(거룩한 사람은 더욱더 거룩한 사람이 되어라.")

聖(せい)なる者(もの)は、なお聖(せい)なる者(もの)とならせよ。[新共同訳1987]
(거룩한 사람은 더욱더 거룩한 사람이 되게 하라.)

聖(せい)なる者(もの)は聖化(せいか)され続(つづ)けさせなさい」。[岩波翻訳委員会訳1995]
(거룩한 사람은 계속 성화되게 하여라.")

「見(み)よ、わたしはすぐに来(く)る。[1] 報(むく)いを携(たずさ)えてきて、[2] それぞれのしわざに応(おう)じて報(むく)いよう[24]。[ヨハネの黙示録 22:12]
("보아라! 내가 곧 온다. 보상을 가지고 와서 각자의 행위에 따라 보답하겠다.) [22:12]

본 절은 [フランシスコ会聖書研究所(1984)『新約聖書』サンパウロ. p. 969 주(22-11)]에 따르면 다음의 성구와 관계가 있다고 한다.

[例] 慈(いつく)しみは、わたしの主(しゅ)よ、あなたのものである、と / ひとりひ

---

24) 요한묵시록 11:18, 시편 62:13, 이사야 40:10, 62:11, 예레미야 17:10 참조. 이상은 フランシスコ会聖書研究所(1984)『新約聖書』サンパウロ. p. 969 주(22-11)에 의함.

とりに、その業(わざ)に従(したが)って / あなたは人間(にんげん)に報(むく)いをお与(あた)えになる、と。[新共同訳 / 詩編 62:13]
(측은지심은 나의 주님이여, 주님의 것이다, 라고 / 한 사람 한 사람, 그 행위에 따라 / 주님께서는 사람에게 응보를 주신다, 라고.) [시편 62:13]

見(み)よ、主(しゅ)なる神(かみ)は大能(たいのう)をもってこられ、その腕(うで)は世(よ)を治(おさ)める。見(み)よ、その報(むく)いは主(しゅ)と共(とも)にあり、そのはたらきの報(むく)いは、そのみ前(まえ)にある。[イザヤ書 40:10]
(보아라! 주인 하나님께서는 대단히 뛰어난 지능과 능력을 가지고 오시고, 그 팔은 세상을 다스린다. 보아라! 그 상급은 주님과 함께 있고, 그 행위의 보상은 그 앞에 있다.) [이사야 40:10]

見(み)よ、主(しゅ)は地(ち)の果(はて)にまで告(つ)げて言(い)われた、「シオンの娘(むすめ)に言(い)え、『見(み)よ、あなたの救(すく)いは来(く)る。見(み)よ、その報(むく)いは主(しゅ)と共(とも)にあり、その働(はたら)きの報(むく)いは、その前(まえ)にある』と。[イザヤ書 62:11]
(보아라! 주께서는 땅 끝에까지 알리고 말씀하셨다, "시온의 딸에게 말하라, '보아라! 너의 구원은 온다. 보아라! 그 상급은 주와 함께 있고, 그 행위의 보상은 그 앞에 있다.) [이사야 62:11]

「主(しゅ)であるわたしは心(こころ)を探(さぐ)り、思(おも)いを試(こころ)みる。おのおのに、その道(みち)にしたがい、その行(おこな)いの実(み)によって報(むく)いをするためである」。[エレミヤ書 17:10]
("주인 나는 마음을 살피고, 생각을 시험한다. 각자에게 그 길에 따라 그 행위의 여래에 의해, 보상을 하기 위해서이다.") [예레미야 17:10]

[1] 報(むく)いを携(たずさ)えてきて、[2]それぞれのしわざに応(おう)じて報(むく)いよう。: 보상을 가지고 와서 각자의 행위에 따라 보답하겠다.

「報(むく)い」는「報(むく)いる」의 연용형이 전성명사화한 것으로「과보, 응보, 보상, 보수」의 뜻을 나타내는데, 「報(むく)いを携(たずさ)える」는 구어역 성서에서 본 절에서만 사용되고 있다.

[2] それぞれのしわざに応(おう)じて報(むく)いよう。: 각자의 행위에 따라 보답하겠다.

「それぞれ」는 「(제)각기, 각각, 각자」의 뜻을 나타내고, 명사적 용법과 부사적 용법이 있는데, 본 절에서는 「それぞれのしわざに応(おう)じて」와 같이 명사적 용법으로 쓰이고 있다. 또한 「それぞれ」는 유의어에는 「銘々(めいめい)・各々(おのおの)」 등이 있다.

구어역 신약성서에 쓰이는 「それぞれ」의 예를 들면 다음과 같다.

I. 「それぞれ」의 명사적 용법

[例] 人(ひと)の子(こ)は父(ちち)の栄光(えいこう)のうちに、御使(みつかい)たちを従(したが)えて来(く)るが、その時(とき)には、実際(じっさい)のおこないに応(おう)じて、それぞれに報(むく)いるであろう。[マタイによる福音書 16:27]
(인자는 아버지의 영광 속에 천사들을 거느리고 오는데, 그 때에는 실제의 행실에 따라 각자에게 갚아 줄 것이다.) [마태복음 16:27]

すなわち、それぞれの能力(のうりょく)に応(おう)じて、ある者(もの)には五(ご)タラント、ある者(もの)には二(に)タラント、ある者(もの)には一(いち)タラントを与(あた)えて、旅(たび)に出(で)た。[マタイによる福音書 25:15]
(즉 각각의 능력에 따라, 어떤 사람에게는 다섯 달란트를, 어떤 사람에게는 두 달란트, 어떤 사람에게는 한 달란트를 주고 길을 떠났다.) [마태복음 25:15]

使徒(しと)たちの足(あし)もとに置(お)いた。そしてそれぞれの必要(ひつよう)に応(おう)じて、だれにでも分(わ)け与(あた)えられた。[使徒行伝 4:35]
(사도들의 발밑에 놓았다. 그리고 각자의 필요에 따라 누구나 나누어 받았다.) [사

도행전 4:35]

そこで弟子(でし)たちは、それぞれの力(ちから)に応(おう)じて、ユダヤに住(す)んでいる兄弟(きょうだい)たちに援助(えんじょ)を送(おく)ることに決(き)めた。[使徒行伝 11:29]
(그래서 제자들은 각각의 형편을 따라 유대에 사는 형제들에게 원조를 보내기로 정했다.) [사도행전 11:29]

神(かみ)は過(す)ぎ去(さ)った時代(じだい)には、すべての国々(くにぐに)の人(ひと)が、それぞれの道(みち)を行(い)くままにしておかれたが、[使徒行伝 14:16]
(하나님께서는 지나간 시대에는 모든 나라들의 사람들이 각자의 길을 가는 대로, 내버려 두셨지만,) [사도행전 14:16]

また、ひとりの人(ひと)から、あらゆる民族(みんぞく)を造(つく)り出(りだ)して、地(ち)の全面(ぜんめん)に住(す)まわせ、それぞれに時代(じだい)を区分(くぶん)し、国土(こくど)の境界(きょうかい)を定(さだ)めて下(くだ)さったのである。[使徒行伝 17:26]
(또 (그 분은) 한 사람으로부터 모든 족속을 만들어내시고, 온 땅에 살게 하고, 각자에게 시대를 구분하고, 국토의 경계를 정해 주신 것이다.) [사도행전 17:26]

それぞれの仕事(しごと)は、はっきりとわかってくる。すなわち、かの日(ひ)は火(ひ)の中(なか)に現(あらわ)れて、それを明(あき)らかにし、またその火(ひ)は、それぞれの仕事(しごと)がどんなものであるかを、ためすであろう。[コリント人への第一の手紙 3:13]
(각자의 일은 확실히 알게 된다. 즉 그 날은 불속에 나타나서, 그것을 밝게 하고, 또 그 불은 각자의 일이 어떤 것인가를 시험할 것이다.) [고린도전서 3:13]

わたしとしては、みんなの者(もの)がわたし自身(じしん)のようになってほしい。しかし、ひとりびとり神(かみ)からそれぞれの賜物(たまもの)をいただいていて、ある人(ひと)はこうしており、他(た)の人(ひと)はそうして

いる。[コリント人への第一の手紙 7:7]
(나로서는 모든 사람이 나 자신과 같이 되었으면 좋겠다. 그러나 각자 하나님께로부터 각각의 은사를 받고 있는데, 어떤 사람은 이렇게 하고 있고, 다른 사람들은 그렇게 하고 있다.) [고린도전서 7:7]

それは、からだの中(なか)に分裂(ぶんれつ)がなく、それぞれの肢体(したい)が互(たがい)にいたわり合(あ)うためなのである。[コリント人への第一の手紙 12:25]
(그것은 몸속에 분열이 없고, 각각의 지체들이 서로 친절하게 돌보기 위해서이다.) [고린도전서 12:25]

ただ、各自(かくじ)はそれぞれの順序(じゅんじょ)に従(したが)わねばならない。最初(さいしょ)はキリスト、次(つぎ)に、主(しゅ)の来臨(らいりん)に際(さい)してキリストに属(ぞく)する者(もの)たち、[コリント人への第一の手紙 15:23]
(다만, 각자는 자기 순서에 따라야 한다. 최초에는 그리스도, 그 다음에, 주의 내림에 즈음하여 그리스도에 속하는 사람들,) [고린도전서 15:23]

ところが、神(かみ)はみこころのままに、これにからだを与(あた)え、その一(ひと)つ一(ひと)つの種(たね)にそれぞれのからだをお与(あた)えになる。[口語訳 / コリント人への第一の手紙 15:38]
(그러나 하나님께서는 뜻하신 대로 이것에(씨앗에) 몸을 주고, 그 하나하나의 씨앗에 각자의 몸을 주신다.) [고린도전서 15:38]

また、キリストを基(もとい)として、全身(ぜんしん)はすべての節々(ふしぶし)の助(たす)けにより、しっかりと組(く)み合(あ)わされ結(むす)び合(あ)わされ、それぞれの部分(ぶぶん)は分(ぶん)に応(おう)じて働(はたら)き、からだを成長(せいちょう)させ、愛(あい)のうちに育(そだ)てられていくのである。[エペソ人への手紙 4:16]
(또 그리스도를 토대로서 온몸은 모든 마디마디의 도움에 따라, 빈틈없이 짜 맞추어지고 결합되어 각각의 부분은 맡은 분량에 따라 활동하고, 몸을 성장시키고, 사

랑 안에 커가는 것이다.) [에베소서 4:16]

あなたがたは、人(ひと)を<u>それぞれのしわざに応(おう)</u>じて、公平(こうへい)にさばくかたを、父(ちち)と呼(よ)んでいるからには、地上(ちじょう)に宿(やど)っている間(あいだ)を、おそれの心(こころ)をもって過(す)ごすべきである。[ペテロの第一の手紙 1:17]

(여러분은 사람을 각자의 행위에 따라, 공평하게 심판하는 분을, 아버지라고 부르고 있는 이상은, 지상에 머물고 있는 동안을, 두려운 마음으로 지내야 한다.) [베드로전서 1:17]

II. 「それぞれ」의 부사적 용법

[例] そこで、五時(ごじ)ごろに雇(やと)われた人々(ひとびと)がきて、<u>それぞれ</u>一(いち)デナリずつもらった。[マタイによる福音書 20:9]

(그래서 오후 다섯 시경에, 일꾼들이 와서, 각자 한 데나리온씩을 받았다.) [마태복음 20:9]

そこで天国(てんごく)は、十人(じゅうにん)のおとめが<u>それぞれ</u>あかりを手(て)にして、花婿(はなむこ)を迎(むか)えに出(で)て行(い)くのに似(に)ている。[マタイによる福音書 25:1]

(그런데 하늘나라는 처녀 열 명이 각자 등불을 손에 들고, 신랑을 맞으러 나가는 것과 닮았다.) [마태복음 25:1]

そのとき、おとめたちはみな起(お)きて、<u>それぞれ</u>あかりを整(ととの)えた。[マタイによる福音書 25:7]

(그 때, 처녀들은 모두 일어나서, 각자 자기 등불을 갖추었다.) [마태복음 25:7]

人々(ひとびと)はみな登録(とうろく)をするために、<u>それぞれ</u>自分(じぶん)の町(まち)へ帰(かえ)って行(い)った。[ルカによる福音書 2:3]

(사람들은 모두 등록을 하기 위해서 각자 자기 동네로 돌아갔다.) [누가복음 2:3]

木(き)はそれぞれ、その実(み)でわかる。いばらからいちじくを取(と)ることはないし、野(の)ばらからぶどうを摘(つ)むこともない。[ルカによる福音書 6:44]
(나무는 각각 그 열매로 안다. 가시나무에서 무화과를 거두어들이지 못하고, 찔레나무에서 포도를 따지도 못한다.) [누가복음 6:44]

それはちょうど、旅(たび)に立(た)つ人(ひと)が家(いえ)を出(で)るに當(あた)り、その僕(しもべ)たちに、それぞれ仕事(しごと)を割(わ)り當(あ)てて責任(せきにん)をもたせ、門番(もんばん)には目(め)を覚(さま)しておれと、命(めい)じるようなものである。[マルコによる福音書 13:34]
(그것은 마치 길을 떠나는 사람이 집을 나올 때, 그 종들에게 각각 일을 할당해서 책임을 지우고 문지기에게는 깨어 있으라고 명하는 것과 같다.) [마가복음 13:34]

そこには、ユダヤ人(じん)の清(きよ)めの習(なら)わしに從(したが)って、それぞれ四(よん)、五斗(ごと)も入(はい)る石(いし)の水(みず)がめが、六(むっ)つ置(お)いてあった。[ヨハネによる福音書 2:6]
(거기에는 유대인의 정결 관습에 따라, 각각 네다섯 말이나 들어가는 돌 물동이가 여섯 개 놓여 있었다.) [요한복음 2:6]

善(ぜん)を行(おこな)った人々(ひとびと)は、生命(せいめい)を受(う)けるために蘇(よみがえ)り、悪(あく)を行(おこな)った人々(ひとびと)は、裁(さば)きを受(う)けるために蘇(よみがえ)って、それぞれ出(で)て来(く)る時(とき)が来(く)るであろう。[ヨハネによる福音書 5:29]
(선을 행한 사람들은 생명을 받기 위해 부활하고, 악을 행한 사람들은 심판을 받기 위해 부활하여 각자 나올 때가 올 것이다.) [요한복음 5:29]

見(み)よ、あなたがたは散(ち)らされて、それぞれ自分(じぶん)の家(いえ)に帰(かえ)り、わたしをひとりだけ残(のこ)す時(とき)が来(く)るであろう。いや、すでに来(き)ている。しかし、わたしはひとりでいるのではない。父(ちち)がわたしと一緒(いっしょ)におられるのである。[ヨハネによる福音書

16:32]
(보아라, 너희는 흩어져서 제각기 자기 집에 돌아가고 나를 혼자만 남겨둘 때가 올 것이다. 아니, 이미 와 있다. 그러나 나는 혼자 있는 것이 아니다. 아버지께서 나와 함께 계시기 때문이다.) [요한복음 16:32]

それだのに、わたしたちがそれぞれ、生(うま)れ故郷(こきょう)の国語(こくご)を彼(かれ)らから聞(き)かされるとは、いったい、どうしたことか。[使徒行伝 2:8]
(그런데 우리가 각자 태어난 고향의 말을 그들에게서 듣다니, 도대체 어찌 된 일인가?) [사도행전 2:8]

だから、もしデメテリオなりその職人(しょくにん)仲間(なかま)なりが、だれかに対(たい)して訴(うった)え事(ごと)があるなら、裁判(さいばん)の日(ひ)はあるし、総督(そうとく)もいるのだから、それぞれ訴(うった)え出(で)るがよい。[使徒行伝 19:38]
(그러므로 만일 데메드리오나 그 직공 동료가 누군가에 대해 송사할 일이 있다면, 재판일은 있고, 총독들도 있으니까, 각자 소송을 제기하라.) [사도행전 19:38]

互(たがい)に別(わか)れを告(つ)げた。それから、わたしたちは舟(ふね)に乗(の)り込(こ)み、彼(かれ)らはそれぞれ自分(じぶん)の家(いえ)に帰(かえ)った。[使徒行伝 21:6]
(서로 작별을 고했다. 그리고 우리는 배에 올라타고, 그들은 각자 자기 집에 돌아갔다.) [사도행전 21:6]

しかし、群衆(ぐんしゅう)がそれぞれ違(ちが)ったことを叫(さけ)びつづけるため、騒(さわ)がしくて、確(たし)かなことがわからないので、彼(かれ)はパウロを兵営(へいえい)に連(つ)れて行(い)くように命(めい)じた。[使徒行伝 21:34]
(그러나 군중이 각자 다른 소리를 계속 외치기 때문에, 소란스러워서 확실한 것을 알 수 없어서, 그는(천부장은) 바울을 병영에 데리고 가라고 명하였다.) [사도행전 21:34]

このように、わたしたちは与(あた)えられた恵(めぐ)みによって、それぞれ異(こと)なった賜物(たまもの)を持(も)っているので、もし、それが預言(よげん)であれば、信仰(しんこう)の程度(ていど)に応(おう)じて預言(よげん)をし、[ローマ人への手紙 12:6]
(이와 같이 우리는 하나님께서 우리에게 주신 은혜를 따라, 각자 다른 은사를 가지고 있어서, 만일 그것이 예언이라면, 믿음의 정도에 따라, 예언을 하고,) [로마서 12:6]

また、ある人(ひと)は、この日(ひ)がかの日(ひ)よりも大事(だいじ)であると考(かんが)え、ほかの人(ひと)はどの日(ひ)も同(おな)じだと考(かんが)える。各自(かくじ)はそれぞれ心(こころ)の中(なか)で、確信(かくしん)を持(も)っておるべきである。[ローマ人への手紙 14:5]
(또 어떤 이는 이 날이 그 날보다도 중요하다고 생각하고, 다른 이는 모든 날이 같다고 생각한다. 각자는 각각 마음속에서 확신을 가지고 있어야 한다.) [로마서 14:5]

はっきり言(い)うと、あなたがたがそれぞれ、「わたしはパウロにつく」「わたしはアポロに」「わたしはケパに」「わたしはキリストに」と言(い)い合(あ)っていることである。[コリント人への第一の手紙 1:12]
(확실히 말하면, 여러분이 각자 "나는 바울 파다" "나는 아볼로 파다" "나는 게바 파다" "나는 그리스도 파다" 라고 서로 말하는 것이다.) [고린도전서 1:12]

アポロは、いったい、何者(なにもの)か。また、パウロは何者(なにもの)か。あなたがたを信仰(しんこう)に導(みちび)いた人(ひと)にすぎない。しかもそれぞれ、主(しゅ)から与(あた)えられた〈受動〉分(ぶん)に応(おう)じて仕(つか)えているのである。[コリント人への第一の手紙 3:5]
(아볼로는 무엇이고, 바울은 무엇입니까? 아볼로와 나는 여러분을 믿게 한 일꾼들이며, 주께서 우리에게 각각 맡겨 주신 대로 일했을 뿐입니다.) [고린도전서 3:5]

植(う)える者(もの)と水(みず)をそそぐ者(もの)とは一(ひと)つであって、そ

れぞれその働(はたら)きに応(おう)じて報酬(ほうしゅう)を得(え)るであろう。[コリント人への第一の手紙 3:8]
(심는 사람과 물을 주는 사람은 하나이며, 각자 그 일에 따라, 보수를 받을 것이다.) [고린도전서 3:8]

神(かみ)から賜(たま)わった恵(めぐ)みによって、わたしは熟練(じゅくれん)した建築師(けんちくし)のように、土台(どだい)をすえた。そして他(た)の人(ひと)がその上(うえ)に家(いえ)を建(た)てるのである。しかし、どういうふうに建(た)てるか、それぞれ気(き)をつけるがよい。[コリント人への第一の手紙 3:10]
(하나님께서 주신 은혜를 따라, 나는 숙련된 건축사처럼, 토대를 닦아 놓았다. 그리고 다른 사람이 그 위에 집을 세우는 것이다. 그러나 어떤 식으로 세울지 각자 조심하라.) [고린도전서 3:10]

だから、主(しゅ)がこられるまでは、何事(なにごと)についても、先(さき)走(ばし)りをしてさばいてはいけない。主(しゅ)は暗(くら)い中(なか)に隠(かく)れていることを明(あか)るみに出(だ)し、心(こころ)の中(なか)で企(くわだ)てられていることを、あらわにされるであろう。その時(とき)には、神(かみ)からそれぞれほまれを受(う)けるであろう。[コリント人への第一の手紙 4:5]
(그러므로 주께서 오실 때까지는, 모든 이에 관해서도, 앞질러나가서 미리 심판해서는 안 된다. 주께서는 어둠 속에 감추어져 있는 것을 파헤치고, 마음속에서 꾀하고 있는 것을 드러내실 것이다. 그 때에는 하나님으로부터 각자 영예를 받을 것이다.) [고린도전서 4:5]

しかし、不品行(ふひんこう)に陥(おちい)ることのないために、男子(だんし)はそれぞれ自分(じぶん)の妻(つま)を持(も)ち、婦人(ふじん)もそれぞれ自分(じぶん)の夫(おっと)を持(も)つがよい。[コリント人への第一の手紙 7:2]
(그러나 음란에 빠지지 않기 위해, 남자는 각자 자기 아내를 두고, 여자도 각자 남편을 두어라.) [고린도전서 7:2]

そこで神(かみ)は御旨(みむね)のままに、肢体(したい)をそれぞれ、からだ

に備(そな)えられたのである。[コリント人への第一の手紙 12:18]
(그래서 하나님께서는 뜻하시는 대로, 지체를 각각 몸에 마련하신 것이다.) [고린도전서 12:18]

一週(いっしゅう)の初(はじ)めの日(ひ)ごとに、あなたがたはそれぞれ、いくらでも収入(しゅうにゅう)に応(おう)じて手(て)もとにたくわえておき、わたしが着(つ)いた時(とき)になって初(はじ)めて集(あつ)めることのないようにしなさい。[コリント人への第一の手紙 16:2]
(매주 첫날마다, 여러분은 각자 얼마라도 수입에 따라 자기 주위에 저축해 두고, 내가 도착했을 때가 되어 비로소 모으지 않도록 하라.) [고린도전서 16:2]

なぜなら、わたしたちは皆(みな)、キリストのさばきの座(ざ)の前(まえ)にあらわれ、善(ぜん)であれ悪(あく)であれ、自分(じぶん)の行(おこな)ったことに応(おう)じて、それぞれ報(むく)いを受(う)けねばならないからである。[コリント人への第二の手紙 5:10]
(왜냐하면, 우리는 모두 그리스도의 심판대 앞에 나타나서, 선이든 악이든 간에, 자기가 행한 것에 따라, 각자 응보를 받아야 하기 때문이다.) [고린도후서 5:10]

人(ひと)はそれぞれ、自分(じぶん)自身(じしん)の重荷(おもに)を負(お)うべきである。[ガラテヤ人への手紙 6:5]
(사람은 각각 자기 자신의 무거운 짐을 져야 한다.) [갈라디아서 6:5]

いずれにしても、あなたがたは、それぞれ、自分(じぶん)の妻(つま)を自分(じぶん)自身(じしん)のように愛(あい)しなさい。妻(つま)もまた夫(おっと)を敬(うやま)いなさい。[エペソ人への手紙 5:33]
(어쨌든 여러분은 각각 자기 아내를 자기 자신처럼 사랑하라. 아내도 또 남편을 존중하라.) [에베소서 5:33]

あなたがたが知(し)っているとおり、だれでも良(よ)いことを行(おこな)えば、僕(しもべ)であれ、自由人(じゆうじん)であれ、それに相当(そうとう)する報(むく)いを、それぞれ主(しゅ)から受(う)けるであろう。[エペソ人への

手紙 6:8]
(여러분이 알고 있는 대로, 누구나 선한 일을 행하면 종이든 자유인이든, 그것에 상당하는 상급을 각각 주께서 받을 것이다.) [에베소서 6:8]

彼(かれ)らは、それぞれ、その同胞(どうほう)に、また、それぞれ、その兄弟(きょうだい)に、主(しゅ)を知(し)れ、と言(い)って教(おし)えることはなくなる。なぜなら、大(おお)なる者(もの)から小(しょう)なる者(もの)に至(いた)るまで、彼(かれ)らはことごとく、わたしを知(し)るようになるからである。[ヘブル人への手紙 8:11]
(그들은 각기 자기 동포에게 또 각기 그 형제에게 주님을 알라, 고 하며 가르치는 일은 없어진다. 왜냐하면 큰 사람으로부터 작은 사람에 이르기까지, 그들은 모두 나를 알게 되기 때문이다.) [히브리서 8:11]

人(ひと)が誘惑(ゆうわく)に陥(おちい)るのは、それぞれ、欲(よく)に引(ひ)かれ、さそわれるからである。[ヤコブの手紙 1:14]
(사람이 유혹에 빠지는 것은 각각 욕심에 이끌려서, 꾐에 빠지기 때문이다.) [야고보서 1:14]

この主(しゅ)のみもとにきて、あなたがたも、それぞれ生(い)ける石(いし)となって、霊(れい)の家(いえ)に築(きず)き上(あ)げられ、聖(せい)なる祭司(さいし)となって、イエス・キリストにより、神(かみ)によろこばれる霊(れい)のいけにえを、ささげなさい。[ペテロの第一の手紙 2:5]
(이 주의 곁에 와서 여러분도 각자 살아 있는 돌이 되고, 영의 집에 쌓아 올려, 거룩한 제사장이 되어, 예수 그리스도에 의해 하나님께서 기뻐하는 영의 희생 제사를 바쳐라.) [베드로전서 2:5]

あなたがたは、それぞれ賜物(たまもの)をいただいているのだから、神(かみ)のさまざまな恵(めぐ)みの良(よ)き管理人(かんりにん)として、それをお互(たが)いのために役(やく)立(た)てるべきである。[ペテロの第一の手紙 4:10]
(너희는 각자 은사를 받았으니, 하나님의 여러 가지 은혜의 선한 관리인으로서, 그

것을 서로를 위해 도움이 될 수 있어야 한다.) [베드로전서 4:10]

그리고 본 절의 [2]「それぞれのしわざに応(おう)じて報(むく)いよう。」는 요한묵시록 [2:23]의 「そしてわたしは、あなたがたひとりびとりのわざに応じて報いよう。」의 내용과 흡사하다.

[1]わたし[イエス]はアルパであり、オメガである。[2]最初(さいしょ)の者(もの)であり、最後(さいご)の者(もの)である。初(はじ)めであり、終(おわ)りである25)。[ヨハネの黙示録 22:13]
(나는 알파이며 오메가이다. 처음 사람이고 마지막 사람이다. 처음이고 마지막이다.) [22:13]

[1] わたし[イエス]はアルパであり、オメガである。: 나는 알파이며 오메가이다.
「アルパとオメガ」(알파와 오메가)는 「初(はじ)めと終(お)わり」(처음과 마지막)과 같은 표현으로 [1:8]과 [21:6]은 「神(かみ)」(하나님)에 대해, [1:17] [2:28] [22:13]은 「イエス=신적 예수」에 대해 쓰이고 있다.

[2] 最初(さいしょ)の者(もの)であり、最後(さいご)の者(もの)である。初(はじ)めであり、終(おわ)りである。: 처음 사람이고 마지막 사람이다. 처음이고 마지막이다.
「最初(さいしょ)の者(もの)であり、最後(さいご)の者(もの)である」는 구어역에서 본 절에서만 사용되고 있다. 「初(はじ)めであり、終(おわ)りである」와 관계가 있는 성구는 다음과 같다.

[例] 主(しゅ)、イスラエルの王(おう)、イスラエルをあがなう者(もの)、万軍(ばん

---

25) 1:8, 1:17, 2:8, 21:6, 이사야 44:6, 48:12 참조. 이상은 フランシスコ会聖書研究所(1984) 『新約聖書』 サンパウロ. p. 969 주(22-12)에 의함.

ぐん)の主(しゅ)はこう言(い)われる、「わたしは初(はじ)めであり、わたしは終(おわ)りである。わたしのほかに神(かみ)はない。[イザヤ書 44:6]
(주, 이스라엘의 왕, 이스라엘을 속량하는 이, 만군의 주께서 이렇게 말씀하신다. "나는 처음이고, 나는 마지막이다. 나 이외에 다른 신이 없다.) [이사야 44:6]

ヤコブよ、わたしの召(め)したイスラエルよ、わたしに聞(き)け。わたしはそれだ、わたしは初(はじ)めであり、わたしはまた終(おわ)りである。[イザヤ書 48:12]
(야곱아, 내가 부른 이스라엘아, 내 말을 들어라. 내가 바로 그다. 나는 처음이고, 나는 또 마지막이다.) [이사야 48:12]

[1][2]いのちの木(き)にあずかる特権(とっけん)を与(あた)えられ、また門(もん)を通(とお)って都(みやこ)に入(はい)るために、自分(じぶん)の着物(きもの)を洗(あら)う者(もの)たちは、さいわいである[26]。[ヨハネの黙示録 22:14]
(생명나무에 참여하는 특권을 받고, 또 문을 통해 도읍에 들어가기 위해 자기의 옷을 빠는 사람들은 복이 있다.) [22:14]

[1] いのちの木(き)にあずかる特権(とっけん)を与(あた)えられ、: 생명나무에 참여하는 특권을 받고,

「特権(とっけん)」은 요한묵시록에서는 본 절에만 1회 등장하는데, 그 밖의 예를 구어역 성서에서 들면 다음과 같다.

[例] 光(ひかり)のうちにある聖徒(せいと)たちの特権(とっけん)にあずかるに足(た)る者(もの)とならせて下(くだ)さった父(ちち)なる神(かみ)に、感謝(かんしゃ)することである。[コロサイ人への手紙 1:12]

---

26) 우리의 죄를 씻어 주고, 영원한 생명을 주는 그리스도의 피로 빠는 옷은 희고 깨끗해진다(7:14와 주(8) 참조). 또한 1:3 주(2) 후반 참조. 이상은 フランシスコ会聖書研究所(1984)『新約聖書』サンパウロ. p. 969 주 (22-13)에 의함.

(빛 속에 있는 성도들의 특권에 참여할 자격이 있는 사람으로 되게 하여 주신 아버지이신 하나님께 감사드리는 것이다.) [골로새서 1:12]

いのちの木(き)にあずかる特権(とっけん)を与(あた)えられ、また門(もん)を通(とお)って都(みやこ)に入(はい)るために、自分(じぶん)の着物(きもの)を洗(あら)う者(もの)たちは、さいわいである。[ヨハネの黙示録 22:14]
(생명나무에 참여하는 특권을 받고, 또 문을 통해 도읍에 들어가기 위해 자기의 옷을 빠는 사람들은 복이 있다.) [요한묵시록 22:14]

ヤコブは言(い)った、「まずあなたの長子(ちょうし)の特権(とっけん)をわたしに売(う)りなさい」。[創世記 25:31]
(야곱이 말하였다. "먼저 형의 장자권을 내게 파시오.") [창세기 25:31]

エサウは言(い)った、「わたしは死(し)にそうだ。長子(ちょうし)の特権(とっけん)などわたしに何(なに)になろう」。[創世記 25:32]
(에서가 말하였다. "내가 지금 죽을 지경이다. 장자권 같은 것이 내게 무슨 소용이 있네냐?") [창세기 25:32]

ヤコブはまた言(い)った、「まずわたしに誓(ちか)いなさい」。彼(かれ)は誓(ちか)って長子(ちょうし)の特権(とっけん)をヤコブに売(う)った。[創世記 25:33]
(야곱은 또 말했다. "먼저 내게 맹세하시오." 그는(에서는) 맹세를 하고 장자권을 야곱에게 팔았다.) [창세기 25:33]

そこでヤコブはパンとレンズ豆(まめ)のあつものとをエサウに与(あた)えたので、彼(かれ)は飲(の)み食(く)いして、立(た)ち去(さ)った。このようにしてエサウは長子(ちょうし)の特権(とっけん)を軽(かろ)んじた。[創世記 25:34]
(그래서 야곱은 빵과 렌틸콩(렌즈콩)을 에서에게 주어서, 그는(에서는) 먹고 마시고 나서, 떠나갔다. 이처럼 에서는 장자권을 소홀히 여겼다.) [창세기 25:34]

エサウは言(い)った、「よくもヤコブと名(な)づけたものだ。彼(かれ)は二度(にど)までもわたしをおしのけた。さきには、わたしの長子(ちょうし)の特権(とっけん)を奪(うば)い、こんどはわたしの祝福(しゅくふく)を奪(うば)った」。また言(い)った、「あなたはわたしのために祝福(しゅくふく)を残(のこ)しておかれませんでしたか」。[創世記 27:36]
(에서는 말했다. "잘도 야곱이라고 이름을 지었구나. 그는(야곱은) 두 번씩이나 나를 밀어젖혔다. 전에는 나 장자권을 빼앗고, 이번에는 내 축복을 빼앗았다." 다시 말했다. "아버님은 저를 위해 축복을 남겨 두시지 않았습니까?') [창세기 27:36]

必(かなら)ずその気(き)にいらない者(もの)の産(う)んだ子(こ)が長子(ちょうし)であることを認(みと)め、自分(じぶん)の財産(ざいさん)を分(わ)ける時(とき)には、これに二倍(にばい)の分(わ)け前(まえ)を与(あた)えなければならない。これは自分(じぶん)の力(ちから)の初(はじ)めであって、長子(ちょうし)の特権(とっけん)を持(も)っているからである。[申命記 21:17]
(반드시 그 마음에 들지 않는 사람이(아내가) 낳은 아이가 장자인 것을 인정하고, 자기 재산을 나눌 때에는, 이것에 두 배의 몫을 주어야 한다. 이것은 자기 힘의 시작이고, 장자의 특권을 가지고 있기 때문이다.) [신명기 21:17]

ルベンの子孫(しそん)と、ガドの子孫(しそん)よ、主(しゅ)は、あなたがたと、われわれとの間(あいだ)に、ヨルダンを境(さかい)とされました。あなたがたは主(しゅ)の民(たみ)の特権(とっけん)がありません』。こう言(い)って、あなたがたの子孫(しそん)が、われわれの子孫(しそん)に、主(しゅ)を拝(おが)むことをやめさせるかも知(し)れないので、[ヨシュア記 22:25]
(르우벤 자손과 갓 자손아! 주께서 너희와 우리 사이에 요단 강을 경계로 삼으셨습니다. 너희는 주님의 백성의 특권이 없습니다.' 이렇게 말하면서, 너희 자손이 우리의 자손에게, 주를 배례하는 것을 그만두게 할지도 몰라서,) [여호수아 22:25]

ただあなたがたと、われわれとの間(あいだ)、およびわれわれの後(のち)の子孫(しそん)の間(あいだ)に、証拠(しょうこ)とならせて、われわれが、燔祭(はんさい)と犠牲(ぎせい)、および酬恩祭(しゅうおんさい)をもって、主

(しゅ)の前(まえ)で、主(しゅ)につとめをするためである。こうすれば、のちの日(ひ)になって、あなたがたの子孫(しそん)が、われわれの子孫(しそん)に、「あなたがたは主(しゅ)の民(たみ)の特権(とっけん)がありません」とは言(い)わないであろう」。[ヨシュア記 22:27]
(다만, 그대들과 우리 사이에, 및 우리의 나중 자손 사이에, 증거가 되게 하여, 우리가 번제와 희생 제물, 및 수은제를 가지고, 주님 앞에서 책무를 하기 위해서이다. 이렇게 하면, 나중에, 그대들의 자손이 우리의 자손에게 "너희는 주님의 백성의 특권이 없습니다." 라고는 하지 않을 것이다.) [여호수아 22:27]

[2] いのちの木(き)にあずかる特権(とっけん)を与(あた)えられ、また門(もん)を通(とお)って都(みやこ)に入(はい)るために、自分(じぶん)の着物(きもの)を洗(あら)う者(もの)たちは、さいわいである。: 생명나무에 참여하는 특권을 받고, 또 문을 통해 도읍에 들어가기 위해 자기의 옷을 빠는 사람들은 복이 있다.

타 번역본 중에는 문의 내용의 전개 과정에 있어서 이동을 보이는 것도 있다.

[예] 命(いのち)の木(き)に対(たい)する権利(けんり)を与(あた)えられ、門(もん)を通(とお)って都(みやこ)に入(はい)れるように、自分(じぶん)の衣(ころも)を洗(あら)い清(きよ)める者(もの)は幸(さいわ)いである。[新共同訳1987]
(생명나무에 대한 권리를 받고 문을 통해 도읍에 들어갈 수 있도록, 자기의 옷을 빨아 깨끗하게 하는 사람들은 복이 있다.)

命(いのち)の木(き)に近(ちか)づく権利(けんり)を得(え)、門(もん)を通(とお)って都(みやこ)に入(はい)るために、自分(じぶん)たちの衣(ころも)を洗(あら)い浄(きよ)める者(もの)たちは幸(さいわ)いである。[岩波翻訳委員会訳1995]
(생명나무에 가까이 가는 권리를 얻고 문을 통해 도읍에 들어가기 위해, 자기들의 옷을 빨아 깨끗하게 하는 사람들은 복이 있다.)

幸福(こうふく)なる哉(かな)、生命(せいめい)の樹(き)に行(い)き(その実(み)を食(く)い)、また (聖(せい)なる) 都(みやこ)の門(もん)を入(はい)る権(けん)を得(え)るために、その上衣(うわぎ)を洗(あら)う者(もの)！[塚本訳1963]
(행복하구나, 생명나무에 가서 (그 열매를 먹고), 또 (거룩한) 도읍의 문을 들어가는 권리를 얻기 위해, 그 겉옷을 빠는 사람들아!)

自分(じぶん)の着物(きもの)を洗(あら)って、いのちの木(き)の実(み)を食(た)べる権利(けんり)を与(あた)えられ、門(もん)を通(とお)って都(みやこ)にはいれるようになる者(もの)は、幸(さいわ)いである。[新改訳1970]
(자기 옷을 빨아, 생명나무의 열매를 먹는 권리를 받고, 문을 통해 도읍에 들어갈 수 있게 되는 사람들은 복이 있다.)

さいわいなのはおのが衣(ころも)を洗(あら)う人(ひと)たち、彼(かれ)らはいのちの木(き)への特権(とっけん)を持(も)ち、都(みやこ)への門(もん)を入(はい)りうるから。[前田訳1978]
(복이 있는 것은, 자기 옷을 빠는 사람들, 그들은 생명나무에 대한 특권을 가지고, 도읍으로 가는 문을 들어갈 수 있으니까.)

命(いのち)の木(き)についての権利(けんり)を受(う)け、門(もん)を通(とお)って都(みやこ)に入(はい)ることができるように、自分(じぶん)の衣(ころも)を洗(あら)い浄(きよ)める者(もの)は幸(さいわ)いである。[フランシスコ会訳1984]
(생명나무에 관한 권리를 받고, 문을 통해 도읍에 들어갈 수 있도록, 자기 옷을 빨아 깨끗하게 하는 사람들은 복이 있다.)

[1]犬(いぬ)ども、まじないをする者(もの)、姦淫(かんいん)を行(おこな)う者(もの)、人殺(ひとごろ)し、偶像(ぐうぞう)を拝(おが)む者(もの)、また、偽(いつわ)りを好(この)みかつこれを行(おこな)う者(もの)はみな、[2]外(そと)に出(だ)さ

> れている27)。[ヨハネの黙示録 22:15]
> (개들, 주술을 하는 자들, 간음을 행하는 자들, 살인자들, 우상에게 배례하는 자들, 또 거짓을 좋아하고 또한 이것을 행하는 자들은 모두 (도성) 밖으로 쫓겨나가 있을 것이다.) [22:15]

[1] 犬(いぬ)ども、: 개들

「犬(いぬ)ども」의 「犬(いぬ)」에 관해, [フランシスコ会聖書研究所(1984) 『新約聖書』 サンパウロ. pp. 969-970 주(22-14)]에서는 [신명기 23:19], [마태복음 7:6], [마가복음 7:27], [빌립보서 3:2]를 참조하라고 나와 있다.

[例] 兄弟(きょうだい)に利息(りそく)を取(と)って貸(か)してはならない。金銭(きんせん)の利息(りそく)、食物(しょくもつ)の利息(りそく)などすべて貸(か)して利息(りそく)のつく物(もの)の利息(りそく)を取(と)ってはならない。[申命記 23:19]

(형제들에게 이자를 받고 빌려주어서는 안 된다. 금전의 이자, 양식의 이자 등 모두 빌려주고, 이자가 붙는 것의 이자를 취해서는 안 된다.) [신명기 23:19]

聖(せい)なるものを犬(いぬ)にやるな。また真珠(しんじゅ)を豚(ぶた)に投(な)げてやるな。恐(おそ)らく彼(かれ)らはそれらを足(あし)で踏(ふ)みつけ、向(む)きなおってあなたがたにかみついてくるであろう。[マタイによる福音書 7:6]

(거룩한 것을 개에게 주지 마라. 또 진주를 돼지에게 던져 주지 마라. 아마도 그것들은 그것들을 발로 짓밟고, 돌아서서 너희를 물어뜯으러 올 것이다.) [마태복음 7:6]

イエスは女(おんな)に言(い)われた、「まず子供(こども)たちに十分(じゅうぶん)食(た)べさすべきである。子供(こども)たちのパンを取(と)って小犬

---

27) 이들 사람은 영원한 보답에서 제외되는 사람들이다. 또한, 21:8, 21:27 참조. 「犬(いぬ)ども」의 「犬(いぬ)」에 관해서는, 신명기 23:19, 마태복음 7:6, 마가복음 7:27, 빌립보서 3:2, 참조. 이상은 フランシスコ会聖書研究所(1984) 『新約聖書』 サンパウロ. pp. 969-970 주(22-14)에 의함.

(こいぬ)に投(な)げてやるのは、よろしくない」。[マルコによる福音書 7:27]
(예수께서 여자에게 말씀하셨다. "먼저 아이들에게 충분히 먹여야 한다. 아이들의 빵을 집어서 강아지에게 던져 주는 것은 옳지 않다.") [마가복음 7:27]

あの犬(いぬ)どもを警戒(けいかい)しなさい。悪(わる)い働(はたら)き人(びと)たちを警戒(けいかい)しなさい。肉(にく)に割礼(かつれい)の傷(きず)をつけている人(ひと)たちを警戒(けいかい)しなさい。[ピリピ人への手紙 3:2]
(그 개들을 경계하라. 악한 일꾼들을 경계하라. 육체에 할례의 상처를 입히는 사람들을 경계하라.) [빌립보서 3:2]

[2] 外(そと)に出(だ)されている : (도성) 밖으로 쫓겨나가 있을 것이다.
「外(そと)に出(だ)されている」의 「出(だ)されている」는 「出(だ)す」의 수동 「出(だ)される」에 「~ている」가 접속된 것으로 여기에서는 「나가 있다 → 쫓겨나가 있을 것이다」로 번역해 둔다.

〖46〗 結(むす)び
맺음말
ヨハネの黙示録 22:16 - 22:21

> わたしイエスは、使(つかい)を遣(つか)わして、諸教会(しょきょうかい)のために、これらのことをあなたがたに証(あか)しした。[1]わたしは、ダビデの若枝(わかえだ)また子孫(しそん)であり、輝(かがや)く明(あ)けの明星(みょうじょう)である」。[ヨハネの黙示録 22:16]
> (나 예수는 사자를 보내, 여러 교회를 위해 이런 것들을 너희에게 증언했다. 나는 다윗의 애가지 또는 자손이며, 빛나는 샛별이다.") [22:16]

[1] わたしは、ダビデの若枝(わかえだ)また子孫(しそん)であり、輝(かがや)く明(あ)けの明星(みょうじょう)である」。: 나는 다윗의 애가지 또는 자손이며, 빛나는 샛별이다."

「ダビデの若枝(わかえだ)」에 관해서는 요한묵시록 [5:5]에서「ダビデの若枝(わかえだ)であるかたが、勝利(しょうり)を得(え)た」(다윗의 애가지인 분께서 승리를 얻었기에)와 같이 쓰이고 있다.

그리고 「ダビデの子孫(しそん)」은 구어역 신약성서에서 다음과 같이 등장하고 있다.

[例] キリストは、<u>ダビデの子孫(しそん)</u>から、またダビデのいたベツレヘムの村(むら)から出(で)ると、聖書(せいしょ)に書(か)いてあるではないかと言(い)った。[ヨハネによる福音書 7:42]
(그리스도는 다윗의 자손에서 그리고 다윗이 있었던 베들레헴 마을에서 나온다고 성서에 쓰여 있지 않느냐고 말했다.) [7:42]

神(かみ)は約束(やくそく)にしたがって、この<u>ダビデの子孫(しそん)</u>の中(なか)から救主(すくいぬし)イエスをイスラエルに送(おく)られたが、[使徒行伝 13:23]
(하나님께서는 약속에 따라, 이 다윗의 자손 중에서 구주 예수를 이스라엘에 보내셨는데,) [사도행전 13:23]

御子(みこ)に関(かん)するものである。御子(みこ)は、肉(にく)によれば<u>ダビデの子孫(しそん)</u>から生(うま)れ、[ローマ人への手紙 1:3]
(아드님에 관한 것이다. 아드님은 육신에 의하면 다윗의 자손에서 태어나서,) [로마서 1:3]

<u>ダビデの子孫(しそん)</u>として生(うま)れ、死人(しにん)のうちからよみがえったイエス・キリストを、いつも思(おも)っていなさい。これがわたしの福音(ふくいん)である。[テモテへの第二の手紙 2:8]
(다윗의 자손으로 태어나서, 죽은 사람 가운데서 살아난 예수 그리스도를 항상 생각하고 있어라. 이것이 내 복음이다.) [디모데후서 2:8]

「輝(かがや)く明(あ)けの明星(みょうじょう)」의「明(あ)けの明星(みょうじょう)」(샛별)은 다음의 [2:28]에도 등장한다.

[例]それは、わたし自身(じしん)が父(ちち)から権威(けんい)を受(う)けて治(おさ)めるのと同様(どうよう)である。わたしはまた、彼(かれ)に<u>明(あ)けの明星(みょうじょう)</u>を与(あた)える。[ヨハネの黙示録 2:28]
(그것은 내 자신이 내 아버지께로부터 권세를 받아 다스리는 것과 마찬가지이다. 나는 또한 그에게 샛별을 주겠다.) [2:28]

이 부분을 타 번역본에서는 다음과 같이 서술되어 있다.

わたしイエスは、使(つか)いを遣(つか)わして、諸教会(しょきょうかい)のために、これらのことをあなたがたに証(あか)しした。[1]わたしは、ダビデの若枝(わかえだ)また子孫(しそん)であり、輝(かがや)く明(あ)けの明星(みょうじょう)である」。[ヨハネの黙示録 22:16]

(나 예수는 사자를 보내, 여러 교회를 위해 이런 것들을 너희에게 증언했다. 나는 다윗의 애가지 또는 자손이며, 빛나는 샛별이다.") [요한복음 22:16]

[例] 私(わたし)はダビデの根(ね)また裔(こはな)、輝(かがや)く暁(あけ)の明星(みょうじょう)である。[塚本訳1963]

(나는 다윗의 뿌리 또는 예손(裔孫), 빛나는 샛별이다.)

わたしはダビデの根(ね)、また子孫(しそん)、輝(かがや)く明(あ)けの明星(みょうじょう)である。[新改訳1970]

(나는 다윗의 뿌리 또는 자손, 빛나는 샛별이다.)

わたしはダビデの根(ね)また若枝(わかえだ)、輝(かがや)く明(あ)けの明星(みょうじょう)である」。[前田訳1978]

(나는 다윗의 뿌리 또는 애가지, 빛나는 샛별이다.")

わたしはダビデの根(ね)であり、子孫(しそん)であり、輝(かがや)く明(あ)けの明星(みょうじょう)である」。[フランシスコ会訳1984]

(나는 다윗의 뿌리이며, 자손이며, 빛나는 샛별이다.")

わたしは、ダビデのひこばえ、その一族(いちぞく)、輝(かがや)く明(あ)けの明星(みょうじょう)である。」[新共同訳1987]

(나는 다윗의 움돋이, 그 일족, 빛나는 샛별이다.")

私(わたし)はダビデの根(ね)また子孫(しそん)であり、輝(かがや)く明(あ)けの明星(みょうじょう)である」。[岩波翻訳委員会訳1995]

(나는 다윗의 뿌리 또는 자손이며, 빛나는 샛별이다.")

ヨハネの黙示 22：17
御霊(みたま)と新婦(しんぷ)との言(ことば)
성령과 신부의 말

[1]御霊(みたま)も花嫁(はなよめ)も共(とも)に言(い)った、[2]「きたりませ」。また、聞(き)く者(もの)も「きたりませ」と言(い)いなさい。[3]渇(かわ)いている者(もの)はここに来(く)るがよい。いのちの水(みず)がほしい者(もの)は、価(あたい)なしにそれを受(う)けるがよい。[ヨハネの黙示録 22:17]
(성령도 신부도 함께 말했다. "오십시오!" 그리고 듣는 사람도 "오십시오!"라고 말해라. 목마른 사람은 여기로 오너라. 생명의 물을 원하는 사람은 그냥 그것을 받아라.) [22:17]

[1] 御霊(みたま)も花嫁(はなよめ)も共(とも)に言(い)った、: 성령도 신부도 함께 말했다,

[フランシスコ会聖書研究所(1984)『新約聖書』サンパウロ. p. 970 주(22-16)]에 의하면, 「御霊(みたま)」는 예언자를 통해 말하는 영이고, 「花嫁(はなよめ)」는 교회 전체를 가리킨다고 한다(21:9~21:10 참조).

[2] 「きたりませ」。: "오십시오!"

「きたりませ」는 「来(き)たる」의 연용형 「来(き)たり」에 「~て(で)いらっしゃる。お~になる」의 의미를 나타내는 보조동사 「~ます【坐す・座す】」의 명령형 「~ませ」가 접속된 것이다.

「きたりませ」는 현대어의 「来(き)てください」즉 한국어의 「와 주십시오, 오십시오」에 상당하는데, 요한묵시록에서 [22:17](2회), [22:20](1회)와 같이 3회 등장하고, 다음의 고린도전서에서 1회 쓰이고 있다.

[例] もし主(しゅ)を愛(あい)さない者(もの)があれば、のろわれよ。マラナ・タ (われらの主(しゅ)よ、きたりませ)。[コリント人への第一の手紙 16:22]
(만일 주님을 사랑하지 않는 자는 있으면, 저주를 받아라. 마라나 타, (우리 주님, 오십시오).) [고린도전서 16:22]

그리고 찬미가 등에서 다음과 같이 등장한다.

[例] いま来(き)たりませ、救(すく)いの主(しゅ)イェス、この世(よ)の罪(つみ)を あがなうために。
(지금 오십시오. 구주의 예수님, 이 세상의 죄를 대신하기 위해.)

이 부분을 타 번역본에서는 다음과 같이 묘사하고 있다.

[例]「来(き)たりたまえ」と。[前田訳1978]
("오십시오." 라고.)

「来(き)てください。」[塚本訳1963]
("오십시오.")

「来(き)てください。」[新改訳1970]
("오십시오.")

「来(き)て下さい」。[フランシスコ会訳1984]
("오십시오.")

「来(き)てください。」[新共同訳1987]
("오십시오.")

「来(き)て下さい」。[岩波翻訳委員会訳1995]

("오십시오.")

[3] 渇(かわ)いている者(もの)はここに来(く)るがよい。いのちの水(みず)がほしい者(もの)は、価(あたい)なしにそれを受(う)けるがよい。: 목마른 사람은 여기로 오너라. 생명의 물을 원하는 사람은 그냥 그것을 받아라.

이 부분과 관계있는 성구를 들면 다음과 같다.

[例] 「さあ、かわいている者(もの)はみな水(みず)にきたれ。金(かね)のない者(もの)もきたれ。来(き)て買(か)い求(もと)めて食(た)べよ。あなたがたは来(き)て、金(かね)を出(だ)さずに、ただでぶどう酒(しゅ)と乳(ちち)とを買(か)い求(もと)めよ。[イザヤ書 55:1]
("자, 목마른 사람들은 모두 물에 오너라. 돈이 없는 사람들도 오너라. 와서 구입해서 먹어라. 너희는 와서, 돈을 내지 말고, 그냥 포도주와 우유를 구입하라.) [이사야 55:1]

그리고 타 번역본에서는 다음과 같이 서술하고 있다.

[例] 渇(かわ)く者(もの)は来(き)なさい。いのちの水(みず)がほしい者(もの)は、それを<u>ただで</u>受(う)けなさい。[塚本訳1963]
(목마른 사람은 오너라. 생명의 물을 원하는 사람은 그것을 그냥 받아라.)

渇(かわ)いている者(もの)は来(き)なさい、そして飲(の)みたい者(もの)は、<u>ただで</u>命(いのち)の水(みず)を飲(の)みなさい。[岩波翻訳委員会訳1995]
(목마른 사람은 오너라. 그리고 마시고 싶은 사람은 그냥 생명의 물을 마셔라.)

渇(かわ)く者(もの)は来(く)るがよい。命(いのち)の水(みず)が欲(ほ)しい者(もの)は、<u>無償(むしょう)で</u>飲(の)むがよい。[フランシスコ会訳1984]

(목마른 사람은 오너라. 생명의 물을 원하는 사람은 무상으로 마셔라.)

渇(かわ)くものは来(き)たれ。欲(ほっ)するものは価(あたい)なしでいのちの水(みず)を受(う)けよ。[前田訳1978]
(목마른 사람은 오너라. 원하는 사람은 그냥 생명의 물을 받아라.)

渇(かわ)いている者(もの)は来(く)るがよい。命(いのち)の水(みず)が欲(ほし)しい者(もの)は、価なしに飲(の)むがよい。[新共同訳1987]
(목마른 사람은 오너라. 생명의 물을 원하는 사람은 그냥 마셔라.)

渇(かわ)いている者(もの)は来(く)るがよい。命(いのち)の水(みず)が欲(ほし)しい者(もの)は、価なしに飲(の)むがよい。[聖書協会共同訳2018]
(목마른 사람은 오너라. 생명의 물을 원하는 사람은 그냥 마셔라.)

ヨハネの黙示 22：18 - 22：19
本書(ほんしょ)の権威(けんい)に関(かん)するヨハネの証言(しょうげん)
본서의 권위에 관한 요한의 증언

> [1]この書(しょ)の預言(よげん)の言葉(ことば)を聞(き)くすべての人々(ひとびと)に対(たい)して、わたしは警告(けいこく)する。[2]もしこれに書(か)き加(くわ)える者(もの)があれば、[3]神(かみ)はその人(ひと)に、この書(しょ)に書(か)かれている災害(さいがい)を加(くわ)えられる。[ヨハネの黙示録 22:18]
> (이 책의 예언의 말씀을 듣는 모든 사람들에게 대해, 나는 경고한다. 만일 이것에 가필하는 자가 있으면 하나님께서는 그 사람에게 이 책에 쓰여 있는 재해를 덧붙이신다.) [22:18]

[1] この書(しょ)の預言(よげん)の言葉(ことば)を聞(き)くすべての人々(ひとびと)に対(たい)して、: 이 책의 예언의 말씀을 듣는 모든 사람들에게 대해,

「すべての人々(ひとびと)に対(たい)して、」의 「すべて」는 「全部(ぜんぶ) ; 전부」「みんな ; 모두」의 동의어로서 그 자체가 복수를 함의하고 있기 때문에 뒤에 오는 명사 「人(ひと)」를 반드시 복수화(複數化)하지는 않는다.

본 절의 「すべての人々(ひとびと)」나 「すべての人(ひと)たち」와 같이 복수 명사가 오는 경우도 있고 「すべての人(ひと)」와 같이 단수 명사가 오는 경우도 있다.

요한묵시록에서도 [13:16], [22:18]에서는 「すべての」 뒤에 복수 명사 「すべての人々(ひとびと)」가, 한편 [1:7], [18:19]에서는 단수 명사 「すべての人(ひと)」가 쓰이고 있는 등 혼재된 상황을 보여 준다. 구어역 신약성서에서 각각의 예를 들면 다음과 같다.

□「すべて」의 의미・용법

1.「すべての」+「복수명사」:「すべての人々(ひとびと)」(모든 사람들)

[例] 目(め)を覚(さま)していなさい。わたしがあなたがたに言(い)うこの言葉(ことば)は、すべての人々(ひとびと)に言(い)うのである」。[マルコによる福音書 13:37]
(깨어 있어라. 내가 너희에게 하는 이 말씀은 모든 사람들에게 말하는 것이다.) [마가복음 13:37]

この老女(ろうじょ)も、ちょうどそのとき近寄(ちかよ)ってきて、神(かみ)に感謝(かんしゃ)をささげ、そしてこの幼(おさ)な子(こ)のことを、エルサレムの救(すく)いを待(ま)ち望(のぞ)んでいるすべての人々(ひとびと)に語(かた)りきかせた。[ルカによる福音書 2:38]
(이 늙은 여자도 마침 그 때 다가와서, 하나님께 감사를 드리고, 그리고 이 아기에 관해, 예루살렘의 구원을 손꼽아 기다리는 모든 사람들에게 들려주었다.) [누가복음 2:38]

また、何(なに)か不足(ふそく)でもしておるかのように、人(ひと)の手(て)によって仕(つか)えられる必要(ひつよう)もない。神(かみ)は、すべての人々(ひとびと)に命(いのち)と息(いき)と万物(ばんぶつ)とを与(あた)え、[使徒行伝 17:25]
(또 무슨 부족한 것이라도 있는 것처럼, 사람의 손에 의해 섬김을 받을 필요도 없다. 하나님께서는 모든 사람들에게 생명과 호흡과 만물을 주고,) [사도행전 17:25]

今(いま)わたしは、主(しゅ)とその恵(めぐ)みの言(ことば)とに、あなたがたをゆだねる。御言(みことば)には、あなたがたの徳(とく)をたて、聖別(せいべつ)されたすべての人々(ひとびと)と共(とも)に、御国(みくに)をつがせる力(ちから)がある。[使徒行伝 20:32]
(지금 나는 주님과 그의 은혜의 말씀에 여러분을 맡긴다. 하나님의 말씀에는 여러분의 덕을 세우고, 성별된 모든 사람들과 함께 하늘나라를 잇게 하는 힘이 있다.) [사도행전 20:32]

あなたがたの従順(じゅうじゅん)は、すべての人々(ひとびと)の耳(みみ)に達(たっ)しており、それをあなたがたのために喜(よろこ)んでいる。しかし、わたしの願(ねが)うところは、あなたがたが善(ぜん)にさとく、悪(あく)には、うとくあってほしいことである。[ローマ人への手紙 16:19]
(여러분의 순종은 모든 사람들에게 알려졌고, 그것을 여러분을 위해 기뻐하고 있다. 그러나 내가 바라는 바는, 여러분이 선한 일에 재빠르고, 악한 일에는 어두워졌으면 하는 것이다.) [로마서 16:19]

コリントにある神(かみ)の教会(きょうかい)、すなわち、わたしたちの主(しゅ)イエス・キリストの御名(みな)を至(いた)る所(ところ)で呼(よ)び求(もと)めているすべての人々(ひとびと)と共(とも)に、キリスト・イエスにあってきよめられ、聖徒(せいと)として召(め)されたかたがたへ。このキリストは、わたしたちの主(しゅ)であり、また彼(かれ)らの主(しゅ)であられる。[コリント人への第一の手紙 1:2]
(고린도에 있는 하나님의 교회에 이 편지를 씁니다. 즉 우리 주 예수 그리스도의 이름을 도처에서 갈구하고 있는 모든 사람들과 함께, 그리스도 예수 안에서 거룩해지고, 성도로서 부르심을 받은 분들에게 문안 인사합니다. 이 그리스도는, 우리의 주님이고, 또 그들의 주님이시다.) [고린도전서 1:2]

わたしは、前(まえ)に罪(つみ)を犯(おか)した者(もの)たちやその他(た)のすべての人々(ひとびと)に、二度目(にどめ)に滞在(たいざい)していたとき警告(けいこく)しておいたが、離(はな)れている今(いま)またあらかじめ言(い)っておく。今度(こんど)行(い)った時(とき)には、決(けっ)して容赦(ようしゃ)はしない。[コリント人への第二の手紙 13:2]
(나는 전에 죄을 지은 사람들이나 그 밖의 모든 사람들에게, 두 번째로 체재하고 있었을 때 경고해 두었지만, 떨어져 있는 지금 또 미리 말해 둔다. 이번에 가면, 결코 용서하지는 않겠다.) [고린도후서 13:2]

変(かわ)らない真実(しんじつ)をもって、わたしたちの主(しゅ)イエス・キリストを愛(あい)するすべての人々(ひとびと)に、恵(めぐ)みがあるよう

に。[エペソ人への手紙 6:24]
(변함없는 진실로, 우리 주 예수 그리스도를 사랑하는 모든 사람들에게 은혜가 있기를 빕니다.) [에베소서 6:24]

すなわち、わたしが獄(ごく)に捕(とら)われているのはキリストのためであることが、兵営(へいえい)全体(ぜんたい)にもそのほかのすべての人々(ひとびと)にも明(あき)らかになり、[ピリピ人への手紙 1:13]
(즉 내가 감옥에 갇혀 있는 것은 그리스도 때문인 것이 병영 전체에도 그 밖의 모든 사람들에게도 알려지고,) [빌립보서 1:13]

そこで、まず第一(だいいち)に勧(すす)める。すべての人(ひと)のために、王(おう)たちと上(うえ)に立(た)っているすべての人々(ひとびと)のために、願(ねが)いと、祈(いの)りと、とりなしと、感謝(かんしゃ)とをささげなさい。[テモテへの第一の手紙 2:1]
(그래서 무엇보다도 먼저 권한다. 모든 사람을 위해서 왕들과 위에 서 있는 모든 사람들을 위해, 간청과 기도와 중보와 감사를 드려라.) [디모데전서 2:1]

すると、聞(き)いたのにそむいたのは、だれであったのか。モーセに率(ひき)いられて、エジプトから出(で)て行(い)ったすべての人々(ひとびと)ではなかったか。[ヘブル人への手紙 3:16]
(그러면 듣고서도 거역한 것은 누구였느냐? 모세가 인도해서 이집트에서 나온 모든 사람들이 아니었느냐?) [히브리서 3:16]

また、小(ちい)さき者(もの)にも、大(おお)いなる者(もの)にも、富(と)める者(もの)にも、貧(まず)しき者(もの)にも、自由人(じゆうじん)にも、奴隷(どれい)にも、すべての人々(ひとびと)に、その右(みぎ)の手(て)あるいは額(ひたい)に刻印(こくいん)を押(お)させ、[ヨハネの黙示録 13:16]
(또 작은 자에게도 큰 자에게도 부유한 자에게도 가난한 자에게도 자유인에게도 노예에게도 모든 사람들에게 그 오른손 또는 이마에 각인을 찍게 하여,) [요한묵시록 13:16]

この書(しょ)の預言(よげん)の言葉(ことば)を聞(き)くすべての人々(ひとびと)に対(たい)して、わたしは警告(けいこく)する。もしこれに書(か)き加(くわ)える者(もの)があれば、神(かみ)はその人(ひと)に、この書(しょ)に書(か)かれている災害(さいがい)を加(くわ)えられる。[ヨハネの黙示録 22:18]
(이 책의 예언의 말씀을 듣는 모든 사람들에게 대해, 나는 경고한다. 만일 이것에 가필하는 자가 있으면 하나님께서는 그 사람에게 이 책에 쓰여 있는 재해를 덧붙이신다.) [22:18]

II. 「すべての」+「복수명사」: 「すべての人(ひと)たち」(모든 사람들)

구어역 성서에서 「すべての人(ひと)たち」는 다음의 예 1회만 등장한다.

[例] 割礼(かつれい)を受(う)けようとするすべての人(ひと)たちに、もう一度(いちど)言(い)っておく。そういう人(ひと)たちは、律法(りっぽう)の全部(ぜんぶ)を行(おこな)う義務(ぎむ)がある。[ガラテヤ人への手紙 5:3]
(할례를 받으려고 하는 모든 사람들에게 다시 한 번 말해 둔다. 그런 사람들은 율법 전부를 행할 의무가 있다.) [갈라디아서 5:3]

III. 「すべての」+「단수명사」: 「すべての人(ひと)」(모든 사람)

[例] またあなたがたは、わたしの名(な)のゆえにすべての人(ひと)に憎(にく)まれるであろう。しかし、最後(さいご)まで耐(た)え忍(しの)ぶ者(もの)は救(すく)われる。[マタイによる福音書 10:22]
(너희는 내 이름 때문에 모든 사람에게 미움을 받을 것이다. 그러나 끝까지 견디는 사람은 구원을 얻을 것이다.) [마태복음 10:22]

するとイエスは彼(かれ)らに言(い)われた、「その言葉(ことば)を受(う)けいれることができるのはすべての人(ひと)ではなく、ただそれを授(さず)け

られている人々(ひとびと)だけである。[マタイによる福音書 19:11]
(예수께서 그들에게 대답하셨다. "누구나 다 이 말을 받아들이지는 못한다. 다만 타고난 사람들만이 받아들인다.) [마태복음 19:11]

あなたがたの間(あいだ)で頭(かしら)になりたいと思(おも)う者(もの)は、すべての人(ひと)の僕(しもべ)とならねばならない。[マルコによる福音書 10:44]
(너희 사이에서 우두머리가 되었으면 하는 사람은 모든 사람의 종이 되어야 한다.) [마가복음 10:44]

また、あなたがたはわたしの名(な)のゆえに、すべての人(ひと)に憎(にく)まれるであろう。しかし、最後(さいご)まで耐(た)え忍(しの)ぶ者(もの)は救(すく)われる。[マルコによる福音書 13:13]
(또 너희는 내 이름 때문에 모든 사람들에게 미움을 받을 것이다. 그러나 마지막까지 참고 견디는 사람은 구원받는다.) [마가복음 13:13]

また、わたしの名(な)のゆえにすべての人(ひと)に憎(にく)まれるであろう。[ルカによる福音書 21:17]
(너희는 내 이름 때문에, 모든 사람에게 미움을 받을 것이다.) [누가복음 21:17]

その日(ひ)は地(ち)の全面(ぜんめん)に住(す)むすべての人(ひと)に臨(のぞ)むのであるから。[ルカによる福音書 21:35]
(그 날은 온 땅 위에 사는 모든 사람에게 닥칠 것이다.) [누가복음 21:35]

この人(ひと)は証(あか)しのために来(き)た。光(ひかり)について証(あか)しをし、彼(かれ)によってすべての人(ひと)が信(しん)じるためである。[ヨハネによる福音書 1:7]
(이 사람은 증언을 위해 왔다. 빛에 관해 증언을 하여, 그에 의해 모든 사람이 믿기 위해서다.) [요한복음 1:7]

すべての人(ひと)を照(てら)す真(まこと)の光(ひかり)があって、世(よ)に来

(き)た。[ヨハネによる福音書 1:9]
(모든 사람을 비추는 참된 빛이 있어, 사람에게 왔다.) [요한복음 1:9]

しかしイエスご自身(じしん)は、彼(かれ)らに自分(じぶん)をお任(まか)せにならなかった。それは、すべての人(ひと)を知(し)っておられ、[ヨハネによる福音書 2:24]
(그러나 예수 본인께서는 그들에게 자신을 맡기지 않으셨다. 그것은 모든 사람들을 알고 계셔서,) [요한복음 2:24]

それは、すべての人(ひと)が父(ちち)を敬(うやま)うと同様(どうよう)に、子(こ)を敬(うやま)うためである。子(こ)を敬(うやま)わない者(もの)は、子(こ)を遣(つか)わされた父(ちち)をも敬(うやま)わない。[ヨハネによる福音書 5:23]
(그것은 모든 사람들이 아버지를 존경하는 것과 마찬가지로 아들을 존경하게 하기 위해서이다. 아들을 존경하지 않는 사람은 아들을 보내신 아버지도 존경하지 않는다.) [요한복음 5:23]

そして、わたしがこの地(ち)から上(あ)げられる時(とき)には、すべての人(ひと)をわたしのところに引(ひ)き寄(よ)せるであろう」。[ヨハネによる福音書 12:32]
(그리고 내가 이 땅에서 올라갈 때에는, 모든 사람들을 내게 끌어당길 것이다.) [요한복음 12:32]

祈(いの)って言(い)った、「すべての人(ひと)の心(こころ)をご存(ぞん)じである主(しゅ)よ。このふたりのうちのどちらを選(えら)んで、[使徒行伝 1:24]
(기도하며 말했다. "모든 사람의 마음을 아시는 주님, 이 두 사람 중의 누구를 뽑아서,) [사도행전 1:24]

『神(かみ)がこう仰(おお)せになる。終(おわ)りの時(とき)には、わたしの霊(れい)をすべての人(ひと)に注(そそ)ごう。そして、あなたがたのむすこ娘

(むすめ)は預言(よげん)をし、若者(わかもの)たちは幻(まぼろし)を見(み)、老人(ろうじん)たちは夢(ゆめ)を見(み)るであろう。[使徒行伝 2:17]
("하나님께서 이렇게 말씀하신다. 마지막 때에는, 내 영을 모든 사람에게 부어 주겠다. 그리고 너희 아들과 딸들은 예언을 하고, 젊은이들은 환상을 보고, 나이 든 사람들은 꿈을 꿀 것이다.) [사도행전 2:17]

神(かみ)をさんびし、すべての人(ひと)に好意(こうい)を持(も)たれていた。そして主(しゅ)は、救(すく)われる者(もの)を日々(ひび)仲間(なかま)に加(くわ)えて下(くだ)さったのである。[使徒行伝 2:47]
(하나님을 찬미하여, 모든 사람에게서 호감을 샀다. 그리고 주께서는 구원받는 사람을 날마다 동료에 더하여 주셨다.) [사도행전 2:47]

神(かみ)は、義(ぎ)をもってこの世界(せかい)をさばくためその日(ひ)を定(さだ)め、お選(えら)びになったかたによってそれをなし遂(と)げようとされている。すなわち、このかたを死人(しにん)の中(なか)からよみがえらせ、その確証(かくしょう)をすべての人(ひと)に示(しめ)されたのである」。[使徒行伝 17:31]
(하나님께서는 의로써 이 세계를 심판하기 위해 그 날을 정하고, 선택하신 분에 의해, 그것을 완수하시려고 하고 있다. 즉 이 분을 죽은 사람들 가운데서 살려서, 그 확증을 모든 사람에게 보여 주신 것이다.") [사도행전 17:31]

だから、きょう、この日(ひ)にあなたがたに断言(だんげん)しておく。わたしは、すべての人(ひと)の血(ち)について、なんら責任(せきにん)がない。[使徒行伝 20:26]
(따라서 오늘 이 날에 여러분에게 단언해 두겠다. 나는 모든 사람의 피에 관해, 아무런 책임이 없다.) [사도행전 20:26]

それはあなたが、その見聞(みき)きした事(こと)につき、すべての人(ひと)に対(たい)して、彼(かれ)の証人(しょうにん)になるためである。[使徒行伝 22:15]
(그것은 당신이 보고 들은 일에 관해, 모든 사람에 대해, 그 증인이 되기 위해서이다.) [사도행전 22:15]

悪(あく)を行(おこな)うすべての人(ひと)には、ユダヤ人(じん)をはじめギリシヤ人(じん)にも、患難(かんなん)と苦悩(くのう)とが与(あた)えられ、[ローマ人への手紙 2:9]
(악을 행하는 모든 사람에게는, 유대 사람을 비롯하여 그리스 사람에게도, 환난과 고뇌가 주어지고,) [로마서 2:9]

善(ぜん)を行(おこな)うすべての人(ひと)には、ユダヤ人(じん)をはじめギリシヤ人(じん)にも、光栄(こうえい)とほまれと平安(へいあん)とが与(あた)えられる。[ローマ人への手紙 2:10]
(선을 행하는 모든 사람에게는, 유대 사람을 비롯하여 그리스 사람에게도 영광과 영예와 평안이 주어진다.) [로마서 2:10]

すべての人(ひと)は迷(まよ)い出(で)て、ことごとく無益(むえき)なものになっている。善(ぜん)を行(おこな)う者(もの)はいない、ひとりもいない。[ローマ人への手紙 3:12]
(모든 사람이 갈피를 못 잡고 옆길로 새서, 죄다 무익한 것이 되었다. 선을 행하는 사람은 없다. 한 사람도 없다.) [로마서 3:12]

すなわち、すべての人(ひと)は罪(つみ)を犯(おか)したため、神(かみ)の栄光(えいこう)を受(う)けられなくなっており、[ローマ人への手紙 3:23]
(즉 모든 사람은 죄를 범하였으므로, 하나님의 영광을 받을 수 없게 되고.) [로마서 3:23]

そして、アブラハムは割礼(かつれい)というしるしを受(う)けたが、それは、無割礼(むかつれい)のままで信仰(しんこう)によって受(う)けた義(ぎ)の証印(しょういん)であって、彼(かれ)が、無割礼(むかつれい)のままで信(しん)じて義(ぎ)とされるに至(いた)るすべての人(ひと)の父(ちち)となり、[ローマ人への手紙 4:11]
(그리고 아브라함은 할례라는 징표를 받았는데, 그것은 할례를 받지 않은 채로 믿음으로 받은 의의 증인이고, 그가 할례를 받지 않은 채로, 믿고 의로 인정되게 이르는 모든 사람의 조상이 되고,) [로마서 4:11]

このようなわけで、ひとりの人(ひと)によって、罪(つみ)がこの世(よ)にはいり、また罪(つみ)によって死(し)がはいってきたように、こうして、すべての人(ひと)が罪(つみ)を犯(おか)したので、死(し)が全人類(ぜんじんるい)にはいり込(こ)んだのである。[ローマ人への手紙 5:12]
(이와 같은 연유로, 한 사람에 의해 죄가 이 세상에 들어오고, 또 죄에 의해 죽음이 들어온 것과 같이, 이렇게 모든 사람이 죄를 지었으므로, 죽음이 모든 사람에게 파고 든 것이다.) [로마서 5:12]

このようなわけで、ひとりの罪過(ざいか)によってすべての人(ひと)が罪(つみ)に定(さだ)められたように、ひとりの義(ぎ)なる行為(こうい)によって、いのちを得(え)させる義(ぎ)がすべての人(ひと)に及(およ)ぶのである。[ローマ人への手紙 5:18]
(이와 같은 연유로, 한 사람의 죄과에 의해 모든 사람이 유죄 판결을 받은 것처럼, 한 사람의 의로운 행위에 의해, 생명을 얻게 하는 의가 모든 사람에게 이르는 것이다.) [로마서 5:18]

ユダヤ人(じん)とギリシヤ人(じん)との差別(さべつ)はない。同一(どういつ)の主(しゅ)が万民(ばんみん)の主(しゅ)であって、彼(かれ)を呼(よ)び求(もと)めるすべての人(ひと)を豊(ゆた)かに恵(めぐ)んで下(くだ)さるからである。[ローマ人への手紙 10:12]
(유대인과 그리스인의 차별은 없다. 동일한 주님이 만민의 주님이고, 그를 갈구하는 모든 사람을 풍부하게 은혜를 베풀어 주시기 때문이다.) [로마서 10:12]

しかし、すべての人(ひと)が福音(ふくいん)に聞(き)き従(したが)ったのではない。イザヤは、「主(しゅ)よ、だれがわたしたちから聞(き)いたことを信(しん)じましたか」と言(い)っている。[ローマ人への手紙 10:16]
(그러나 모든 사람이 복음을 듣고 따른 것은 아니다. 이사야는 "주님, 누가 우리에게서 들은 것을 믿었습니까?" 하고 말하였다.) [로마서 10:16]

すなわち、神(かみ)はすべての人(ひと)をあわれむために、すべての人(ひ

と)を不従順(ふじゅうじゅん)のなかに閉(と)じ込(こ)めたのである。[ローマ人への手紙 11:32]
(즉 하나님께서는 모든 사람을 불쌍하게 여기기 때문에, 모든 사람을 순종하지 않는 상태에 가둔 것이다.) [로마서 11:32]

だれに対(たい)しても悪(あく)をもって悪(あく)に報(むく)いず、すべての人(ひと)に対(たい)して善(ぜん)を図(はか)りなさい。[ローマ人への手紙 12:17]
(누구에 대해서도 악으로 악을 갚지 말고, 모든 사람에 대해, 선을 꾀하라.) [로마서 12:17]

あなたがたは、できる限(かぎ)りすべての人(ひと)と平和(へいわ)に過(す)ごしなさい。[ローマ人への手紙 12:18]
(여러분은 가능한 한 모든 사람과 평화스럽게 지내라.) [로마서 12:18]

すべての人(ひと)は、上(うえ)に立(た)つ権威(けんい)に従(したが)うべきである。なぜなら、神(かみ)によらない権威(けんい)はなく、おおよそ存在(そんざい)している権威(けんい)は、すべて神(かみ)によって立(た)てられたものだからである。[ローマ人への手紙 13:1]
(모든 사람은 위에 있는 권세에 복종해야 한다. 왜냐하면, 하나님에 의하지 않는 권세는 없고, 대저 존재하고 있는 권세는 모두 하나님에 의해 세워진 것이기 때문이다.) [로마서 13:1]

しかし、この知識(ちしき)をすべての人(ひと)が持(も)っているのではない。ある人々(ひとびと)は、偶像(ぐうぞう)についての、これまでの習慣上(しゅうかんじょう)、偶像(ぐうぞう)への供(そな)え物(もの)として、それを食(た)べるが、彼(かれ)らの良心(りょうしん)が、弱(よわ)いために汚(けが)されるのである。[コリント人への第一の手紙 8:7]
(그러나 이 지식을 모든 사람이 가지고 있는 것은 아니다. 어떤 사람들은 우상에 관한, 지금까지의 습관상, 우상에게 받친 제물로서 그것을 먹지만, 그들의 양심이 약하므로 더러워지는 것이다.) [고린도전서 8:7]

わたしは、すべての人(ひと)に対(たい)して自由(じゆう)であるが、できるだけ多(おお)くの人(ひと)を得(え)るために、自(みずか)ら進(すす)んですべての人(ひと)の奴隷(どれい)になった。[コリント人への第一の手紙 9:19]
(나는 모든 사람에 대해 자유로운 몸이지만, 가능한 한, 많은 사람을 얻으려고, 스스로 자진해서 모든 사람의 노예가 되었다.) [고린도전서 9:19]

弱(よわ)い人(ひと)には弱(よわ)い者(もの)になった。弱(よわ)い人(ひと)を得(え)るためである。すべての人(ひと)に対(たい)しては、すべての人(ひと)のようになった。なんとかして幾人(いくにん)かを救(すく)うためである。[コリント人への第一の手紙 9:22]
(약한 사람들에게는 약한 사람이 되었다. 약한 사람을 얻기 위해서이다. 모든 사람에 대해서는 모든 사람과 같이 되었다. 어떻게 해서든지, 몇 사람이라도 구원하기 위해서이다.) [고린도전서 9:22]

わたしもまた、何事(なにごと)にもすべての人(ひと)に喜(よろこ)ばれるように努(つと)め、多(おお)くの人(ひと)が救(すく)われるために、自分(じぶん)の益(えき)ではなく彼(かれ)らの益(えき)を求(もと)めている。[コリント人への第一の手紙 10:33]
(나도 또 어떤 일에도 모든 사람이 기뻐하도록 애쓰고, 많은 사람이 구원받기 위해 자기 이익이 아니라 그들의 이익을 구하고 있다.) [고린도전서 10:33]

もしわたしたちが、この世(よ)の生活(せいかつ)でキリストにあって単(たん)なる望(のぞ)みをいだいているだけだとすれば、わたしたちは、すべての人(ひと)の中(なか)で最(もっと)もあわれむべき存在(そんざい)となる。[コリント人への第一の手紙 15:19]
(만일 우리가 이 세상의 생활에서 그리스도 안에서 단순한 소망을 품고만 있다고 한다면, 우리는 모든 사람 중에서 가장 불쌍히 여겨야 할 존재가 된다.) [고린도전서 15:19]

アダムにあってすべての人(ひと)が死(し)んでいるのと同(おな)じように、

キリストにあってすべての人(ひと)が生(い)かされるのである。[コリント人への第一の手紙 15:22]
(아담 안에서 모든 사람이 죽은 것과 같이, 그리스도 안에서 모든 사람이 사는 것이다.) [고린도전서 15:22]

わたしたちの推薦状(すいせんじょう)は、あなたがたなのである。それは、わたしたちの心(こころ)にしるされていて、すべての人(ひと)に知(し)られ、かつ読(よ)まれている。[コリント人への第二の手紙 3:2]
(우리의 추천장은 여러분이다. 그것은 우리 마음에 적혀 있어, 모든 사람이 알고 있고 또한 읽고 있다.) [고린도후서 3:2]

恥(は)ずべき隠(かく)れたことを捨(す)て去(さ)り、悪巧(わるだく)みによって歩(ある)かず、神(かみ)の言(ことば)を曲(ま)げず、真理(しんり)を明(あき)らかにし、神(かみ)のみまえに、すべての人(ひと)の良心(りょうしん)に自分(じぶん)を推薦(すいせん)するのである。[コリント人への第二の手紙 4:2]
(부끄럽게 여겨야 할, 드러내지 못할 일을 떨쳐 버리고, 간계에 의해 살지 않고, 하나님의 말씀을 왜곡하지 않고, 진리를 분명히 하고, 하나님 앞에, 모든 사람의 양심에 자신을 추선하는 것이다.) [고린도후서 4:2]

なぜなら、キリストの愛(あい)がわたしたちに強(つよ)く迫(せま)っているからである。わたしたちはこう考(かんが)えている。ひとりの人(ひと)がすべての人(ひと)のために死(し)んだ以上(いじょう)、すべての人(ひと)が死(し)んだのである。[コリント人への第二の手紙 5:14]
(왜냐하면, 그리스도의 사랑이 우리에게 강하게 다가오고 있기 때문이다. 우리는 이렇게 생각한다. 한 사람이 모든 사람을 위해, 죽은 이상, 모든 사람이 죽은 것이다.) [고린도후서 5:14]

そして、彼(かれ)がすべての人(ひと)のために死(し)んだのは、生(い)きている者(もの)がもはや自分(じぶん)のためにではなく、自分(じぶん)のために死(し)んでよみがえったかたのために、生(い)きるためである。[コリント人

への第二の手紙 5:15]
(그리고 그가(그리스도께서) 모든 사람을 위해 죽은 것은, 살아 있는 사람들이 더 이상 자신을 위해서가 아니라, 자신을 위해 죽었다가 살아난 분을 위해, 살기 위해서이다.) [고린도후서 5:15]

すなわち、この援助(えんじょ)を行(おこな)った結果(けっか)として、あなたがたがキリストの福音(ふくいん)の告白(こくはく)に対(たい)して従順(じゅうじゅん)であることや、彼(かれ)らにも、<u>すべての人(ひと)</u>にも、惜(お)しみなく施(ほどこ)しをしていることがわかってきて、彼(かれ)らは神(かみ)に栄光(えいこう)を帰(き)し、[コリント人への第二の手紙 9:13]
(즉 이 원조를 행한 결과로서, 여러분이 그리스도의 복음의 고백에 대해 순종하는 것이나, 그들에게도 모든 사람에게도, 아낌없이 다른 사람에게 은혜를 베풀고 있는 것을 알게 되어, 그들은 하나님께 영광을 돌리고,) [고린도후서 9:13]

しかし、約束(やくそく)が、信(しん)じる人々(ひとびと)にイエス・キリストに対(たい)する信仰(しんこう)によって与(あた)えられるために、聖書(せいしょ)はすべての<u>人(ひと)</u>を罪(つみ)の下(もと)に閉(と)じ込(こ)めたのである。[ガラテヤ人への手紙 3:22]
(그러나 약속이, 믿는 사람들에게 예수 그리스도에 대한 믿음에 의해, 주어지기 위해서, 성서는 모든 사람을 죄 아래에 가둔 것이다.) [갈라디아서 3:22]

わたしたちはこのキリストを宣(の)べ伝(つた)え、知恵(ちえ)をつくして<u>すべての人(ひと)</u>を訓戒(くんかい)し、また、すべての人(ひと)を教(おし)えている。それは、彼(かれ)らがキリストにあって全(まった)き者(もの)として立(た)つようになるためである。[コロサイ人への手紙 1:28]
(우리는 이 그리스도를 전파하고, 지혜를 다하여 모든 사람을 훈계하고, 또 모든 사람을 가르치고 있다. 그것은 그들이 그리스도 안에서 온전한 사람으로 서도록 되기 위해서이다.) [골로새서 1:28]

ユダヤ人(じん)たちは主(しゅ)イエスと預言者(よげんしゃ)たちとを殺(ころ)し、わたしたちを迫害(はくがい)し、神(かみ)を喜(よろこ)ばせず、<u>すべて</u>

の人(ひと)に逆(さか)らい、[テサロニケ人への第一の手紙 2:15]
(유대 사람들은 주 예수와 예언자들을 죽이고, 우리를 박해하고, 하나님을 기쁘게 하지 않고, 모든 사람에게 거역하고,) [데살로니가전서 2:15]

どうか、主(しゅ)が、あなたがた相互(そうご)の愛(あい)とすべての人(ひと)に対(たい)する愛(あい)とを、わたしたちがあなたがたを愛(あい)する愛(あい)と同(おな)じように、増(ま)し加(くわ)えて豊(ゆた)かにして下(くだ)さるように。[テサロニケ人への第一の手紙 3:12]
(부디 주께서 여러분 상호간의 사랑과 모든 사람에 대한 사랑을, 우리가 여러분을 사랑하는 사랑과 마찬가지로, 늘려 더하여 풍성하게 해 주시기를 빕니다.) [데살로니가전서 3:12]

兄弟(きょうだい)たちよ。あなたがたにお勧(すす)めする。怠惰(たいだ)な者(もの)を戒(いまし)め、小心(しょうしん)な者(もの)を励(はげ)まし、弱(よわ)い者(もの)を助(たす)け、すべての人(ひと)に対(たい)して寛容(かんよう)でありなさい。[テサロニケ人への第一の手紙 5:14]
(형제들아. 여러분에게 삼가 권합니다. 나태한 사람을 훈계하고, 소심한 사람을 격려하고, 약한 사람을 도와주고, 모든 사람에 대해 관용하게 있어라.) [데살로니가전서 5:14]

こうして、真理(しんり)を信(しん)じないで不義(ふぎ)を喜(よろこ)んでいたすべての人(ひと)を、さばくのである。[テサロニケ人への第二の手紙 2:12]
(이렇게 해서 진리를 믿지 않고 불의를 기뻐했던 모든 사람을, 심판하는 것이다.) [데살로니가후서 2:12]

また、どうか、わたしたちが不都合(ふつごう)な悪人(あくにん)から救(すく)われるように。事実(じじつ)、すべての人(ひと)が信仰(しんこう)を持(も)っているわけではない。[テサロニケ人への第二の手紙 3:2]
(또한 부디 우리가 괘씸한 악인으로부터 구원받도록 해 주시기를 기도합니다. 사실 모든 사람이 믿음을 가지고 있는 것은 아니다.) [데살로니가후서 3:2]

そこで、まず第一(だいいち)一に勧(すす)める。すべての人(ひと)のために、王(おう)たちと上(うえ)に立(た)っているすべての人々(ひとびと)のために、願(ねが)いと、祈(いのり)と、とりなしと、感謝(かんしゃ)とをささげなさい。[テモテへの第一の手紙 2:1]
(그래서 무엇보다도 먼저 권합니다. 모든 사람을 위해 왕들과 위에 서 있는 모든 사람들을 위해, 간구와 기도와 중보와 감사를 드려라.) [디모데전서 2:1]

神(かみ)は、すべての人(ひと)が救(すく)われて、真理(しんり)を悟(さと)るに至(いた)ることを望(のぞ)んでおられる。[テモテへの第一の手紙 2:4]
(하나님께서는 모든 사람이 구원받고 진리를 깨닫게 되는 것을 원하고 계신다.) [디모데전서 2:4]

彼(かれ)は、すべての人(ひと)のあがないとしてご自身(じしん)をささげられたが、それは、定(さだ)められた時(とき)になされたあかしにほかならない。[テモテへの第一の手紙 2:6]
(그는(그분은) 모든 사람의 대속으로 자신을 바치셨지만, 그것은 정해진 때에 하나서 하신 다름 아닌 증거이다.) [디모데전서 2:6]

わたしたちは、このために労(ろう)し苦(くる)しんでいる。それは、すべての人(ひと)の救主(すくいぬし)、特(とく)に信(しん)じる者(もの)たちの救主(すくいぬし)なる生(い)ける神(かみ)に、望(のぞ)みを置(お)いてきたからである。[テモテへの第一の手紙 4:10]
(우리는, 이를 위해 애쓰고 수고하고 있다. 그것은 모든 사람의 구주, 특히 믿는 사람들의 구주이신 살아 계신 하나님께 소망을 두고 왔기 때문이다.) [디모데전서 4:10]

罪(つみ)を犯(おか)した者(もの)に対(たい)しては、ほかの人々(ひとびと)も恐(おそ)れをいだくに至(いた)るために、すべての人(ひと)の前(まえ)でその罪(つみ)をとがむべきである。[テモテへの第一の手紙 5:20]
(죄를 지은 사람에 대해서는, 그 밖의 사람들도 공포심을 품게 되기 위해, 모든 사람 앞에서 그 죄를 책망해야 한다.) [디모데전서 5:20]

今(いま)や、義(ぎ)の冠(かんむり)がわたしを待(ま)っているばかりである。かの日(ひ)には、公平(こうへい)な審判者(しんぱんしゃ)である主(しゅ)が、それを授(さず)けて下(くだ)さるであろう。わたしばかりではなく、主(しゅ)の出現(しゅつげん)を心(こころ)から待(ま)ち望(のぞ)んでいたすべての人(ひと)にも授(さず)けて下(くだ)さるであろう。[テモテへの第二の手紙 4:8]
(이제는, 의의 월계관이 나를 기다리고 있을 뿐이다. 그 날에는 공평한 재판자인 주께서, 그것을 주실 것이다. 나만이 아니라 주의 출현을 마음으로부터 손꼽아 기다렸던 모든 사람에게 주실 것이다.) [디모데후서 4:8]

すべての人(ひと)を救(すく)う神(かみ)の恵(めぐ)みが現(あらわ)れた。[テトスへの手紙 2:11]
(모든 사람을 구원하는 하나님의 은혜가 나타났다.) [디도서 2:11]

だれをもそしらず、争(あらそ)わず、寛容(かんよう)であって、すべての人(ひと)に対(たい)してどこまでも柔和(にゅうわ)な態度(たいど)を示(しめ)すべきことを、思(おも)い出(だ)させなさい。[テトスへの手紙 3:2]
(아무도 비방하지 말고, 다투지 말고, 관용으로, 모든 사람에 대해 어디까지나 온유한 태도를 보여주어야 하는 것을 상기시켜라.) [디도서 3:2]

ただ、「しばらくの間(あいだ)、御使(みつかい)たちよりも低(ひく)い者(もの)とされた」イエスが、死(し)の苦(くる)しみのゆえに、栄光(えいこう)とほまれとを冠(かんむり)として与(あた)えられたのを見(み)る。それは、彼(かれ)が神(かみ)の恵(めぐ)みによって、すべての人(ひと)のために死(し)を味(あじ)わわれるためであった。[ヘブル人への手紙 2:9]
(다만, "잠시 동안, 천사들보다도 낮은 사람이 된" 예수께서 죽음의 고난 때문에, 영광과 존귀를 면류관으로 받는 것을 본다. 그가 하나님의 은혜로 모든 사람을 위하여 죽음을 맛보시기 위해서이었다.) [히브리서 2:9]

そして、全(まった)き者(もの)とされたので、彼(かれ)に従順(じゅうじゅん)

であるすべての人(ひと)に対(たい)して、永遠(えいえん)の救(すく)いの源(みなもと)となり、[ヘブル人への手紙 5:9]
(그리고 온전한 사람이 되었기 때문에, 그에게 순종하는 모든 사람에 대해 영원한 구원의 근원이 되고,) [히브리서 5:9]

すべての人(ひと)と相和(あいわ)し、また、自(みずか)らきよくなるように努(つと)めなさい。きよくならなければ、だれも主(しゅ)を見(み)ることはできない。[ヘブル人への手紙 12:14]
(모든 사람과 서로 화합하고, 또 스스로 거룩해지도록 힘써라. 거룩해지지 않으면, 아무도 주님을 볼 수는 없다.) [히브리서 12:14]

すべての人(ひと)は、結婚(けっこん)を重(おも)んずべきである。また寝床(ねどこ)を汚(けが)してはならない。神(かみ)は、不品行(ふひんこう)な者(もの)や姦淫(かんいん)をする者(もの)をさばかれる。[ヘブル人への手紙 13:4]
(모든 사람은, 결혼을 중시해야 한다. 또 잠자리를 더럽혀서는 안 된다. 하나님께서는 음란한 자나 간음을 하는 자를 심판하신다.) [히브리서 13:4]

あなたがたのうち、知恵(ちえ)に不足(ふそく)している者(もの)があれば、その人(ひと)は、とがめもせずに惜(お)しみなくすべての人(ひと)に与(あた)える神(かみ)に、願(ねが)い求(もと)めるがよい。そうすれば、与(あた)えられるであろう。[ヤコブの手紙 1:5]
(여러분 중에서 지혜가 부족한 사람이 있으면, 그 사람은 나무라지도 않고, 아낌없이 모든 사람에게 주는 하나님께 간원하라. 그러면 받을 것이다.) [야고보서 1:5]

すべての人(ひと)をうやまい、兄弟(きょうだい)たちを愛(あい)し、神(かみ)をおそれ、王(おう)を尊(たっと)びなさい。[ペテロの第一の手紙 2:17]
(모든 사람을 존경하고, 형제들을 사랑하고, 하나님을 두려워하고, 왕을 존경하라.) [베드로전서 2:17]

見(み)よ、彼(かれ)は、雲(くも)に乗(の)って来(こ)られる。すべての人(ひと)

の目(め)、ことに、彼(かれ)を刺(さ)し通(とお)した者(もの)たちは、彼(かれ)を仰(あお)ぎ見(み)るであろう。また地上(ちじょう)の諸族(しょぞく)はみな、彼(かれ)のゆえに胸(むね)を打(う)って嘆(なげ)くであろう。しかり、アァメン。[ヨハネの黙示録 1:7]

(보아라! 그가 구름을 타고 오신다. 모든 사람의 눈, 특히 그를 꿰뚫은 사람들은 그를 우러러볼 것이다. 그리고 지상의 여러 종족은 모두 그로 인해 가슴을 치고 한탄할 것이다. 그렇게 될 것이다, 아멘.) [요한묵시록 1:7]

彼(かれ)らは頭(あたま)にちりをかぶり、泣(な)き悲(かな)しんで叫(さけ)ぶ、『ああ、禍(わざわい)だ、この大(おお)いなる都(みやこ)は、禍(わざわい)だ。その奢(おご)りによって、海(うみ)に舟(ふね)を持(も)つすべての人(ひと)が富(とみ)を得(え)ていたのに、この都(みやこ)も一瞬(いっしゅん)にして無(む)に帰(き)してしまった』。[ヨハネの黙示録 18:19]

(그들은 머리에 먼지를 쓰고, 울며 슬퍼하면서 부르짖는다. "아, 재앙이다, 이 큰 도읍은 재앙이다. 그 사치 생활로 인해 바다에 배를 가진 모든 사람이 부를 얻고 있었는데, 이 도읍도 한순간에 무로 돌아가고 말았다.") [요한묵시록 18:19]

[2]もしこれに書(か)き加(くわ)える者(もの)があれば、 : 만일 이것에 가필하는 자가 있다면,

「書(か)き加(くわ)える」는 「書(か)く」의 연용형 「書(か)き」에 후항동사 「~加(くわ)える」가 결합된 복합동사로 한국어의 「가필하다, 더 써넣다」에 상당하는 뜻을 나타낸다.

「これに書(か)き加(くわ)える者(もの)があれば」와 같이 유생명사의 존재에 「ある」동사가 쓰이고 있는데 이것은 존재 유무에 초점이 놓여 있다고 해석된다. 구어역 성서에서 예를들면 다음과 같다.

[例] もしあなたがたを迎(むか)えもせず、またあなたがたの言葉(ことば)を聞

(き)きもしない人(ひと)があれば、その家(いえ)や町(まち)を立(た)ち去(さ)る時(とき)に、足(あし)のちりを払(はら)い落(お)としなさい。[マタイによる福音書 10:14]
(만일 너희를 맞이하지 않고, 또 너희의 말을 듣지도 않은 사람이 있으면, 그 집이나 그 성읍을 떠날 때에, 발의 먼지를 털어서 떨어뜨려라.) [마태복음 10:14]

両親(りょうしん)はユダヤ人(じん)たちを恐(おそ)れていたので、こう答(こた)えたのである。それは、もしイエスをキリストと告白(こくはく)する者(もの)があれば、会堂(かいどう)から追(お)い出(だ)すことに、ユダヤ人(じん)たちが既(すで)に決(き)めていたからである。[ヨハネによる福音書 9:22]
(부모는 유대인들을 무서워하고 있었기 때문에 이렇게 대답한 것이다. 그것은, 만일 예수를 그리스도라고 고백하는 사람이 있으면, 회당에서 내쫓기로 유대인들이 이미 정하고 있었기 때문이다.) [요한복음 9:22]

祭司長(さいしちょう)たちとパリサイ人(びと)たちとは、イエスを捕(とら)えようとして、その居所(いどころ)を知(し)っている者(もの)があれば申(もう)し出(で)よ、という指令(しれい)を出(だ)していた。[ヨハネによる福音書 11:57]
(대제사장들과 바리새파 사람들은 예수를 붙잡으려고 해서, 그가 있는 곳을 아는 사람이 있으면 신고하라는 지시를 내렸다.) [요한복음 11:57]

もしわたしに仕(つか)えようとする人(ひと)があれば、その人(ひと)はわたしに従(したが)って来(く)るがよい。そうすれば、わたしのおる所(ところ)に、わたしに仕(つか)える者(もの)もまた、おるであろう。もしわたしに仕(つか)えようとする人(ひと)があれば、その人(ひと)を父(ちち)は重(おも)んじて下(くだ)さるであろう。[ヨハネによる福音書 12:26]
(만일 나를 모시려고 하는 사람이 있다면, 그 사람은 나를 따라오너라. 그렇게 하면 내가 있는 곳에 나를 모시는 사람도 또한 있을 것이다. 만일 나를 모시려고 하는 사람이 있다면, 그 사람을 아버지께서는 중히 여겨 주실 것이다.) [요한복음 12:26]

しかし、わたしが実際(じっさい)に書(か)いたのは、兄弟(きょうだい)と呼(よ)ばれる人(ひと)で、不品行(ふひんこう)な者(もの)、貪欲(どんよく)な者(もの)、偶像(ぐうぞう)礼拝(れいはい)をする者(もの)、人(ひと)をそしる者(もの)、酒(さけ)に酔(よ)う者(もの)、略奪(りゃくだつ)をする者(もの)があれば、そんな人(ひと)と交際(こうさい)をしてはいけない、食事(しょくじ)を共(とも)にしてもいけない、ということであった。[コリント人への第一の手紙 5:11]
(그러나 내가 실제로 쓴 것은, 형제라고 불리는 사람으로, 품행이 나쁜 자, 탐욕스러운 자, 우상 숭배를 하는 자, 사람을 비방하는 자, 술에 취하는 자, 약탈을 하는 자가 있으면, 그런 사람과는 교제를 해서는 안 된다, 식사를 함께 해서도 안 된다, 라고 하는 것이었다.) [고린도전서 5:11]

もし異言(いげん)を語(かた)る者(もの)があれば、ふたりか、多(おお)くて三人(さんにん)の者(もの)が、順々(じゅんじゅん)に語(かた)り、そして、ひとりがそれを解(と)くべきである。[コリント人への第一の手紙 14:27]
(만일 방언을 말하는 사람이 있으면, 둘이나 많아도 세 사람이 차례로 말하고, 그리고 한 사람이 그것을 풀어야 한다.) [고린도전서 14:27]

もしそれを無視(むし)する者(もの)があれば、その人(ひと)もまた無視(むし)される。[コリント人への第一の手紙 14:38]
(만일 그것을 무시하는 사람이 있으면, 그 사람도 또 무시당한다.) [고린도전서 14:38]

もし主(しゅ)を愛(あい)さない者(もの)があれば、のろわれよ。マラナ・タ(われらの主(しゅ)よ、きたりませ)。[コリント人への第一の手紙 16:22]
(만일 주님을 사랑하지 않는 자는 있으면, 저주를 받아라! 마라나 타(우리 주님, 오십시오). [고린도전서 16:22]

もしこの手紙(てがみ)にしるしたわたしたちの言葉(ことば)に聞(き)き従(したが)わない人(ひと)があれば、そのような人(ひと)には注意(ちゅうい)

をして、交際(こうさい)しないがよい。彼(かれ)が自(みずか)ら恥(は)じるようになるためである。[テサロニケ人への第二の手紙 3:14]
(만일 이 편지에 기록한 우리의 말을 듣고 따르지 않는 사람이 있으면, 그런 사람에게는 주의를 해서 교제하지 마라. 그가 스스로 부끄럽게 여기게 되기 위해서이다.) [데살로니가후서 3:14]

もし違(ちが)ったことを教(おし)えて、わたしたちの主(しゅ)イエス・キリストの健全(けんぜん)な言葉(ことば)、ならびに信心(しんじん)にかなう教(おしえ)に同意(どうい)しないような者(もの)があれば、[テモテへの第一の手紙 6:3]
(만일 다른 것을 가르치며, 우리 주 예수 그리스도의 건전한 말씀, 및 신심에 부합하는 가르침에 동의하지 않는 그런 사람이 있으면,) [디모데전서 6:3]

あなたがたのうち、知恵(ちえ)に不足(ふそく)している者(もの)があれば、その人(ひと)は、とがめもせずに惜(お)しみなくすべての人(ひと)に与(あた)える神(かみ)に、願(ねが)い求(もと)めるがよい。そうすれば、与(あた)えられるであろう。[ヤコブの手紙 1:5]
(여러분 중에서 지혜가 부족한 사람이 있으면, 그 사람은 나무라지도 않고, 아낌없이 모든 사람에게 주는 하나님께 간원하라. 그러면 받을 것이다.) [야고보서 1:5]

わたしたちは皆(みな)、多(おお)くのあやまちを犯(おか)すものである。もし、言葉(ことば)の上(うえ)であやまちのない人(ひと)があれば、そういう人(ひと)は、全身(ぜんしん)をも制御(せいぎょ)することのできる完全(かんぜん)な人(ひと)である。[ヤコブの手紙 3:2]
(우리는 모두 많은 잘못을 저지르는 법이다. 만일 말을 하면서 잘못을 저지르지 않는 사람이 있으면, 그런 사람은 전신도 제어할 수 있는 완전한 사람이다.) [야고보서 3:2]

わたしの子(こ)たちよ。これらのことを書(か)きおくるのは、あなたがたが罪(つみ)を犯(おか)さないようになるためである。もし、罪(つみ)を犯(おか)

す者(もの)があれば、父(ちち)のみもとには、わたしたちのために助(たす)け主(ぬし)、すなわち、義(ぎ)なるイエス・キリストがおられる。[ヨハネの第一の手紙 2:1]

(내 자녀들아. 이런 것들을 써서 보내는 것은, 여러분이 죄를 짓지 않도록 되기 위해서이다. 만일 죄를 저지르는 사람이 있으면, 아버지 곁에는 우리를 위해 보혜사, 즉 의로운 예수 그리스도께서 계신다.) [요한일서 2:1]

しかし、彼(かれ)の御言(みことば)を守(まも)る者(もの)があれば、その人(ひと)のうちに、神(かみ)の愛(あい)が真(しん)に全(まっと)うされるのである。それによって、わたしたちが彼(かれ)にあることを知(し)るのである。[ヨハネの第一の手紙 2:5]

(그러나 그(하나님)의 말씀을 지키는 사람이 있으면, 그 사람 안에, 하나님의 사랑이 진정으로 완성되는 것이다. 그것에 의해 우리가 그(하나님)에 있는 것을 아는 것이다.) [요한일서 2:5]

世(よ)と世(よ)にあるものとを、愛(あい)してはいけない。もし、世(よ)を愛(あい)する者(もの)があれば、父(ちち)の愛(あい)は彼(かれ)のうちにない。[ヨハネの第一の手紙 2:15]

(세상과 세상에 있는 것을 사랑해서는 안 된다. 만일 세상을 사랑하는 사람이 있으면, 아버지의 사랑은 그 안에 없다.) [요한일서 2:15]

この教(おしえ)を持(も)たずにあなたがたのところに来(く)る者(もの)があれば、その人(ひと)を家(いえ)に入(い)れることも、あいさつすることもしてはいけない。[ヨハネの第二の手紙 1:10]

(이 가르침을 지니지 않고 여러분에게 오는 사람이 있으면, 그 사람을 집에 받아들이거나, 인사하거나 해서는 안 된다.) [요한이서 1:10]

疑(うたが)いをいだく人々(ひとびと)があれば、彼(かれ)らをあわれみ、[ユダの手紙 1:22]

(의심을 품는 사람이 있으면, 그들을 불쌍히 여기고,) [유다서 1:22]

もし彼(かれ)らに害(がい)を加(くわ)えようとする者(もの)があれば、彼(かれ)らの口(くち)から火(ひ)が出(で)て、その敵(てき)を滅(ほろ)ぼすであろう。もし彼(かれ)らに害(がい)を加(くわ)えようとする者(もの)があれば、その者(もの)はこのように殺(ころ)されねばならない。[ヨハネの黙示録 11:5]
(만일 그들에게 해를 가하려고 하는 사람이 있으면, 그들의 입에서 불이 나와서 그 적을 멸망시킬 것이다. 만일 그들에게 해를 가하려고 하는 사람이 있으면, 그 사람은 이와 같이 죽음을 당해야 한다.) [요한묵시록 11:5]

[3] 神(かみ)はその人(ひと)に、この書(しょ)に書(か)かれている災害(さいがい)を加(くわ)えられる。: 하나님께서는 그 사람에게 이 책에 쓰여 있는 재해를 덧붙이신다.

「災害(さいがい)を加(くわ)えられる」の「加(くわ)えられる」は「加(くわ)える」のレル形 경어로 본 절에서는 〈神(かみ)〉를 높이는 데에 쓰이고 있다.

[例] 名(な)をヨセフと名(な)づけ、「主(しゅ)がわたしに、なおひとりの子(こ)を加(くわ)えられるように」と言(い)った。[創世記 30:24]
(그의 이름을 요셉이라고 지었고, "주께서 내게 또 하나의 아들을 더하여 주시기를 바랍니다.") [창세기 30:24]

その時(とき)エジプトびとは、主(しゅ)に撃(う)ち殺(ころ)されたすべてのういごを葬(ほうむ)っていた。主(しゅ)はまた彼(かれ)らの神々(かみがみ)にも罰(ばつ)を加(くわ)えられた。[民数記 33:4]
(그 때, 이집트 사람은 주께서 쳐서 죽이신 모든 첫 아이를 의 장례를 매장하고 있었다. 주께서는 또 그들의 신들에게도 벌을 가하셨다.) [민수기 33:4]

主(しゅ)はついにその民(たみ)をさばき、そのしもべらにあわれみを加(くわ)えられるであろう。これは彼(かれ)らの力(ちから)がうせ去(さ)り、つながれた者(もの)もつながれない者(もの)も、もはやいなくなったのを、主

(しゅ)が見(み)られるからである。[申命記 32:36]
(주께서는 결국 그 백성을 심판하고, 그 종들을 긍휼을 더하실 것이다. 이것은 그들의 힘이 사라지고, 매인 사람도 매여 있지 않은 사람도 이제 없어진 것을 주께서 보시기 때문이다.) [신명기 32:36]

主(しゅ)はその王(おう)に大(おお)いなる勝利(しょうり)を与(あた)え、その油(あぶら)そそがれた者(もの)に、ダビデとその子孫(しそん)とに、とこしえにいつくしみを加(くわ)えられるでしょう。[詩篇 18:50]
(주께서는 그 왕에게 큰 승리를 주고, 그 기름 부어진 이에게, 다윗과 그 자손에게, 영원히 자비를 더하실 것입니다.) [시편 18:50]

한편「加(くわ)えられる」는 다음과 같이「加(くわ)える」의 수동으로도 쓰인다.

[例] わたしたちすべての者(もの)は、その満(み)ち満(み)ているものの中(なか)から受(う)けて、恵(めぐ)みに恵(めぐ)みを加(くわ)えられた。[ヨハネによる福音書 1:16]
(우리 모두는 그 넘치고 넘치는 것 중에서 받아서 은혜에 은혜가 더해졌다.) [요한복음 1:16]

彼(かれ)はわたしたちの仲間(なかま)に加(くわ)えられ、この務(つと)めを授(さず)かっていた者(もの)であった。[使徒行伝 1:17]
(그는 우리 동료에 더해져서, 이 직무를 받았던 사람이었다.) [사도행전 1:17]

それから、ふたりのためにくじを引(ひ)いたところ、マッテヤに当(あた)ったので、この人(ひと)が十一人(じゅういちにん)の使徒(しと)たちに加(くわ)えられることになった。[使徒行伝 1:26]
(그리고 두 사람을 위해 제비를 뽑았더니, 맛디아가 당첨되어, 이 사람이 열한 사도에 추가로 더해지게 되었다.) [사도행전 1:26]

使徒(しと)たちは、御名(みな)のために恥(はじ)を加(くわ)えられるに足(た)

る者(もの)とされたことを喜(よろこ)びながら、議会(ぎかい)から出(で)てきた。[使徒行伝 5:41]
(사도들은 예수의 이름 때문에 더불어 치욕을 받기에 족한 사람이 된 것을 기뻐하면서, 의회에서 나왔다.) [사도행전 5:41]

事実(じじつ)、ダビデは、その時代(じだい)の人々(ひとびと)に神(かみ)のみ旨(むね)にしたがって仕(つか)えたが、やがて眠(ねむ)りにつき、先祖(せんぞ)たちの中(なか)に加(くわ)えられて、ついに朽(く)ち果(は)ててしまった。[使徒行伝 13:36]
(사실, 다윗은 그 시대의 사람들을, 하나님의 뜻에 따라, 섬겼는데, 이윽고 잠들어서 선조들 안에 가해져서 결국 썩고 말았다.) [사도행전 13:36]

他方(たほう)では、党派心(とうはしん)をいだき、真理(しんり)に従(したが)わないで不義(ふぎ)に従(したが)う人(ひと)に、怒(いか)りと激(はげ)しい憤(いきどお)りとが加(くわ)えられる。[ローマ人への手紙 2:8]
(한편으로는 당파심을 품고, 진리를 따르지 않고, 불의를 따르는 사람에게, 진노와 격한 분개가 가해진다.) [로마서 2:8]

それでは、律法(りっぽう)はなんであるか。それは違反(いはん)を促(うなが)すため、あとから加(くわ)えられたのであって、約束(やくそく)されていた子孫(しそん)が来(く)るまで存続(そんぞく)するだけのものであり、かつ、天使(てんし)たちをとおし、仲介者(ちゅうかいしゃ)の手(て)によって制定(せいてい)されたものにすぎない。[ガラテヤ人への手紙 3:19]
(그러면 율법은 무엇인가? 그것은 위반을 촉구하기 위해, 나중에 가해진 것으로, 약속되어 있던 자손이 올 때까지 존속하기만 하는 것이고, 또한 천사들을 통해, 중개자의 손에 의해 제정된 것에 지나지 않는다.) [갈라디아서 3:19]

というのは、御使(みつかい)たちをとおして語(かた)られた御言(みことば)が効力(こうりょく)を持(も)ち、あらゆる罪過(ざいか)と不従順(ふじゅうじゅん)とに対(たい)して正当(せいとう)な報(むく)いが加(くわ)えられた

とすれば。[ヘブル人への手紙 2:2]
(그 까닭은, 천사들을 통해 이야기하신 말씀이 효력을 가지고, 모든 죄과와 불순종에 대해 정당한 보응이 가해졌다고 하면,) [히브리서 2:2]

[1]また、もしこの預言(よげん)の書(しょ)の言葉(ことば)をとり除(のぞ)く者(もの)があれば、[2]神(かみ)はその人(ひと)の受(う)くべき分(ぶん)を、この書(しょ)に書(か)かれているいのちの木(き)と聖(せい)なる都(みやこ)から、とり除(のぞ)かれる。[ヨハネの黙示録 22:19]
(또 만일 이 예언의 책의 말씀을 없애는 사람이 있으면, 하나님께서는 그 사람의 받아야 할 몫을 이 책에 쓰여 있는 생명의 나무와 성스러운 도읍으로부터 제거하신다.) [22:19]

[フランシスコ会聖書研究所(1984)『新約聖書』サンパウロ. p. 970 주(22-17)]에 따르면, [22:18] [22:19]에 관해서는 다음의 [신명기 4:2, 12:32]와 관련이 있다고 한다.

[例]わたしがあなたがたに命(めい)じる言葉(ことば)に付(つ)け加(くわ)えてはならない。また減(へ)らしてはならない。わたしが命(めい)じるあなたがたの神(かみ)、主(しゅ)の命令(めいれい)を守(まも)ることのできるためである。[申命記 4:2]
(내가 너희에게 명한 말에 덧붙여서는 안 된다. 또 줄여서는 안 된다. 내가 명한 너희 하나님, 주의 명령을 지킬 수 있기 위해서이다.) [신명기 4:2]

あなたがたはわたしが命(めい)じるこのすべての事(こと)を守(まも)って行(おこな)わなければならない。これにつけ加(くわ)えてはならない。また減(へ)らしてはならない。[申命記 12:32]
(너희는 내가 명한 이 모든 것을 지키고, 행해야 한다. 이것에 덧붙여서는 안 된다.

또 줄여서는 안 된다.) [신명기 12:32]

　[1]　また、もしこの預言(よげん)の書(しょ)の言葉(ことば)をとり除(のぞ)く者(もの)があれば、: 만일 이 예언의 책의 말씀을 없애는 사람이 있으면,

　「とり除(のぞ)く[取(と)り除く]」는「取(と)る」의 연용형「取(と)り」에 후항동사「除(のぞ)く」가 결합된 복합동사로「없애다, 제거하다」의 뜻을 나타낸다. 구어역 성서에서는「とりのぞく」에 관해 본 절의「とり除(のぞ)く」와「取(と)り除(のぞ)く」의 2가지 표기가 쓰이고 있다.

1.「とり除(のぞ)く」표기의 예

[例] あなたがたが知(し)っているとおり、彼(かれ)は罪(つみ)を<u>とり除(のぞ)く</u>ために現(あらわ)れたのであって、彼(かれ)にはなんらの罪(つみ)がない。[ヨハネの第一の手紙 3:5]
(여러분이 아는 대로, 그는(그리스도께서는) 죄를 없애기 위해 나타난 것이고, 그에게는(그리스도에게는) 아무런 죄가 없다.) [요한일서 3:5]

愛(あい)には恐(おそ)れがない。完全(かんぜん)な愛(あい)は恐(おそ)れを<u>とり除(のぞ)く</u>。恐(おそ)れには懲(こ)らしめが伴(ともな)い、かつ恐(おそ)れる者(もの)には、愛(あい)が全(まっと)うされていないからである。[ヨハネの第一の手紙 4:18]
(사랑에는 두려움이 없다. 완전한 사랑은 두려움을 없앤다. 두려움에는 징벌을 수반하며 또한 두려워하는 사람에게는 사랑이 완성되어 있지 않기 때문이다.) [요한일서 4:18]

2.「取(と)り除(のぞ)く」표기의 예

[例]「主(しゅ)は、今(いま)わたしを心(こころ)にかけてくださって、人々(ひとび

と)の間(あいだ)からわたしの恥(はじ)を取(と)り除(のぞ)くために、こうしてくださいました」と言(い)った。[ルカによる福音書 1:25]
("주께서 지금 나를 마음에 두셔서, 사람들 사이에서 내 치욕을 없애기 위해 이렇게 해 주셨습니다." 라고 말했다.) [누가복음 1:25]

その翌日(よくじつ)、ヨハネはイエスが自分(じぶん)の方(ほう)に来(こ)られるのを見(み)て言(い)った、「見(み)よ、世(よ)の罪(つみ)を取(と)り除(のぞ)く神(かみ)の小羊(こひつじ)。[ヨハネによる福音書 1:29]
(그 다음날 요한은 예수께서 자기 쪽으로 오시는 것을 보고 말했다. "보아라, 세상의 죄를 없애는 하나님의 어린 양이다.) [요한복음 1:29]

もしそうだとすれば、世(よ)の初(はじ)めから、たびたび苦難(くなん)を受(う)けねばならなかったであろう。しかし事実(じじつ)、ご自身(じしん)をいけにえとしてささげて罪(つみ)を取(と)り除(のぞ)くために、世(よ)の終(おわ)りに、一度(いちど)だけ現(あらわ)れたのである。[ヘブル人への手紙 9:26]
(만일 그렇다고 하면, 창세부터 여러 번 고난을 받아야 했었을 것이다. 그러나 사실은 당신을 희생 제물로 바쳐서, 죄를 없애기 위해 세상의 종말에 한 번만 나타난 것이다.) [히브리서 9:26]

わたしはまた、わが手(て)をあなたに向(む)け、あなたのかすを灰汁(あく)で溶(と)かすように溶(と)かし去(さ)り、あなたの混(ま)ざり物(もの)をすべて取(と)り除(のぞ)く。[イザヤ書 1:25]
(나는 이제 내 손을 너에게 향해, 너의 찌꺼기를 잿물로 녹이도록 녹여서 없애고, 너의 불순물을 모두 없애겠다.) [이사야 1:25]

またわたしは、エジプトの地(ち)に住(す)むために、むりに行(い)ったあのユダの残(のこ)りの者(もの)を取(と)り除(のぞ)く。彼(かれ)らはみな滅(ほろ)ぼされてエジプトの地(ち)に倒(たお)れる。彼(かれ)らは、つるぎとききんに滅(ほろ)ぼされ、最(もっと)も小(ちい)さい者(もの)から最(もっと)も大

(おお)いなる者(もの)まで、つるぎとききんによって死(し)ぬ。そして、のろいとなり、恐怖(きょうふ)となり、ののしりとなり、はずかしめとなる。[エレミヤ書 44:12]
(또 나는 이집트 땅에 살기 위해, 억지로 간, 그 유다의 남은 사람들을 없애겠다. 그들은 모두 멸망을 당해 이집트 땅에 쓰러진다. 그들은 칼과 기근으로 멸망당하고, 가장 작은 사람부터 가장 큰 사람까지, 칼과 기근에 의해 죽는다. 그리고 저주가 되고, 공포가 되고, 욕설이 되고, 치욕이 된다.) [예레미야 44:12]

彼(かれ)らはその所(ところ)に来(く)る時(とき)、そのもろもろのいとうべきものと、もろもろの憎(にく)むべきものとをその所(ところ)から取(と)り除(のぞ)く。[エゼキエル書 11:18]
(그들은 그 곳에 올 때, 그 모든 역겨운 것과 모든 가증스러운 것을 그 곳에서 없애겠다.) [에스겔 11:18]

万軍(ばんぐん)の主(しゅ)は言(い)われる、見(み)よ、ヨシュアの前(まえ)にわたしが置(お)いた石(いし)の上(うえ)に、すなわち七(なな)つの目(め)をもっているこの一(ひと)つの石(いし)の上(うえ)に、わたしはみずから文字(もじ)を彫刻(ちょうこく)する。そしてわたしはこの地(ち)の罪(つみ)を、一日(いちにち)の内(うち)に取(と)り除(のぞ)く。[ゼカリヤ書 3:9]
(만군의 주께서 말씀하신다. 보아라! 여호수아 앞에 내가 놓은 돌 위에, 즉 일곱 개의 눈을 가지고 있는, 이 하나의 돌 위에, 나는 직접 문자를 조각한다. 그리고 나는 이 땅의 죄를, 하루 안에 없애겠다.) [스가랴 3:9]

またその口(くち)から血(ち)を取(と)り除(のぞ)き、その歯(は)の間(あいだ)から憎(にく)むべき物(もの)を取(と)り除(のぞ)く。これもまた残(のこ)ってわれわれの神(かみ)に帰(き)し、ユダの一民族(いちみんぞく)のようになる。またエクロンはエブスびとのようになる。[ゼカリヤ書 9:7]
(또 그 입에서 피를 없애고, 그 이 사이에서 가증스러운 것을 없애겠다. 이것도 또 남아서 우리 하나님에게 돌아와서, 유대의 한 족속처럼 된다. 또 에그론은 여부스 사람처럼 된다.) [스가랴 9:7]

본 절의 전반부에 대해 타 번역본에서는 다음과 같이 서술하고 있다.

[例] またもし誰(だれ)かがこの預言(よげん)の書(しょ)の言(ことば) (から何(なに)か) を省(はぶ)くならば、[塚本訳1963]
(또 만일 누군가가 이 예언의 책의 말씀(에서 무엇인가)을 없앤다면,)

また、この預言(よげん)の書(しょ)のことばを少(すこ)しでも取(と)り除(のぞ)く者(もの)があれば、[新改訳1970]
(또 이 예언의 책의 말씀을 조금이라도 없애는 사람이 있으면,)

もしだれかこの預言(よげん)の書(しょ)のことばから取(と)り除(のぞ)くなら、[前田訳1978]
(만일 누군가 이 예언의 책의 말씀에서 없앤다면,)

この預言(よげん)の書(しょ)の言葉(ことば)から何(なに)かを取(と)り除(のぞ)く者(もの)がいるなら、[フランシスコ会訳1984]
(이 예언의 책의 말씀에서 무엇인가를 없애는 사람이 있다면,)

また、この預言(よげん)の書(しょ)の言葉(ことば)から何(なに)か取(と)り去(さ)る者(もの)があれば、[新共同訳1987]
(또 이 예언의 책의 말씀에서 무엇인가 없애는 사람이 있으면,)

もし、この預言(よげん)の書(しょ)の言葉(ことば)から［一部(いちぶ)でも］取(と)り除(のぞ)く者(もの)があれば、[岩波翻訳委員会訳1995]
(만일 이 예언의 책의 말씀을 ［일부라도］ 없애는 사람이 있으면,)

[2] 神(かみ)はその人(ひと)の受(う)くべき分(ぶん)を、この書(しょ)に書(か)かれているいのちの木(き)と聖(せい)なる都(みやこ)から、とり除(のぞ)かれる。: 하나님께서 그 사람의 받아야 할 몫을 이 책에 쓰여 있는 생명의 나무와 성스러운

도움으로부터 제거하신다.

「受(う)くべき分(ふん)」은 「受(う)ける」의 문어형인 「受(う)く」에 의무・당위를 나타내는 「~べし」의 연체형 「~べき」가 접속한 형태가 뒤에 오는 「分(ぶん)」을 수식・한정하여 「받아야 할 몫」의 뜻을 나타낸다.

「とり除(のぞ)かれる・取(と)り除(のぞ)かれる」는 「とり除(のぞ)く・取(と)り除(のぞ)く」의 レル형 경어로 본 절에서는 〈神(かみ)〉를 높이는 데에 쓰이고 있다.

[例] この「もう一度(いちど)」という言葉(ことば)は、震(ふる)われないものが残(のこ)るために、震(ふる)われるものが、造(つく)られたものとして取(と)り除(のぞ)かれることを示(しめ)している。[ヘブル人への手紙 12:27]
(이 "다시 한 번"이라는 말은 흔들리지 않는 것이 남아 있기 위해, 흔들리는 것이 만들어진 것으로 제거하는 것을 보여 주고 있다.) [히브리서 12:27]

薄織(うすおり)の上着(うわぎ)、亜麻布(あまぬの)の着物(きもの)、帽子(ぼうし)、被衣(かずき)などを取(と)り除(のぞ)かれる。[イザヤ書 3:23]
(얇게 짠 겉옷, 세마포 옷, 모자, 장옷 등을 제하신다.) [이사야 3:23]

한편 「取(と)り除(のぞ)かれる」의 형태로 「取(と)り除(のぞ)く」의 수동으로도 쓰이고 있다.

[例] 実際(じっさい)、彼(かれ)らの思(おも)いは鈍(にぶ)くなっていた。今日(こんにち)に至(いた)るまで、彼(かれ)らが古(ふる)い契約(けいやく)を朗読(ろうどく)する場合(ばあい)、その同(おな)じおおいが取(と)り去(さ)られないままで残(のこ)っている。それは、キリストにあってはじめて取(と)り除(のぞ)かれるのである。[コリント人への第二の手紙 3:14]
(실제로, 그들의 생각은 무뎌졌다. 오늘날에 이르기까지, 그들이 옛날 언약을 낭독할 경우, 그 똑같은 너울이 벗겨지지 않은 채로 남아 있다. 그것은 그리스도 안에

서 비로소 제거되기 때문이다.) [고린도후서 3:14]

しかし主(しゅ)に向(む)く時(とき)には、そのおおいは取(と)り除(のぞ)かれる。[コリント人への第二の手紙 3:16]
(그러나 주를 향할 때에는, 그 너울은 벗겨진다.) [고린도후서 3:16]

不法(ふほう)の秘密(ひみつ)の力(ちから)が、すでに働(はたら)いているのである。ただそれは、いま阻止(そし)している者(もの)が取(と)り除(のぞ)かれる時(とき)までのことである。[テサロニケ人への第二の手紙 2:7]
(불법의 비밀의 힘이 이미 작용하고 있는 것이다. 다만, 그것은 지금 저지하고 있는 사람이 없어질 때까지입니다.) [데살로니가후서 2:7]

ただ、主(しゅ)にそむいてはなりません。またその地(ち)の民(たみ)を恐(おそ)れてはなりません。彼(かれ)らはわたしたちの食(く)い物(もの)にすぎません。彼(かれ)らを守(まも)る者(もの)は取(と)り除(のぞ)かれます。[民数記 14:9]
(다만 주를 거역해서는 안 됩니다. 또 그 땅의 백성을 두려워해서는 안 됩니다. 그들은 우리들의 음식에 지나지 않습니다. 그들을 지키는 사람은 제거됩니다.) [민수기 14:9]

その娘(むすめ)たちがもし、イスラエルの人々(ひとびと)のうちの他(た)の部族(ぶぞく)のむすこたちにとつぐならば、彼女(かのじょ)たちの嗣業(しぎょう)は、われわれの父祖(ふそ)の嗣業(しぎょう)のうちから取(と)り除(のぞ)かれて、そのとつぐ部族(ぶぞく)の嗣業(しぎょう)に加(くわ)えられるでしょう。こうしてそれはわれわれの嗣業(しぎょう)の分(ぶん)から取(と)り除(のぞ)かれるでしょう。[民数記 36:3]
(그 딸들이 만일 이스라엘 사람들 중의 다른 지파의 아들들에게 시집간다면, 그녀들이 받은 유산은 우리 부조들이 대대로 물려받은 유산 중에서 없어져서, 그 딸들이 시집가는 지파의 유산에 더해질 것입니다. 이렇게 해서 그것은 우리의 유산 몫에서 없어지겠지요.) [민수기 36:3]

そしてイスラエルの人々(ひとびと)のヨベルの年(ねん)がきた時(とき)、彼女(かのじょ)たちの嗣業(しぎょう)は、そのとついだ部族(ぶぞく)の嗣業(しぎょう)に加(くわ)えられるでしょう。こうして彼女(かのじょ)たちの嗣業(しぎょう)は、われわれの父祖(ふそ)の部族(ぶぞく)の嗣業(しぎょう)のうちから取(と)り除(のぞ)かれるでしょう」。[民数記 36:4]
(그리고 이스라엘 사람들의 희년이 왔을 때, 그녀들이 물려받은 유산은, 그 딸들이 시집간 지파의 유산에 더해지겠지요. 이렇게 해서 그녀들의 유산은 우리 부조의 지파의 유산 중에서 없어지겠지요.") [민수기 36:4]

もしその所(ところ)から取(と)り除(のぞ)かれれば、その所(ところ)は彼(かれ)を拒(こば)んで言(い)うであろう、『わたしはあなたを見(み)たことがない』と。[ヨブ記 8:18]
(만약 그 곳에서 제거되면, 그 곳은 그를 거부하고 말할 것이다. '나는 너를 본 적이 없다'고.) [욥기 8:18]

常供(じょうく)の燔祭(はんさい)が取(と)り除(のぞ)かれ、荒(あら)す憎(にく)むべきものが立(た)てられる時(とき)から、千二百九十日(せんにひゃくきゅうじゅうにち)が定(さだ)められている。[ダニエル書 12:11]
(아침저녁마다 드리는 번제가 없어지고, 황폐케 하는 가증스러운 것이 세워질 때부터, 천이백구십 일이 정해져 있다.)[다니엘 12:11]

ユダを守(まも)るおおいは取(と)り除(のぞ)かれた。その日(ひ)あなたは林(はやし)の家(いえ)の武具(ぶぐ)を仰(あお)ぎ望(のぞ)んだ。[イザヤ書 22:8]
(유다를 지키는 덮개는 제거되었다. 그 날, 너는 수풀 집의 무구를 우러러 바라본다.) [이사야 22:8]

본 절의 후반부에 대해 타 번역본에서는 다음과 같이 서술하고 있다.

[2] 神(かみ)はその人(ひと)の受(う)くべき分(ぶん)を、この書(しょ)に書(か)かれ

ているいのちの木(き)と聖(せい)なる都(みやこ)から、とり除(のぞ)かれる。: 하나님께서는 그 사람의 받아야 할 몫을 이 책에 쓰여 있는 생명의 나무와 성스러운 도읍으로부터 제거하신다.

[例] 神(かみ)はこの書(しょ)に書(か)いてある生命(せいめい)の樹(き)と聖(せい)なる都(みやこ)から彼の (受(う)くべき) 分(ぶん)を省(はぶ)き給(たま)うであろう。[塚本訳1963]
(하나님께서는 이 책에 쓰여 있는 생명의 나무와 성스러운 도읍으로부터 그 사람의 (받아야 할) 몫을 없애실 것이다.)

神(かみ)は、この書(しょ)に書(か)いてあるいのちの木(き)と聖(せい)なる都(みやこ)から、その人の受(う)ける分(ぶん)を取(と)り除(のぞ)かれる。[新改訳1970]
(하나님께서는 이 책에 쓰여 있는 생명의 나무와 성스러운 도읍으로부터 그 사람의 받을 몫을 제거하신다.)

神(かみ)はこの書(しょ)に書(か)かれているいのちの木(き)と聖(せい)なる都(みやこ)とにあるその人の分(わ)け前(まえ)から取(と)り除(のぞ)かれよう。[前田訳1978]
(하나님께서는 이 책에 쓰여 있는 생명의 나무와 성스러운 도읍에 있는 그 사람의 몫에서 제거하실 것이다.)

神(かみ)は、その人(ひと)がこの書(しょ)に書(か)き記(しる)されている命(いのち)の木(き)と聖(せい)なる都(みやこ)から受けるはずの分(わ)け前(まえ)を、取(と)り除(のぞ)かれる。[フランシスコ会訳1984]
(하나님께서는 그 사람이 이 책에 기록되어 있는 생명의 나무와 성스러운 도읍에서 받아야 할 몫을 제거하신다.)

神(かみ)は、この書物(しょもつ)に書(か)いてある命(いのち)の木(き)と聖(せい)なる都(みやこ)から、その者(もの)が受(う)ける分(ぶん)を取(と)り除(のぞ)

(のぞ)かれる。[新共同訳1987]
(하나님께서는 이 서책에 쓰여 있는 생명의 나무와 성스러운 도읍에서 그 사람이 받을 몫을 제거하신다.)

神(かみ)が、この書(しょ)に書(か)き記(しる)されているような、[彼(かれ)が受(う)け取(と)るはずの]命(いのち)の木(き)と聖(せい)なる都(みやこ)の取(と)り前(まえ)を取(と)り除(のぞ)かれる。[岩波翻訳委員会訳1995]
(하나님께서 이 책에 기록되어 있는 그런 [그가 받아야 할] 생명의 나무와 성스러운 도읍의 몫을 제거하신다.)

ヨハネの黙示 22：20
イエス最後(さいご)の約束(やくそく)

예수의 마지막 약속

> [1]これらのことを証(あか)しするかたが仰(おお)せになる、[2]「しかり、わたしはすぐに来(く)る」。[3]アァメン、主(しゅ)イエスよ、きたりませ。[ヨハネの黙示録 22:20]
> (이 일들을 증언하는 분이 말씀하신다, "그렇다, 나는 곧 온다." 아멘, 주 예수님이여, 오십시오.) [22:20]

[1]これらのことを証(あか)しするかたが仰(おお)せになる、: 이 일들을 증언하는 분이 말씀하신다.

요한묵시록 [1:8]의 「主(しゅ)なる神(かみ)が仰(おお)せになる」(주님인 하나님께서 말씀하신다)에서는 경의 주체가 〈神(かみ)〉인데, 본 절의 「仰(おお)せになる」의 경의 주체는 〈主(しゅ)イエス〉로서 〈イエス〉를 [신적 존재]로 간주하고 있다.

「仰(おお)せになる」는 「言(い)う」의 존경어인 「仰(おお)す」의 연용형 「仰(おお)せ」에 다시 「~になる」가 접속하여, 존경의 의미가 강조된 형태이다. 「仰せになる」는 ナル형 경어로 「仰(おお)す」의 미연형 「仰(おお)せ」에 존경의 조동사 「~れる」가 접속한 レル형 경어 「仰(おお)せられる」에 대응하고 있다.[28]

구어역 신약성서에서 [지문]에서, 경어 주체가 ＜神(かみ)＝主(しゅ)＝父(ちち)〉〈신적 예수＝主(しゅ)〉이고, 당해 발화 행위가 심대하고 추상도가 높고 또한 대규모적인 사항을 나타낼 경우에는 최고위경어 「仰せになる」가 사용된다.[29]

---

[28] 李成圭(2019b)「發話動詞〈言う〉の尊敬語の使用実態 - 日本語口語訳新約聖書を対象として -」『日本言語文化』第43輯, 韓国日本言語文化学会. p. 107에서 인용하여 적의 번역함.

[2]「しかり、わたしはすぐに来(く)る」。: "그렇다, 나는 곧 온다."

「しかり、」는 요한묵시록에서「しかり、アァメン」[1:7],「しかり、」[14:13],「しかり、」[16:7],「しかり、」[22:20]과 같이 4회 등장한다.

[3] アァメン、主(しゅ)イエスよ、きたりませ。: 아멘, 주 예수님이여, 오십시오. [フランシスコ会聖書研究所(1984)『新約聖書』サンパウロ. p. 970 주(22-18)]에 따르면,「アァメン=アーメン」은 예수의 선언에 대한 신앙의 표명이고, 가능한 한 빨리, 그 선언이 실현되는 것을 대망하는 것이라고 한다. 아람어의「マラナ・タ30)」의 번역인 이 말은 초대 교회에 있어서는, 기원을 담은 인사(고린도전서 16:21)로서 사용되었다고 한다. 또한 이 말에 관해서는 제설이 있는데, 바울의 말에 따라, 단순한 재림의 희망을 나타내는 것이라고 보는 것이 타당할 것이라고 설명하고 있다.

[例] ここでパウロが、手(て)ずからあいさつをしるす。[コリント人への第一の手紙 16:21]
(여기에서 나 바울이 손수 인사말을 기록한다.) [고린도전서 16:21]

もし主(しゅ)を愛(あい)さない者(もの)があれば、のろわれよ。マラナ・タ(われらの主(しゅ)よ、きたりませ)。[コリント人への第一の手紙 16:22]
(만일 주님을 사랑하지 않는 자가 있으면 저주를 받아라! 마라나 타, 우리 주님, 오십시오.) [고린도전서 16:22]

---

29) 李成圭(2018b)「發話動詞〈言う〉の尊敬語の使用実態 - 日本語口語訳新約聖書を対象として -」『日本言語文化』第43輯, 韓国日本言語文化学会. p. 1130에서 인용하여 적의 번역함.

30) Maranatha [아람] 마라나타(1코린 16, 22). 교부들은 이 말을 "주님이 오셨다"로 해석했으나 공동 번역의 "주여, 오소서"가 옳다(묵시 22, 20). 이 말은 Hosanna나 Amen처럼 사도 시대의 전례 함성으로 쓰였다. 사도 바오로는 이 말씀으로 지상교회의 세말적인 희망을 강력히 나타냈다. 이 말은 그리스인 단체에게 보내는 편지 말미와 디다케(Didache)에 성체께 대한 감사기도 말미에 그리스어화하여 쓰여 있다.
이상은 [네이버 지식백과] Maranatha (가톨릭에 관한 모든 것, 2007. 11. 25., 백민관)에서 인용함.
https://terms.naver.com/entry.naver?docId=2366012&cid=50762&categoryId=51340

ヨハネの黙示 22：21
祝祷(しゅくとう)
축도

> [1]主(しゅ)イエスの恵(めぐ)みが、一同(いちどう)の者(もの)と共(とも)にあるように。[ヨハネの黙示録 22:21]
> (주 예수의 은혜가 모든 사람들과 함께 있기를 빕니다.) [22:21]

본 절에 대해 타 번역본에서는 다음과 같이 묘사되고 있다.

[例] (願(ねが)わくは、)主(しゅ)イエスの恩恵(おんけい)凡(すべ)ての者(もの)と共(とも)にあらんことを！[塚本訳1963]
((바라건대,) 주 예수의 은혜가 모든 사람들과 함께 있기를 바랍니다.)

主(しゅ)イエスの恵(めぐ)みがすべての者(もの)とともにあるように。アーメン。[新改訳1970]
(주 예수의 은혜가 모든 사람들과 함께 있기를 빕니다. 아멘.)

主(しゅ)イエスの恵(めぐ)みがすべての人々(ひとびと)とともにあるように。[前田訳1978]
(주 예수의 은혜가 모든 사람들과 함께 있기를 빕니다.)

主(しゅ)イエスの恵(めぐ)みがあなた方(がた)一同(いちどう)とともにありますように。[フランシスコ会訳1984]
(주 예수의 은혜가 여러분 모두와 함께 있기를 바랍니다.)

主(しゅ)イエスの恵(めぐ)みが、すべての者(もの)と共(とも)にあるように。[新共同訳1987]
(주 예수의 은혜가 모든 사람들과 함께 있기를 빕니다.)

主(しゅ)イエスの恵(めぐ)みが、[あなたたち]すべての者(もの)たちと共(とも)に[あるように]。[岩波翻訳委員会訳1995]
(주 예수의 은혜가 [여러분]모든 사람들과 함께 [있기를 빕니다].)

主(しゅ)イエスの恵(めぐ)みがあなたがたすべての者(もの)と共(とも)にあるように。[聖書協会共同訳2018]
(주 예수의 은혜가 여러분 모든 사람들과 함께 있기를 빕니다.)

[1] 主(しゅ)イエスの恵(めぐ)みが、: 주 예수의 은혜가,
이 표현은 본 절을 포함하여 구어역 성서에서 3회 등장한다.

[例] 平和(へいわ)の神(かみ)は、サタンをすみやかにあなたがたの足(あし)の下(した)に踏(ふ)み砕(くだ)くであろう。どうか、わたしたちの主(しゅ)イエスの恵(めぐ)みが、あなたがたと共(とも)にあるように。[ローマ人への手紙 16:20]
(평화의 하나님께서는 사탄을 재빠르게 여러분의 발밑에 밟아 바스러뜨릴 것이다. 아무쪼록 우리 주 예수의 은혜가 여러분과 함께 있기를 빕니다.) [로마서 16:20]

主(しゅ)イエスの恵(めぐ)みが、あなたがたと共(とも)にあるように。[コリント人への第一の手紙 16:23]
(주 예수의 은혜가 여러분과 함께 있기를 빕니다.) [고린도전서 16:23]

索 引

■ 한국어

【가】
가증스러운　96
각기, 각각, 각자　230
거저　30
거짓을 행하다　96
경의도(敬意度)　29
계승하다　32
고치다　107
공동격조사　161
금지표현　168

【마】
만물일신(萬物一新)　27
명사적 용법　192, 200

【바】
복수화(複數化)　255
복합동사　152
복합명사　152

【사】
사각형(정사각형)　62
수량사　57
신적 예수　240

【아】
아무것도 없다　111
없애다　282
연어(連語 : れんご)　108

유생명사　273
이어 받다　32
인적 예수　29

【자】
자동사+ている　53
전성명사　156
제거하다　282

【차】
치료하다　107

【타】
타동사+てある　52

【파】
필요 없다　122

【하】
한어동사　113
현존(現存 : 쉐키나, shekinah)　19
형용동사적 용법　198, 199, 224

■ 일본어

【あ】
仰(あお)ぎ見(み)る　119
赤瑪瑙(あかめのう)　70
価(あたい)なしに　30
新(あたら)しい天(てん)と新(あたら)しい地(ち)

12
あって 51
あり 51
ある 273
一万(いちまん)二千(にせん)スタディオン 62, 65
一万(いちまん)二千(にせん)丁(ちょう) 62
偽(いつわ)りを行(おこ)なう 96
犬(いぬ)ども 246
[居眠(いねむ)り](복합동사의 연용형)+する 156
居眠(いねむ)る 156
いのちの木(き) 105
います[在す·坐す·座す] 18
忌(い)むべき~ 96
いやす【癒・治・医】 107
いらない 122
売(う)り買(か)いする 153
受(う)くべき 38
受(う)け継(つ)ぐ 32
[売(う)り+買(か)い；복합명사]+する 153
黄玉石(おうぎょくせき) 70
仰(おお)せになる 291
仰(おお)せられる 29
行(おこ)なう 191
起(おこ)るべき 127

【か】
書(か)き加(くわ)える 273
駆(か)け引(ひ)きする 155
「駆(か)け+引(ひ)き」[복합명사]+「する」 155
飾(かざ)られていた 69
神(かみ) 18

神(かみ)の子(こ) 34
かんらん石(せき)[橄欖石] 70
義(ぎ)~ 200
着飾(きかざ)る 14
木々(きぎ) 106
築(きず)かれる 66
きたりませ 251
義(ぎ)なる~ 224
木(き)の葉(は) 108
加(くわ)えられる 278
高価(こうか)な宝石(ほうせき) 49
~ことはない 84
木(こ)の葉(は) 108

【さ】
~させよ 227
さいわい[幸(さいわ)い]だ 137
さいわい[幸(さいわ)い]である 138
サファイヤ 69
縞瑪瑙(しまめのう) 70
示(しめ)してくれる 159
終日(しゅうじつ) 82
十二種(じゅうにしゅ)の実(み)を結(むす)び 106
信(しん)ずべきであり 27, 125
「すべての」+「단수명사」 259
「すべての」+「복수명사」 256, 259
すべての木(き) 105
すべての人(ひと) 259
すべての人(ひと)たち 259
すべての人々(ひとびと) 256
青玉(せいぎょく) 70
聖都(せいと) 46
聖(せい)なる都(みやこ) 46
そして 123

それぞれ 230

【た】
~た 67
出(だ)されている 247
ただ [只・唯] 162
ダビデの子孫(しそん) 248
遣(つか)わされた 128
遣(つか)わされる 134
「[付(つ)き合(あ)い](동사의 연용형)+する」158
付(つ)き合(あ)う 158
造(つく)られていた 67
出入(でい)りする 154
「出(で)+入(い)り」[복합명사]+「する」154
出稼(でかせ)ぎす 154
「出(で)+稼(かせ)ぎ」[복합명사]+「する」154
~てくれた 47
~てならない 169
~てはならない 168
~と 161
特権(とっけん) 241
[取消(とりけし)](동사의 연용형)+する 156
取消(とりけ)す 156
取(と)り除(のぞ)かれる 286
とり除(のぞ)く[取り除く] 282
取引(とりひき)する 155

【な】
何(なに)ひとつない 111
~のである 77
のろわるべきもの 110

【は】
拝礼(はいれい)する 113
入(はい)れない 97
入(はい)れる 97
初(はじ)めと終(お)わり 240
花嫁(はなよめ) 14
翡翠(ひすい) 70
[引(ひ)っ越(こ)し](동사의 연용형)+する 158
引(ひ)っ越(こ)す 158
百(ひゃく)四十(よんじゅう)四(よん)キュビト 65
不義(ふぎ)~ 192
不義(ふぎ)な~ 198
不義(ふぎ)なる~ 199
碧玉(へきぎょく) 69
方形(ほうけい)=正方形(せいほうけい) 62

【ま】
見聞(みき)きする 152
「見(み)+聞(き)き」[복합명사]+「する」152
見(み)せよう 43
三(みっ)つ[수량사]+の+門(もん)[명사] 57
都(みやこ)の輝(かがや)き 49
見(み)る 76
報(むく)いを携(たずさ)える 230
紫水晶(むらさきずいしょう) 70
瑪瑙(めのう)=玉髄(ぎょくずい) 69

【や】
~や 161

【よ】
読(よ)み書(か)きする　155

【ら】
緑玉(りょくぎょく)=エメラルド　69
緑柱石(りょくちゅうせき)　70

【わ】
わたしの子(こ)　34

【を】
~を歩(ある)き　81

■ 참고문헌 일람

다국어 성경(Holy-Bible) : www.holybible.or.kr/B_SAE/
대한성서공회(2001) 『표준새번역 성경』, 대한성서공회.
www.basicchurch.or.kr/%EC%83%88%EB%B2%88%EC%97%AD-%EC%84%B1%EA%B2%BD/
대한성서공회(2002) 『한일대조 성경전서』(개역개정판/신공동역), 대한성서공회.
GOODTV 온라인성경 : goodtvbible.goodtv.co.kr/bible.asp
생명의말씀사 편집부(1982) 『현대인의성경』, 생명의말씀사.
GODpia 성경 : bible.godpia.com/index.asp#popup
李成圭(2010a) 「「おっしゃる」와 「言われる」의 사용상의 기준 - 신약성서(신공동역)의 4복음서를 대상으로 하여 -」 『日本学報』 82輯, 韓国日本学会. pp.99-110.
＿＿＿＿(2010b) 「잉여적 선택성에 기초한 「なさる」와 「される」의 사용상의 기준 - 신약성서(신공동역)의 4복음서를 대상으로 하여 -」 『日本学報』 84輯, 韓国日本学会. pp.209-225.
＿＿＿＿(2011a) 「ナル형 경어와 レル형 경어의 사용상의 기준 - 복수의 존경어 형식이 혼용되고 있는 예를 중심으로 -」 『日本学報』 86輯, 韓国日本学会. pp.121-141.
＿＿＿＿(2011b) 「ナル형 경어와 レル형 경어의 사용실태 - 화체적 요인을 중심으로 하여 -」 『日本学報』 87輯, 韓国日本学会. pp.39-52.
＿＿＿＿(2011c) 「사용상의 기준과 복음서 간의 이동 - ナル형 경어와 レル형 경어의 사용실태를 대상으로 하여 -」 『日本語教育』 56輯, 韓国日本語教育学会. pp.175-203.
＿＿＿＿(2016) 「「お答えになる」・「答えられる」・「言われる」의 사용상의 기준에 있어서의 번역자의 표현의도 - 일본어 성서(新共同訳) 4복음서를 대상으로 하여 -」 『일본언어문화』 제36집, 한국일본언어문화학회. pp.155-176.
＿＿＿＿(2017a) 「日本語口語訳新約聖書における＜おる＞の使用実態」 『日本言語文化』 第38輯, 韓国日本言語文化学会. pp.67-84.
＿＿＿＿(2017b) 「〈おる〉〈ておる〉の意味・用法 - リビングバイブル旧約聖書(1984)を対象として -」 『日本言語文化』 第40輯, 韓国日本言語文化学会. pp.69-90.
＿＿＿＿(2018a) 「「なさる」に よる 존경어 형식과 사역의 존경화 - 일본어 구어역 신약성서를 대상으로 하여 -」 『日本研究』 第48輯, 中央大学校 日本研究所. pp.7-29.
＿＿＿＿(2018b) 「発話動詞〈言う〉の尊敬語の使用実態 - 日本語口語訳新約聖書を対象として -」 『日本言語文化』 第43輯, 韓国日本言語文化学会. pp.105-120
＿＿＿＿(2018c) 『일본어 구어역 마가복음의 언어학적 분석 Ⅰ』, 시간의물레.
＿＿＿＿(2019a) 『일본어 구어역 마가복음의 언어학적 분석 Ⅱ』, 시간의물레.

_____(2019b)『일본어 구어역 마가복음의 언어학적 분석 Ⅲ』, 시간의물레.
_____(2020a)『일본어 구어역 마가복음의 언어학적 분석 Ⅳ』, 시간의물레.
_____(2021a)『일본어 구어역 요한복음의 언어학적 분석 Ⅰ』, 시간의물레.
_____(2021b)『일본어 구어역 요한복음의 언어학적 분석 Ⅱ』, 시간의물레.
_____(2021c)『일본어 구어역 요한복음의 언어학적 분석 Ⅲ』, 시간의물레.
_____(2022)『 일본어 구어역 요한복음의 언어학적 분석 Ⅳ』, 시간의물레.
李成圭·崔珉喰(2022a)『일본어 구어역 요한묵시록의 언어학적 분석Ⅰ』, 시간의물레.
李成圭·任鎭永(2022b)『일본어 구어역 요한묵시록의 언어학적 분석 Ⅱ』, 시간의물레.
李成圭·任鎭永(2022c)『일본어 구어역 요한묵시록의 언어학적 분석 Ⅲ』, 시간의물레.
李成圭·任鎭永(2022d)『일본어 구어역 요한묵시록의 언어학적 분석 Ⅳ』, 시간의물레.
李成圭·任鎭永(2022e)『일본어 구어역 요한묵시록의 언어학적 분석 Ⅴ』, 시간의물레.
李成圭·任鎭永(2022f)『일본어 구어역 요한묵시록의 언어학적 분석Ⅵ』, 시간의물레.
李成圭·任鎭永(2022g)『일본어 구어역 요한묵시록의 언어학적 분석Ⅶ』, 시간의물레.
任鎭永外(2012)「접사「－よい」의 의미용법에 관한 일고찰」일본어 교육학회 Vol.60.
任鎭永外(2013)「의뢰표현〈ないでくださいますか〉의 표현가치」『중앙대학교 외국학연구소』Vol.23.
任鎭永(2021)「한국의 일본어 교과서 어휘 분석－중학교 교과서를 대상으로－」한국출판학회 Vol.47 No.6.
尾山令仁(2001)『現代訳聖書』現代訳聖書刊行会. www.fbible.com/seisho/gendaiyaku.htm
オンライン聖書 回復訳編集部(2009)『オンライン聖書 回復訳』www.recoveryversion.jp/
菊地康人(1996)『敬語再入門』丸善ライブラリー 丸善株式会社.
_____(1997)『敬語』講談社学術文庫 講談社.
新改訳聖書刊行会(1970)『新改訳聖書』日本聖書刊行会
新約聖書翻訳委員会(1995)『岩波翻訳委員会訳』岩波書店.
聖書本文検索(口語訳) 日本聖書協会. www.bible.or.jp/read/vers_search.html
聖書本文検索(新共同訳) 日本聖書協会. www.bible.or.jp/read/vers_search.html
プロジェクト(2012)『現代日本語書き言葉均衡コーパス』
　　　　　(BCCWJ:Balanced Corpus of Contemporary Written Japanese)
大学共同利用機関法人人間文化研究機構国立国語研究所と文部科学省科学研究費特定領域研究「日本語コーパス」プロジェクト www.kotonoha.gr.jp/shonagon/
高橋照男·私家版(2003)『塚本虎二訳 新約聖書·電子版03版』
　　　　www.ne.jp/asahi/ts/hp/index.html#Anchor94064
高橋照男編(2004)『BbB - BIBLE by Bible 聖書で聖書を読む』bbbible.com/
日本語聖書口語訳統合版(口語訳+文語訳)聖書 口語訳『聖書』(1954/1955年版)

bible.salterrae.net/
日本語版リビングバイブル改訂委員会(1993)『リビングバイブル』
erkenntnis.icu.ac.jp/jap/LivBibleJIF.htm#Instructions
日本聖書協会(1954)『聖書』(口語訳). pp.(新)1-(新)409. 日本聖書協会.
日本聖書協会(1987)『聖書』(新共同訳). pp.(新)1-(新)480. 日本聖書協会.
庭三郎(2004)『現代日本語文法概説』(net版).
フランシスコ会聖書研究所(1984)『新約聖書』サンパウロ.
前田護郎(1983)『新約聖書』中央公論社.
柳生直行(1985)『新約聖書』新教出版社.

저자 임진영(任鎭永)

서울 출생
츠쿠바가쿠인대학(筑波学院大学) 비교문화학과 졸업
인하대학교 교육대학원 일본어교육 졸업
인하대학교 일반대학원 일어일본학과 졸업
문학박사(文学博士)
(현)서경대학교 인성교양대학 강사
〈전공〉일본어학(일본어교육·일본어형태론·일본어통번역)
〈저서〉『일본어 구어역 요한묵시록의 언어학적 분석 Ⅱ, Ⅲ, Ⅳ, Ⅴ, Ⅵ, Ⅶ』(2022)〈共著〉
〈역서〉『은하철도의 밤(銀河鉄道の夜)』(미야자와 겐지)(2022)〈共訳〉
　　　『인생론 노트(人生論ノート)』(미키 기요시)(2022)〈共訳〉
〈논문〉
「한국의 일본어 교과서 어휘 분석 - 중학교 교과서를 대상으로 -」, 한국출판학회 Vol.47 No.6 (2021)
「의뢰표현〈ないでくださいますか〉의 표현가치」, 중앙대학교 외국학연구소 Vol.23 (2013)
「접사「―よい」의 의미용법에 관한 일고찰」, 일본어 교육학회 Vol.60 (2012)

감수 이성규(李成圭)

忠北 清州 出生
(현) 인하대학교 명예교수, 한국일본학회 고문
(전) KBS 일본어 강좌「やさしい日本語」진행, (전) 한국일본학회 회장
한국외국어대학교 일본어과 졸업
일본 쓰쿠바(筑波)대학 대학원 문예·언어연구과(일본어학) 수학
언어학박사(言語学博士)
〈전공〉일본어학(일본어문법·일본어경어·일본어교육)
〈저서〉『도쿄일본어 1-5』, 『現代日本語研究 1-2』, 『仁荷日本語 1-2』,
　　　『홍익나가누마 일본어 1-3』, 『홍익일본어독해 1-2』, 『도쿄겐바일본어 1-2』,
　　　『現代日本語敬語の研究』, 『日本語表現文法研究 1』, 『클릭 일본어 속으로』,
　　　『実用日本語 1』, 『日本語 受動文 研究의 展開1』, 『도쿄실용일본어』,
　　　『도쿄 비즈니스 일본어1』, 『日本語受動文の研究』, 『日本語 語彙論 구축을 위하여』,
　　　『일본어 어휘Ⅰ』, 『日本語受動文 用例研究Ⅰ-Ⅲ』, 『일본어 조동사 연구Ⅰ-Ⅲ』,
　　　『일본어 문법연구 서설』, 『현대일본어 경어의 제문제』,
　　　『현대일본어 문법연구Ⅰ-Ⅳ』, 『일본어 의뢰표현Ⅰ- 肯定의 依頼表現의 諸相 -』,
　　　『일본어 의뢰표현 - 부정의 의뢰표현의 제상 -』, 『신판 생활일본어』,
　　　『신판 비즈니스일본어 1, 2』, 『일본어 구어역 마가복음의 언어학적 분석Ⅰ-Ⅳ』,
　　　『개정판 現代日本語 文法研究Ⅰ-Ⅱ』, 『일본어 구어역 요한복음의 언어학적 분석Ⅰ-Ⅳ』,
　　　『일본어 구어역 요한묵시록의 언어학적 분석Ⅰ-Ⅶ』
〈역서〉『은하철도의 밤(銀河鉄道の夜)』(미야자와 겐지)〈共訳〉
　　　『인생론 노트(人生論ノート)』(미키 기요시)〈共訳〉, 『음험한 짐승(陰獣)』〈共訳〉(2022)
〈수상〉최우수교육상(인하대학교, 2003), 연구상(인하대학교, 2004, 2008)
　　　서송한일학술상(서송한일학술상 운영위원회, 2008)
　　　번역가상(사단법인 한국번역가협회, 2017), 학술연구상(인하대학교, 2018)

초판 인쇄	2023년 3월 10일
초판 발행	2023년 3월 16일
저　　자	임진영
발 행 인	권호순
발 행 처	시간의물레
등　　록	2004년 6월 5일
주　　소	경기도 파주시 숲속노을로 150, 708-701
전　　화	031-945-3867
팩　　스	031-945-3868
전자우편	timeofr@naver.com
블 로 그	http://blog.naver.com/mulretime
홈페이지	http://www.mulretime.com
I S B N	978-89-6511-426-0 (93730)
정　　가	28,000원

* 이 책의 저작권은 저자에게 출판권은 시간의물레에 있습니다.
* 잘못된 책은 바꿔드립니다.